POR UM ESTADO FISCAL SUPORTÁVEL
ESTUDOS DE DIREITO FISCAL

Volume III

JOSÉ CASALTA NABAIS

Professor da Faculdade de Direito de Coimbra

POR UM ESTADO FISCAL SUPORTÁVEL
ESTUDOS DE DIREITO FISCAL

Volume III

POR UM ESTADO FISCAL SUPORTÁVEL
ESTUDOS DE DIREITO FISCAL
VOLUME III

AUTOR
JOSÉ CASALTA NABAIS

EDITOR
EDIÇÕES ALMEDINA, SA
Av. Fernão Magalhães, n.º 584, 5.º Andar
3000-174 Coimbra
Tel.: 239 851 904
Fax: 239 851 901
www.almedina.net
editora@almedina.net

PRÉ-IMPRESSÃO I IMPRESSÃO I ACABAMENTO
G.C. GRÁFICA DE COIMBRA, LDA.
Palheira – Assafarge
3001-453 Coimbra
producao@graficadecoimbra.pt

Junho, 2010

DEPÓSITO LEGAL
312359/10

Os dados e as opiniões inseridos na presente publicação
são da exclusiva responsabilidade do(s) seu(s) autor(es).

Toda a reprodução desta obra, por fotocópia ou outro qualquer
processo, sem prévia autorização escrita do Editor, é ilícita
e passível de procedimento judicial contra o infractor.

Biblioteca Nacional de Portugal – Catalogação na Publicação

NABAIS, José Casalta

Estudos de direito fiscal : por um Estado
fiscal suportável. - v.. – (Teses de mestrado)
3º v. :   p. - ISBN 978-972-40-4258-9

CDU   34
          336

NOTA PRÉVIA

Reunimos neste volume seis pequenos estudos que concluímos depois da publicação, em 2008, do II Volume da obra *Por um Estado Fiscal Suportável – Estudos de Direito Fiscal*. As razões desta publicação, que apresentamos como terceiro volume dessa recolha de textos, como será fácil de verificar, são as mesmas que estiveram na base dos dois volumes anteriores. Pois trata-se de estudos dispersos por diferentes publicações cujo objecto se localiza ou, a seu modo, se reporta ao domínio amplo do direito dos impostos.

Maio de 2010

1. O ESTATUTO CONSTITUCIONAL DOS CONSUMIDORES *

Sumário

I. Considerações gerais

II. Os consumidores na «constituição da pessoa»
1. A protecção dos consumidores como direitos constitucionais
2. O sentido e as implicações dos direitos dos consumidores como direitos fundamentais
3. Os específicos direitos fundamentais dos consumidores e seu regime geral
4. A força jurídica dos direitos dos consumidores
5. As garantias institucionais e processuais dos direitos dos consumidores
6. Significado e alcance da consagração constitucional dos direitos dos consumidores

III. Os consumidores na «constituição fiscal»
1. A tributação do consumo na Constituição
2. A actual tributação do consumo

IV. Considerações finais

Falar do estatuto constitucional dos consumidores é perguntar pelo lugar que os consumidores de bens e os utentes de serviços ocupam na

---

* Texto elaborado para os *Estudos em Homenagem ao Prof. Doutor José Manuel Sérvulo Correia*, com base na nossa intervenção nas IV Jornadas Luso-Espanholas, subordinadas ao tema «Protección jurídica de los consumidores y usuarios», Faculdade de Direito da Universidade Autónoma de Madrid, 26 e 27 de Março de 2009, entretanto publicado na *Revista de Legislação e de Jurisprudência*, ano 138.° (2008/9).

constituição ou, em termos mais precisos, no texto constitucional. Ou seja, por outras palavras, trata-se de indagar dos eventuais direitos reconhecidos e dos eventuais deveres estabelecidos ao nível constitucional relativamente às pessoas enquanto consumidores.

Pois bem, podemos dizer que a Constituição Portuguesa tem, ao menos formalmente, em muito boa conta os consumidores, pois estes apresentam-se aí seja como titulares de direitos fundamentais, em sede da *constituição da pessoa* (direitos e deveres fundamentais), seja como destinatários de incumbências prioritárias do Estado em sede da *constituição económica* (organização económica). Sendo de sublinhar que, a partir do momento em que a protecção dos consumidores passou a estar constitucionalmente configurada em termos de direitos fundamentais, a sua localização na constituição económica, a título portanto de incumbências estaduais, tenha perdido alguma importância, uma vez que tais incumbências acabaram, em larga medida, contempladas na dimensão objectiva daqueles direitos[1].

É, de resto, também na constituição económica que encontramos uma outra referência aos consumidores, se bem que de uma maneira indirecta, na medida em que nela se contém a conformação constitucional da tributação do consumo. Com efeito esta, na medida em que visa, nos termos do actual texto constitucional, «a adaptação da estrutura do consumo à evolução das necessidades de desenvolvimento económico e da justiça social» (art. 104.º/4 da Constituição), não deixa de comportar uma certa conformação para o legislador, estabelecendo para este limites que acabam reportando-se aos consumidores na sua qualidade de contribuintes. Pelo que também na chamada *constituição fiscal* os consumidores de bens e os utentes de serviços acabam sendo tidos em consideração[2].

---

[1] Tanto mais que a deslocação em causa não se ficou exclusivamente pelos direitos dos consumidores, tendo abarcando também tarefas estaduais como as relativas à publicidade constantes do n.º 2 do art. 60.º – v. o que dizemos *infra*, no ponto II.5.

[2] É de referir que a Constituição Portuguesa de 1976, revelando de algum modo uma elevada qualidade técnica no que toca à sua estrutura, tem as matérias distribuídas por: um *pórtico* (*Princípios Fundamentais*) e quatro constituições correspondentes às quatro partes em que se divide, a saber: a *constituição da pessoa* (Parte I – *Direitos e Deveres Fundamentais*); a *constituição da sociedade* ou *constituição económica* (Parte II – *Organização Económica*); a *constituição do Estado* ou *constituição política* (Parte III – *Organização do Poder Político*); e a *constituição da constituição* (Parte IV – *Garantia e Revisão da Constituição*). Acrescente-se que a Parte I, relativa aos direitos e deveres fundamentais, se

O *estatuto constitucional dos consumidores* 9

Vejamos, porém, com mais vagar e algum desenvolvimento, os aspectos a que acabamos de aludir. Para o que vamos começar por algumas considerações gerais relativas ao lugar que vem sendo reservado nas constituições ao estatuto dos consumidores para, depois, tratarmos do seu lugar no texto constitucional português, no qual não deixa de apresentar alguma originalidade face às constituições da generalidade dos países. Uma originalidade que, podemos adiantar desde já, se reporta tanto à constituição da pessoa como à constituição fiscal. Comecemos, então, pelas referidas considerações gerais.

I. CONSIDERAÇÕES GERAIS

E a primeira das considerações a fazer reporta-se à ideia de que, a nosso ver, o estatuto dos consumidores, quando tem expressão na constituição, integra sempre, ao menos em termos materiais, a «constituição da pessoa», pois que, independentemente da específica localização e conformação que tiver no texto constitucional, do que não temos dúvidas é de que sempre se consubstanciará numa disciplina que tem por finalidade proteger os consumidores. Uma disciplina polarizada portanto na *pessoa humana* enquanto consumidor de bens e serviços, a qual não pode deixar de ser investida em todo um conjunto, mais ou menos amplo, de direitos.

Ou seja, por outras palavras, o estatuto constitucional dos consumidores não pode deixar de integrar a designada *matéria dos direitos fundamentais* que abarca toda a ampla disciplina constitucional relativa à situação activa e à situação passiva dos indivíduos enquanto membros de uma dada comunidade estadual. Uma disciplina constitucional em que se insere um relativamente diversificado universo de categorias ou figuras jurídicas como são, para além da dos direitos fundamentais enquanto direitos subjectivos, as garantias institucionais de direitos fundamentais, a eficácia externa dos direitos fundamentais, as garantias de organização

---

divide em três títulos: Título I – Princípios gerais; Título II – Direitos, liberdades e garantias; e Título III – Direitos e deveres económicos, sociais e culturais. Sublinhe-se que, até ao fim do primeiro quartel do século XX, quando se falava em constituição era a mencionada constituição do Estado ou constituição política a única visada.

10   *Estudos de Direito Fiscal*

e de processo de realização dos direitos fundamentais, os deveres fundamentais, etc.[3]

Por seu lado, quanto à localização do estatuto dos consumidores no texto da Constituição Portuguesa, é de referir que a mesma foi objecto de alterações importantes entre a sua versão originária em 1976 e as versões resultantes da primeira Revisão Constitucional (de 1982) e a segunda Revisão Constitucional (de 1989). Efectivamente, no texto originário da Constituição a única referência que havia relativa aos consumidores encontrava-se nos princípios gerais da «Organização Económica», no quadro das «incumbências prioritárias do Estado», dentro das quais se incluía a de «proteger o consumidor, designadamente através do apoio à criação de cooperativas e de associações de consumidores» (art. 81.º/m)[4].

Uma situação que, ao contrário do que à primeira vista possa parecer, não se terá alterado radicalmente com a Revisão Constitucional de 1982, apesar de nesta se ter procedido à deslocação da protecção dos consumidores para um título próprio (dentro da parte da Organização Económica[5]) e se terem reconhecido direitos subjectivos aos consumidores, mais especificamente o «direito à formação e à informação, à protecção da saúde, da segurança e à reparação de danos» (art. 110.º/1). O que tem a ver, fundamentalmente, com o facto de tais direitos continuarem a integrar, ao menos formalmente, a «constituição da sociedade» ou «constituição económica» e não a «constituição da pessoa» ou «constituição dos direitos fundamentais», como veio a acontecer com a Revisão Constitucional de 1989.

---

[3] V. sobre essas figuras e por todos, J. C. VIEIRA DE ANDRADE, *Os Direitos Fundamentais na Constituição Portuguesa de 1976*, 4.ª ed., Almedina, Coimbra, 2009, p. 73 e ss., e «Os direitos dos consumidores como direitos fundamentais na Constituição Portuguesa de 1976», *Estudos de Direito do Consumo*, n.º 3, 2003, p. 139 e ss. Cf. também o que dizemos no nosso livro *O Dever Fundamental de Pagar Imposto. Contributo para a Compreensão Constitucional do Estado Fiscal Contemporâneo*, Almedina, Coimbra, reimp. de 2009, p. 35 e ss.

[4] Um preceito em que é patente a simpatia votada às cooperativas. O que não surpreende dado o peso específico que o sector cooperativo tinha no modelo económico «socialista» recortado em sede da «constituição económica» na versão originária da Constituição – v. o nosso estudo «Alguns aspectos da tributação das empresas», agora em *Por um Estado Fiscal Suportável – Estudos de Direito Fiscal*, Almedina, Coimbra, 2005, p. 388 e s., bem como o que dizemos *infra*, no ponto III.1 e na nota 52.

[5] O título VI, subordinado à epígrafe «comércio e protecção do consumidor», integrado por dois artigos: o art. 109.º (comércio) e o art. 110.º (protecção do consumidor).

O *estatuto constitucional dos consumidores* 11

Muito embora devamos acrescentar que, para o período que medeia entre 1982 e 1989, durante o qual a protecção do consumidor passou a estar formulada em termos de direitos subjectivos, embora inserida na «constituição económica», facilmente se pudesse subscrever a ideia, partilhada de resto pela generalidade da doutrina, de estarmos aí perante *direitos fundamentais análogos*, apesar de situados fora do catálogo jusfundamental. O que tinha por base a conhecida «cláusula aberta» dos direitos fundamentais, tradicional nas constituições portuguesas e constante na actual Constituição do seu art. 16.°/1, nos termos do qual «os direitos fundamentais consagrados na Constituição não excluem quaisquer outros constantes das leis e das regras aplicáveis de Direito Internacional». Uma ideia que vem, de resto, sendo aplicada sem qualquer problema a outros direitos fundamentais que se encontram fora do catálogo jusfundamental, dos quais constituem exemplo paradigmático os importantes direitos e garantias fundamentais dos administrados constantes do art. 268.° da Constituição.

Mas, seja como for, o certo é que, a partir da Revisão Constitucional de 1989, a protecção dos consumidores, através da formulação de direitos subjectivos, os direitos dos consumidores, foi deslocada para a «constituição da pessoa», passando a constar do art. 60.° (direitos dos consumidores) e a integrar o título III (direitos e deveres económicos, sociais e culturais) da Parte I (direitos e deveres fundamentais) da Constituição[6]. Uma deslocação que, em contrapartida, não tem um alcance tão grande quanto aquele que à primeira vista poderia parecer, pois não podemos esquecer que, de um lado, estando já formulados como direitos subjectivos dos consumidores na versão constitucional anterior, podiam ser considerados direitos subjectivos fundamentais subordinados inclusive ao específico regime destes na medida em que, tanto na sua dimensão estrutural como na sua dimensão funcional, pudessem ser tidos como direitos análogos aos direitos, liberdades ou garantias fundamentais.

Por outro lado, ao localizarem-se nos «direitos e deveres económicos, sociais e culturais», e não nos «direitos, liberdades e garantias», os direitos dos consumidores acabam, ao fim e ao cabo, por ter um regime jurí-

---

[6] Muito embora o conteúdo do referido art. 60.° fosse praticamente idêntico ao antes constante do art. 110.° (na versão da Revisão Constitucional de 1982), a epígrafe deste preceito, em consonância de resto com a sua inserção na «constituição económica», era bastante diferente, reportando-se, como já dissemos, à «protecção do consumidor».

dico que não deixa de revelar importantes limitações relativamente aos seus titulares activos, consubstanciadas no facto de os preceitos constitucionais, que os consagram, se dirigirem, por via de regra, ao legislador, não partilhando assim do específico regime constitucional dos chamados «direitos, liberdades e garantias». Ou seja, os preceitos que os consagram não são directamente aplicáveis pelos operadores jurídicos concretos e, por conseguinte, apresentam-se totalmente alheios ao mais relevante dos problemas jurídico-constitucionais dos direitos fundamentais, o problema relativo à possibilidade de serem estabelecidos limites ou restrições legais a tais direitos.

O que nos leva a concluir que a generalidade dos direitos dos consumidores, enquanto meros direitos económicos, se apresentam como direitos, de algum modo, reflexos da disciplina constante da constituição económica, não tendo assim a deslocação da protecção dos consumidores da «constituição económica» para a «constituição da pessoa» outro significado que não seja o de que se ter passado de tarefas económicas do legislador objectivamente formuladas para tarefas económicas do mesmo legislador subjectivamente formuladas. Ou, por outras palavras, de normas constitucionais apontando tarefas económicas ao legislador relativas ao consumo, passou-se para normas constitucionais relativas à imposição ao legislador da específica concretização de direitos económicos dos consumidores.

Uma formulação que não surpreende, pois, reportando-se todos os direitos fundamentais por natureza aos indivíduos, enquanto pessoas (direitos pessoais), cidadãos (direitos de participação política) e agentes económicos (direitos dos trabalhadores, empresários e consumidores)[7], os respeitantes à protecção dos consumidores apresentam-se como direitos dos indivíduos enquanto agentes económicos, integrando portanto, em princípio, os chamados «direitos sociais»[8].

Eis, pois, porque é que, não obstante as relativamente profundas alterações do texto constitucional no concernente à protecção constitucional

---

[7] O que tem correspondência, aliás, na distribuição dos direitos fundamentais pelos capítulos dos «direitos, liberdades e garantias», em que temos: I. os direitos, liberdades e garantias pessoais; II. os direitos, liberdades e garantias de participação política; e III: os direitos, liberdades e garantias dos trabalhadores.

[8] Muito embora uma parte significativa dos direitos dos trabalhadores, como referimos na nota anterior, se encontre integrada nos «direitos, liberdades e garantias».

dos consumidores de bens e utentes de serviços, operadas nas revisões constitucionais de 1982 e 1989, estas não tiveram, ao fim e ao cabo, o sentido e alcance profundos que, à primeira vista, poderia ser-se levado a esperar. Embora também não possamos esquecer que tais direitos são considerados, a partir da Revisão Constitucional de 1989, como direitos formalmente fundamentais, uma vez que integram o conjunto formal de direitos mais importantes conferidos às pessoas[9].

II. OS CONSUMIDORES NA «CONSTITUIÇÃO DA PESSOA»

Pois bem, como referimos, os direitos dos consumidores são considerados entre nós como direito fundamentais, como *direitos das pessoas* e não apenas como meras *tarefas estaduais*. O que, para além de constituir uma originalidade, que deve ser devidamente assinalada, impõe que analisemos até que ponto essa configuração constitucional quadra com o sentido e alcance dos direitos fundamentais e, bem assim, que implicações normativas decorrem dessa «fundamentalização» dos direitos dos consumidores. Uma palavra sobre cada um destes aspectos[10].

1. A protecção dos consumidores como direitos constitucionais

Desde logo, é de assinalar que a consagração constitucional da protecção dos consumidores como direitos fundamentais não representa nenhuma evidência, constituindo mesmo uma verdadeira excepção. É que tais direitos não constituem quaisquer *direitos naturais*, ou seja, expressões primárias da dignidade da pessoa humana, válidas em todos os tempos para qualquer indivíduo justamente por ser pessoa e, por isso mesmo, direitos anteriores e superiores ao próprio Estado, que este mais não faz do que se limitar a *reconhecer* ao inscrevê-los na Constituição.

---

[9] V. J. C. VIEIRA DE ANDRADE, «Os direitos dos consumidores como direitos fundamentais na Constituição Portuguesa de 1976», *ob. cit.*, p. 140.

[10] Como será fácil de confirmar, na exposição que se segue acompanhamos de perto o pensamento de J. C. VIEIRA DE ANDRADE constante do artigo já citado: «Os direitos dos consumidores como direitos fundamentais na Constituição Portuguesa de 1976».

14 *Estudos de Direito Fiscal*

Na verdade, o que ocorre em geral é a protecção dos consumidores não ser formulada em termos de direitos subjectivos das pessoas. E isto tanto a nível internacional como a nível interno da generalidade dos Estados. Assim e no plano internacional, não há a menor alusão a tais direitos, seja em sede dos Pactos das Nações Unidas[11], seja da Convenção Europeia para a Salvaguarda dos Direitos do Homem e da Carta Social Europeia[12]. Mesmo na Carta Europeia dos Direitos Fundamentais, um documento bem mais recente e expoente máximo da tutela dos direitos fundamentais no seio da União Europeia, a protecção dos consumidores figura aí como uma mera tarefa estadual (art. 38.°). Por seu lado, também no plano dos Estados, a configuração constitucional dessa protecção não vai, na generalidade dos países, no sentido da consagração de quaisquer direitos a favor dos consumidores, mas antes no sentido da sua conformação como uma tarefa estadual.

Perante o que vimos de dizer, é de perguntar se a posição relativamente original da Constituição Portuguesa, de consagrar a protecção dos consumidores como direitos fundamentais, afastando-se assim do entendimento que podemos ter por comum na generalidade dos países, não desemboca numa «fundamentalização» pouco amiga dos direitos fundamentais. Pois, ao incluir nos direitos fundamentais direitos que não pertencem ao conjunto que forma o núcleo essencial dos direitos fundamentais das pessoas, acaba por descaracterizar a própria figura ou categoria dos direitos fundamentais, pondo em causa tanto a sua unidade de sentido como a sua coerência valorativa[13].

2. O sentido e as implicações dos direitos dos consumidores como direitos fundamentais

Tendo em conta, em conformidade com uma visão geralmente aceite da evolução do reconhecimento e consagração dos direitos fundamentais, que a uma primeira geração, os «direitos de liberdade», se seguiu uma

---

[11] Um sobre os «Direitos Económicos, Sociais e Culturais» e outro sobre os «Direitos Cívicos e Políticos».

[12] Em que apenas temos uma referência ao direito à protecção da saúde.

[13] Cf. J. C. VIEIRA DE ANDRADE, «Os direitos dos consumidores como direitos fundamentais na Constituição Portuguesa de 1976», *ob. cit.*, p. 142 e ss.

O estatuto constitucional dos consumidores 15

segunda geração, os «direitos de igualdade» política, e a esta uma terceira geração, os «direitos económicos, sociais e culturais»[14], parece relativamente fácil concluir que os direitos dos consumidores integram a terceira geração dos direitos fundamentais[15]. Pois tais direitos relevam da necessidade de uma actuação estadual que começou a ser sentida no século XX, sobretudo após a segunda guerra mundial, no sentido de ser assegurada a realização efectiva das liberdades individuais clássicas face a poderes sociais poderosos, que entretanto se foram estabelecendo e consolidando, bem como criar um conjunto de condições essenciais de bem-estar e qualidade de vida. Efectividade das liberdades individuais e criação de condições de bem-estar que assim passaram a ser vistas como verdadeiros pressupostos de uma vida humana digna nas sociedades urbanas industriais e pós-industriais.

Na verdade, a configuração da protecção dos consumidores como direitos fundamentais tem por suporte a necessidade de proteger as pessoas enquanto consumidores de bens e utentes de serviços no contexto das actuais sociedades de relações económicas massificadas de produção, distribuição e consumo. Pois a liberdade contratual, que em princípio seria o instrumento apto a proteger os consumidores, num tal contexto perdeu parte significativa da sua operacionalidade. É que um número cada vez mais relevante das actuais relações de consumo não se apresentam mais como relações livres entre iguais. Bem pelo contrário, os consumidores, sobretudo no que toca aos bens e serviços essenciais, encontram-se numa posição de subalternidade e vulnerabilidade que reclama a intervenção protectora do Estado, mormente a intervenção legislativa a determinar a

---

[14] Abreviadamente designados por «direitos sociais».

[15] Refira-se que a primeira geração está ligada à ideia de «liberdade originária», a segunda geração à ideia de «democratização» e a terceira geração à ideia de «socialização», no que constitui uma concretização progressiva do célebre divisa da revolução francesa: «liberdade, igualdade e fraternidade». É de acrescentar que, relativamente às gerações de direitos fundamentais, costuma falar-se de uma quarta geração de direitos, assim como há quem tenha para as gerações mencionadas outras designações e outra estruturação – cf. J. C. VIEIRA DE ANDRADE, *Os Direitos Fundamentais na Constituição Portuguesa de 1976*, cit., p. 51 e ss., bem como os nossos estudos «Algumas reflexões críticas sobre os direitos fundamentais», e «Algumas considerações sobre a solidariedade e a cidadania», agora em *Por uma Liberdade com Responsabilidade – Estudos sobre Direitos e Deveres Fundamentais*, Coimbra Editora, 2007, respectivamente, p. 87 e ss. (104 e ss.) e 131 e ss. (133 e ss.).

responsabilidade objectiva do produtor, a proibir as chamadas cláusulas abusivas, a regular aos contratos de adesão, a proteger os utentes dos serviços públicos essenciais sobretudo quando assegurados por entidades privadas em regime de mercado[16].

Por conseguinte, a formulação dessa protecção como direitos fundamentais, inscreve-se na necessidade de repor um *mínimo de igualdade* nas relações em que os consumidores representam claramente a parte mais fraca, fazendo assim face aos perigos para os bens pessoais e a dignidade individual que a profunda desigualdade entre as partes acarretaria. Neste quadro, compreende-se que a consagração dos direitos dos consumidores como direitos fundamentais não se esgote no reconhecimento de direitos subjectivos a favor dos consumidores. Pois nessa consagração vai inequivocamente afirmada também a «dimensão objectiva» da protecção dos consumidores reportada a valores comunitários que se encontram ligados ao bom uso dos instrumentos contratuais de modo a que o contrato continue a ser um adequado instrumento tanto da autonomia privada como de garantia do bom funcionamento da economia de mercado.

Todavia, a consagração dos direitos dos consumidores como direitos fundamentais comporta importantes implicações normativas relativas quer às características que hão-de comportar em virtude de integrarem o conceito dos direitos fundamentais, quer, em consequência disso, ao regime constitucional a que se encontram sujeitos. Assim, esses direitos hão-de ter, designadamente, as seguintes características: os titulares dos direitos serão, por via de princípio, os indivíduos; os bens protegidos devem ter natureza de bens pessoais pressupostos nas relações de consumo, como a vida, a saúde, a segurança e a qualidade de vida; a protecção jusfundamental dos consumidores justifica-se na medida da vulnerabilidade indivi-

---

[16] A introdução do mercado no âmbito da prestação dos tradicionais serviços públicos é o que justifica a grande transformação operada neste domínio: «a transmutação do administrado em utente». Esta realidade surge actualmente associada ao desenvolvimento de novos instrumentos de participação dos utentes de serviços liberalizados, e de novos instrumentos administrativos de protecção dos mesmos, tais como o «serviço essencial», o «serviço universal», a «qualidade do serviço», a «liberdade de mudança de fornecedor», que procuram garantir as conquistas do Estado social neste novo modelo – cf. MARIOLA RODRÍGUEZ FONT, «Protección y garantias de los usuarios desde las técnicas y instituciones de la regulación», em SANTIAGO MUÑOZ MACHADO/JOSÉ ESTVE PARDO (Dir.), *Derecho de la Regulación Económica*. Vol. I – *Fundamentos y Instituciones de la Regulación*, Iustel, Madrid, 2009, p. 829 e ss.

O *estatuto constitucional dos consumidores*   17

dual face a reais e efectivos poderes económicos privados[17]. Por seu lado, quanto ao seu regime constitucional, veremos que os direitos dos consumidores podem excepcionalmente encontrarem-se subordinados ao exigente regime dos direitos, liberdades e garantias fundamentais, se e na medida em que a estes sejam equiparáveis.

3. Os específicos direitos fundamentais dos consumidores e seu regime geral

A Constituição Portuguesa consagra, no seu art. 60.°/1, os seguintes direitos dos consumidores: o direito à formação, o direito à informação, o direito à protecção da saúde, o direito à protecção da segurança, o direito à protecção dos interesses económicos e o direito à reparação de danos. Pois bem, no seguimento das implicações a que aludimos, optamos por um conceito restrito desses direitos enquanto direitos fundamentais, integrando, por conseguinte, estes direitos na medida em que sejam direitos de *titularidade individual*, com a finalidade de protecção de *bens pessoais* e no contexto de uma efectiva *fragilidade* do consumidor numa relação de consumo, seja esta pública ou privada[18].

Por isso, ilustrando o que vimos de dizer, podemos adiantar que os direitos dos consumidores dizem respeito, em primeira linha, aos *indivíduos*. Pelo que a aplicação desses direitos às pessoas colectivas que, segundo o art. 12.°/2 da Constituição Portuguesa, são titulares de direitos fundamentais compatíveis com a sua natureza, há-de ser feita com as necessárias adaptações, tendo em conta que se trata de uma titularidade de direitos fundamentais por *analogia* e respeitando a *especialidade do fim* das entidades colectivas[19].

---

[17] Para maiores desenvolvimentos, v. J. C. Vieira de Andrade, «Os direitos dos consumidores como direitos fundamentais na Constituição Portuguesa de 1976», *ob. cit.*, p. 144 e s., autor que segue nesse estudo quanto vem sustentando, relativamente às características essenciais do conceito de direito fundamental, nas diversas edições da sua obra, já um clássico da literatura jusfundamental, – *Os Direitos Fundamentais na Constituição Portuguesa de 1976*, cit., p. 111 e ss.

[18] Cf. J. C. Vieira de Andrade, «Os direitos dos consumidores como direitos fundamentais na Constituição Portuguesa de 1976», *ob. cit.*, p. 144 e s.

[19] É de referir que, enquanto para o direito comunitário os consumidores são apenas os indivíduos, para o direito nacional, em consonância de resto como o preceito constitu-

18 *Estudos de Direito Fiscal*

Depois, o carácter fundamental dos direitos dos consumidores vai no sentido do realce dos aspectos *pessoais* da protecção dos consumidores como a vida, a saúde, a segurança e a qualidade de vida. Por outro lado, reportados à qualidade dos bens e serviços consumidos, os direitos dos consumidores não podem bastar-se com uma qualquer defeituosidade, exigindo-se antes uma *específica perigosidade* para bens pessoais, como a integridade física e a saúde, das substâncias e processos de fabrico no respeitante, designadamente, a alimentos, fármacos, cosméticos, jogos infantis, produtos mecânicos, organismos geneticamente modificados, etc.

Enfim, no respeitante ao direito à «protecção dos interesses económicos», deve recusar-se qualquer «opção parcial» a favor do consumo, perfilhando-se antes um entendimento pautado pelo «equilíbrio» e pela «igualdade material», de modo a prevenir desequilíbrios que penalizem o consumidor, como acontece em sede dos contratos de adesão e de certas cláusulas contratuais gerais, domínios em que, não havendo negociação individual, está ausente qualquer liberdade de estipulação, sobretudo quando estamos no domínio de bens e serviços essenciais ou perante os modernos métodos agressivos de venda.

Por seu turno, quanto ao seu *regime*, devemos referir que os direitos dos consumidores se dirigem principalmente ao Estado, que deve assegurar a protecção dos consumidores não só através da edição da legislação adequada, mas também através do provimento da correspondente fiscalização levada a cabo pela administração e pelo aparelho judicial. Em cumprimento desse *dever de protecção* dos bens e interesses dos consumidores cabe-lhe estabelecer «deveres especiais» dos produtores, fornecedores e prestadores de serviços que vão muito para além dos decorrentes dos imperativos legais de protecção da parte contratual mais fraca tradicionalmente contemplados no Código Civil.

O que não exclui que alguns direitos dos consumidores possam ser concebidos como direitos *directamente aplicáveis contra entidades privadas* quando se trate de entidades poderosas e estejam em causa certas manifestações da saúde ou qualidade de vida que consubstanciem bens jurídicos individuais, sobretudo quando estes concretizem dimensões de

---

cional acabado de mencionar, abrange também as pessoas colectivas como é claramente afirmado no art. 1.º/3 da Lei de Protecção dos Utentes de Serviços Públicos, em que se prescreve: «Considera-se utente, para efeitos previstos nesta lei, a pessoa singular ou colectiva a quem o prestador do serviço se obriga a prestá-lo» – cf. também, *infra*, ponto II.4.

O estatuto constitucional dos consumidores

protecção de direitos, liberdades e garantias. O que, como bem se compreenderá, será bastante excepcional[20].

Todavia, é preciso não esquecer que os direitos dos consumidores, no quadro da distinção entre «direitos, liberdades e garantias» e «direitos económicos, sociais e culturais», integram claramente estes últimos. O que tem relevantes consequências, pois os primeiros têm um *regime especial* ligado à densidade dos correspondentes preceitos constitucionais, que, de todo, não se verifica em relação aos «direitos sociais». É que, enquanto os preceitos relativos aos direitos, liberdades e garantias têm um conteúdo susceptível de determinação ao nível constitucional pelos operadores jurídicos concretos pelas vias da interpretação jurídica, os direitos económicos, sociais e culturais têm por conteúdo principal prestações materiais ou jurídicas a realizar por parte do Estado através da sua concretização simultaneamente jurídica e política pelo legislador. Daí que a concretização dos direitos sociais envolva complexas e melindrosas opções de afectação de recursos escassos, as quais não podem deixar de ser tomadas com base numa perspectiva global[21].

Por isso, os direitos sociais a prestações materiais serão sempre direitos de realização gradual permanentemente «sob reserva do possível», cujo conteúdo não pode deixar de ser determinado pelos órgãos politicamente responsáveis, em primeira linha, o Parlamento ou o Governo. O conteúdo desses direitos acaba assim por ser determinado pelo legislador com base nas directrizes constitucionais estabelecidas a respeito de cada um dos direitos a prestações.

A mesma ideia vale, a seu modo, também para os direitos a «prestações jurídicas» concretizados através da emissão de normas jurídicas que não tenham por objecto a organização e funcionamento de um sistema de prestações materiais. Assim, a definição do regime do arrendamento para a habitação, a legislação sobre a higiene e segurança no trabalho ou sobre emissões de substâncias poluentes, a legislação sobre o ensino, mesmo quando directamente se reportem ao conteúdo dos direitos à habitação, às condições humanas do trabalho, a um ambiente saudável ou à educação, não se encontram determinadas nos respectivos preceitos constitucionais,

---

[20] V. J. C. VIEIRA DE ANDRADE, «Os direitos dos consumidores como direitos fundamentais na Constituição Portuguesa de 1976», *ob. cit.*, p. 146 e s.

[21] Cf. J. C. VIEIRA DE ANDRADE, «Os direitos dos consumidores como direitos fundamentais na Constituição Portuguesa de 1976», *ob. cit.*, p. 147 e ss.

20   *Estudos de Direito Fiscal*

pois envolvem escolhas políticas dos órgãos que disponham, ao mesmo tempo, de capacidade técnica e de legitimidade democrática para se responsabilizarem e serem efectivamente responsabilizados por tais opções.

Pois bem, os preceitos constitucionais relativos à generalidade dos direitos dos consumidores, justamente porque se inserem na lista dos direitos sociais, não podem ser objecto de aplicação imediata pelos operadores jurídicos concretos – a administração, os juízes e os particulares. E, porque o seu conteúdo não se encontra determinado nem é determinável ao nível da Constituição, jamais se coloca, em relação a tais direitos, o que acaba sendo o problema maior dos direitos fundamentais – a possibilidade de estabelecer limites ou restrições legais ao seu conteúdo constitucional.

De resto, atenta essa sua natureza, compreende-se que a protecção dos consumidores na generalidade dos países se consubstancie em «tarefas estaduais» enquadradas na correspondente «constituição económica» e, bem assim, que na União Europeia essa protecção tenha sido objecto de uma atracção muito forte e praticamente total protagonizada pelo direito comunitário. O que não admira, pois foi para esse nível que acabaram por «emigrar» as constituições económicas dos Estados Membros[22].

Quanto vimos de dizer só não será válido relativamente àqueles direitos dos consumidores que possam considerar-se análogos aos direitos, liberdades, e garantias. Como acontece no caso do direito à reparação dos danos causados aos consumidores e, bem assim, da liberdade (positiva e negativa) de consumir[23]. Aliás, é de sublinhar, que tem sido o direito à

---

[22] Nível que, assinale-se, acaba tendo um carácter bastante «dirigente», pois a obsessão pela defesa da concorrência revela-nos uma «economia de mercado amplamente orientada», uma vez que a União Europeia aposta no funcionamento do mercado mesmo em domínios em que não passa de uma criação artificial. Por isso, relativamente à «constituição económica» portuguesa, assumidamente muito dirigente na versão originária de 1976, bem podemos dizer: se essa constituição dirigente «morreu», como chegou a proclamar Gomes Canotilho, não exageremos quanto à sua morte, já que apenas morreu enquanto constituição «nacional» e na medida em que estava animada pelo espírito «socialista» de «salvação histórica», como reconheceu o próprio Gomes Canotilho – v. GOMES CANOTILHO, «Estado adjectivado e teoria da constituição», *Revista da Academia Brasileira de Direito Constitucional*, n.° 3, 2003, p. 453 e ss. (469 e s.).

[23] Relativamente aos direitos constitucionais dos consumidores, v. também GOMES CANOTILHO e VITAL MOREIRA, *Constituição da República Portuguesa Anotada*, vol. I – *Artigos 1.° a 107.°*, 4.ª ed., Coimbra Editora, 2007, anots. ao art. 60.°; e JORGE MIRANDA e RUI MEDEIROS, *Constituição Portuguesa Anotada*, Tomo I – *Artigos 1.° a 79.°*, Coimbra Editora, 2005, anots. ao art. 60.°.

O estatuto constitucional dos consumidores

reparação dos danos sofridos por utentes dos serviços o único direito dos consumidores que, até hoje, foi objecto de jurisprudência constitucional. Com efeito, esse direito esteve na base de um julgamento e de uma declaração de inconstitucionalidade pelo Tribunal Constitucional, decisões que constituem as únicas vezes que até hoje foi considerado violado o art. 60.°/1 da Constituição[24].

Assim no Acórdão 153/1990, o Tribunal julgou inconstitucional uma norma[25] na parte em que não permitia, em caso algum, que fossem ressarcidos os lucros cessantes sofridos pelos utentes dos Correios. O que levou a que essa norma fosse julgada inconstitucional e, por conseguinte, desaplicada no caso concreto, desaplicação essa que o Tribunal Constitucional impôs ao tribunal da causa que julgara não inconstitucional a referida norma.

Por seu lado, no Acórdão 650/2004 o Tribunal Constitucional declarou, com força obrigatória geral, a inconstitucionalidade de uma norma da tarifa geral de transportes ferroviários[26], na medida em que a mesma excluía «inteiramente a responsabilidade pelos danos causados aos passageiros resultantes de atrasos, supressão de comboios ou perdas de enlace». A respeito deste acórdão é de sublinhar que o Tribunal Constitucional se dividiu a meio, tendo a declaração de inconstitucionalidade sido adoptada com o voto de qualidade do seu Presidente, no que, na história do Tribunal Constitucional, é particularmente raro.

É de referir, a este propósito, que os juízes, que votaram vencidos, o fizeram com base em diversos argumentos que vão desde o art. 60.°/1 da Constituição não constituir parâmetro para a questão da legitimidade da norma em causa, uma vez que, não passando a mesma de uma cláusula contratual abusiva, seria ilegal por violação da lei relativa às cláusulas contratuais gerais[27], até estarmos aí perante uma restrição ao direito à reparação de danos ainda aceitável uma vez que, não se tratando de uma

---

[24] Pois, em todos os demais casos em que o art. 60.°/1 da Constituição foi convocado, como por exemplo nos Acórdãos 35/2004 e 117/2008, o Tribunal Constitucional concluiu pela não violação desse preceito constitucional.

[25] Constante do n.° 3 do art. 53.° do Anexo I ao Decreto-Lei n.° 49.368, de 10 de Novembro de 1969.

[26] Mais especificamente o 1.° período do n.° 1 do art. 19.° da tarifa geral de transportes, aprovada pela Portaria n.° 453/75, de 30 de Junho, alterada pelas Portarias n.os 116/80, de 31 de Dezembro e 736-D/81 de 28 de Agosto.

[27] Constantes Lei n.° 29/81, de 22 de Agosto, entretanto substituída pela Lei n.° 24/96, de 31 de Julho.

exclusão absoluta da reparação de danos, se integraria na correspondente «liberdade constitutiva» do legislador.

4. A força jurídica dos direitos dos consumidores

Mas os direitos dos consumidores, pelo facto de integrarem os direitos sociais, pertencendo assim a uma categoria inteiramente diversa da dos direitos e liberdades, não perdem a sua natureza de direitos fundamentais. Efectivamente, à face da Constituição Portuguesa, os direitos dos consumidores são verdadeiros direitos fundamentais subjectivos e os preceitos que os consagram verdadeiras normas constitucionais imperativas, embora o conteúdo desses preceitos e das correspondentes pretensões não se encontre determinado na Constituição a não ser num mínimo, dependendo o mesmo das opções que o legislador, no uso do seu poder de conformação autónoma, tomar relativamente a cada um desses direitos.

Por isso, o efeito típico das normas constitucionais relativas aos direitos dos consumidores reside no seu carácter de *imposições de legislação*. Enquanto direitos cujo conteúdo principal se concretiza em prestações públicas, o dever que lhes corresponde por parte do Estado é o *dever de legislar*, sendo a feitura das leis uma tarefa devida no concernente às prestações jurídicas e uma condição de organização do fornecimento das prestações materiais. Dever de legislar relativamente ao qual na Constituição Portuguesa se encontra previsto um específico mecanismo de garantia – a fiscalização da *inconstitucionalidade por omissão*, que será desencadeada quando a Constituição não está a ser cumprida «por omissão de medidas legislativas necessárias para tornar exequíveis as normas constitucionais» (art. 283.º/1 da Constituição)[28]. A que acresce a responsabilidade civil extracontratual do Estado pelo não exercício da função legislativa correspondente a essas imposições quando a respectiva omissão tenha sido objecto de verificação pelo Tribunal Constitucional[29].

---

[28] Para mais desenvolvimentos relativos à tutela dos direitos sociais pela via da inconstitucionalidade por omissão, v. J. C. VIEIRA DE ANDRADE, *Os Direitos Fundamentais na Constituição Portuguesa de 1976*, cit., p. 384 e ss.

[29] Nos termos dos n.ºs 3 a 5 do art. 15.º do Regime da Responsabilidade Civil Extracontratual do Estado e Demais Entidades Públicas, aprovado pela Lei n.º 67/2007, de 31 de Dezembro.

O estatuto constitucional dos consumidores 23

Relativamente aos direitos dos consumidores, podemos dizer que o legislador tem cumprido a tarefa devida que decorre do art. 60.°/1 da Constituição, existindo desde 1981 legislação específica para a protecção dos consumidores constituída pela *lei de defesa dos consumidores*, em que são especificados com significativo desenvolvimento os seis direitos constantes do art. 60.°/1 da Constituição[30], pela *lei relativa às cláusulas contratuais gerais*, em que, transpondo a correspondente directiva comunitária, explicita as cláusulas gerais ou não que são consideradas abusivas, estabelecendo a sua proibição absoluta ou relativa[31], e a *lei de protecção dos utentes de serviços públicos essenciais* que contém diversos deveres especiais de informação, a proibição da suspensão de fornecimentos sem pré-aviso, de consumos mínimos (sejam ostensivos ou camuflados) e de cobrança por aluguer de contadores ou outros instrumentos de medição[32], regras sobre a facturação e um prazo curto de prescrição[33]. Legislação que está, de resto, em vias de ser integrada e devidamente estruturada no *Código do Consumidor* em avançado grau de elaboração[34].

Todavia, é de referir que da impossibilidade de aplicação imediata dos preceitos relativos aos direitos dos consumidores, por falta de deter-

---

[30] A já referida Lei n.° 29/81, de 22 de Agosto, entretanto substituída pela Lei n.° 24/96, de 31 de Julho.

[31] Constante do Decreto-Lei n.° 446/85, de 25 de Outubro, alterado pelo Decreto-Lei n.° 220/95, de 31 de Agosto, e pelo Decreto-Lei n.° 249/99,de 7 de Julho.

[32] A este respeito, questionamo-nos sobre a legalidade da recente prática dos municípios traduzida na criação de «taxas de disponibilidade» do serviço de fornecimento de água, do serviço de tratamento de águas residuais e do serviço de recolha de resíduos, taxas que, ao menos aparentemente, parece terem vindo substituir as anteriores taxas pelo aluguer do contador proibidas justamente pela alínea *a)* do n.° 1 do art. 8.° dessa Lei. A que acresce apurar ainda se as referidas taxas de disponibilidade respeitam as importantes exigências constantes das alíneas *b)* e *c)* do n.° 2 do art. 8.° do Regime Geral das Taxas das Autarquias Locais (Lei n.° 53-F/2006, de 29 de Dezembro).

[33] A Lei n.° 23/96, de 31 de Julho, entretanto alterada pela Lei n.° 12/2008, de 26 de Fevereiro, que alargou significativamente os serviços públicos essenciais abrangidos e procedeu à republicação e renumeração dessa lei. Pois esses serviços, que eram apenas os de fornecimento de água, fornecimento de energia eléctrica, fornecimento de gás e serviço de telefone, passaram a abranger também os serviços de fornecimento de gases liquefeitos canalizados, os serviços de comunicações electrónicas, os serviços postais, o serviço de recolha e tratamento de águas residuais e os serviços de gestão de resíduos sólidos urbanos.

[34] V. Comissão do Código do Consumidor, *Código do Consumidor – Anteprojecto*, Instituto do Consumidor, Lisboa, 2006.

minação constitucional própria dos preceitos que consagram direitos sociais, não coloca esses direitos à mercê do legislador, uma vez que não estamos perante meras «normas programáticas», mas face a imposições de legislação que obrigam o legislador a legislar e a legislar num quadro jurídico constitucionalmente vinculado por directrizes materiais que, directamente ou por via interpretativa, decorrem das normas que lhe impõem tarefas específicas. Por isso, os preceitos relativos aos direitos dos consumidores constituem um padrão de validade constitucional das normas legais que concretizam. Padrão que, na medida em que os preceitos constitucionais contenham um conteúdo determinável por via interpretativa, obriga directamente o legislador a assegurar as condições que permitam a realização mínima dos direitos sociais.

Por conseguinte, o conteúdo mínimo dos direitos dos consumidores encontra-se constitucionalmente determinado em termos de poder ser judicialmente exigível. Muito embora o juiz, que não pode deixar de respeitar o poder de conformação do legislador próprio da concretização dos direitos sociais, apenas em casos excepcionais ou em aspectos limitados possa concluir pela inconstitucionalidade que terá, assim, de ser manifesta, traduzindo-se, por exemplo, na violação do princípio da igualdade enquanto proibição do arbítrio[35].

Por outro lado, a força jurídica dos direitos dos consumidores, enquanto direitos sociais, revela-se também no facto de constituírem *valores constitucionais* que podem ser suporte de limites ou restrições às liberdades e a outros direitos fundamentais em caso de conflito entre direitos. Com efeito, para assegurar a realização dos direitos dos consumidores, o legislador tem o poder de limitar ou restringir direitos e liberdades dos cidadãos, como a liberdade de iniciativa económica, a liberdade contratual e a liberdade à informação, em moldes que sejam considerados necessários, adequados e proporcionais à protecção devida aos consumidores em situação de vulnerabilidade. Protecção que não pode deixar de ser acrescida face a produtores ou fornecedores de bens e serviços que sejam entidades poderosas, em relação às quais a Constituição consagra deveres especiais de protecção e de prevenção que, em caso de incumprimento, podem desencadear a responsabilidade civil por actos ilícitos, por acção ou omissão da administração ou mesmo do legislador nos termos em que

---

[35] Cf. J. C. VIEIRA DE ANDRADE, «Os direitos dos consumidores como direitos fundamentais na Constituição Portuguesa de 1976», *ob. cit.*, p. 152 e s.

O *estatuto constitucional dos consumidores* 25

a responsabilidade civil extracontratual das entidades públicas se encontra presentemente consagrada na lei[36].

Enfim, a respeito dos direitos sociais, fala-se também da sua *força irradiante*. Relativamente a esta, pergunta-se, designadamente, se os preceitos constitucionais, que consagram os direitos dos consumidores, projectam essa força irradiante em *direitos derivados* estabelecidos pelo legislador na concretização desses direitos em termos de desencadearem uma «proibição de retrocesso social». Uma pergunta que, por via de regra, nos leva a uma resposta negativa, uma vez que entendemos que o legislador não pode ser impedido de diminuir os termos em que consagrou os direitos dos consumidores ou abaixar a fasquia de realização legalmente alcançada, conquanto que essa diminuição ou abaixamento tenha uma justificação razoável. Pelo que a mencionada força irradiante só será de aceitar relativamente àquele nível de realização dos direitos sociais que já se encontre devidamente consolidado na consciência jurídica comunitária[37].

5. As garantias institucionais e processuais dos direitos dos consumidores

É de acrescentar que a Constituição Portuguesa não esgota a protecção dos consumidores na consagração dos direitos que vimos referindo. Além disso, prevê uma série de garantias institucionais e processuais para a sua defesa e promoção. Assim, no respeitante às primeiras, que se configuram como complexos normativos substantivos, organizatórios ou procedimentais que visam assegurar a realização dos direitos fundamentais dos consumidores mas que, todavia, não conferem direitos subjectivos, podemos mencionar a sujeição da *publicidade* a uma disciplina legal que implica, para além da imposição concreta da legislação, a proibição de todas as formas de publicidade oculta, indirecta ou dolosa, nos termos do art. 60.º/2 da Constituição[38].

---

[36] No já referido Regime da Responsabilidade Civil Extracontratual do Estado e Demais Entidades Públicas.

[37] Cf. o nosso estudo «Os direitos fundamentais na jurisprudência do Tribunal Constitucional», agora em *Por uma Liberdade com Responsabilidade – Estudos sobre Direitos e Deveres Fundamentais*, cit., p. 41 e ss.

[38] Imposição a que o legislador deu cumprimento pela aprovação do Código de Publicidade, através do Decreto-Lei n.º 330/90, de 23 de Outubro, profundamente alterado

26 Estudos de Direito Fiscal

Como garantia institucional devemos considerar também o direito de participação e de representação das associações de consumidores e das cooperativas de consumo constante do art. 60.°/3 da Constituição. Efectivamente, não obstante a sua formulação subjectiva, tais *direitos colectivos* não constituem verdadeiros direitos fundamentais de pessoas, valendo assim como garantias institucionais, uma vez que visam a defesa e promoção dos direitos dos consumidores[39]. Por conseguinte, os direitos que em execução e desenvolvimento desse preceito constitucional foram consagrados na mencionada Lei de Defesa do Consumidor devem ser vistos como meros direitos legais[40].

Por seu lado, no que respeita às garantias processuais, é de assinalar que, embora se trate de garantias com carácter geral, elas assumem uma particular importância no respeitante aos consumidores, como é realçado pela própria Constituição. É que a efectiva protecção dos consumidores, em muitos casos, não pode bastar-se com a tutela oferecida pela garantia geral de acesso aos tribunais, exigindo antes vias mais abertas, mais simples e mais rápidas de acesso a formas de justa composição dos conflitos. Por isso, o direito de acesso geral à justiça para a protecção dos direitos dos consumidores, como consta do art. 20.° da Constituição, assegurando uma «tutela jurisdicional efectiva» através de uma «decisão em prazo razoável e mediante processo equitativo», embora fundamental, não se revela suficiente.

Daí que a Constituição tenha alargado a protecção dos direitos dos consumidores através do reconhecimento de *direito de acção popular* a exercer individualmente ou por associações, assegurando, assim, uma

---

pelo Decretos-Leis n.os 74/93, de 10 de Março, 6/95, de 17 de Janeiro, 61/97, de 25 de Março, 275/98, de 9 de Setembro, 51/2001, de 15 de Fevereiro, 332/2001, de 24 de Dezembro, e 81/2002, de 4 de Abril, e pelas Leis n.os 31-A/98, de 14 de Julho, e 32/2003, de 22 de Agosto.

[39] Sobre a natureza dos direitos colectivos e suas modalidades, v., por todos, J. C. VIEIRA DE ANDRADE, *Os Direitos Fundamentais na Constituição Portuguesa de 1976*, cit., p. 116 e ss. Acrescente-se, quanto à natureza dos «direitos colectivos», que a posição adoptada no texto não é partilhada por parte significativa da doutrina.

[40] V., por exemplo, o «direito do consumidor à participação, por via representativa, na definição legal ou administrativa dos seus direitos e interesses», o qual «consiste, nomeadamente, na audição e consulta prévias, em prazo razoável, das associações de consumidores no tocante às medidas que afectem os direitos ou interesses legalmente protegidos dos consumidores» – v. os arts. 3.°/h e 15.° da Lei n.° 24/96.

O estatuto constitucional dos consumidores   27

tutela jurisdicional efectiva dos consumidores no respeitante a uma massa enorme de pequenas questões ou a problemas globais que os particulares individualmente não estão em condições de levar a tribunal. Uma ideia que veio a ser reforçada pela lei ordinária, ao estabelecer a legitimidade do Ministério Público e do Instituto do Consumidor para intentar acções inibitórias ou de reparação de danos «quando estejam em causa interesses individuais homogéneos, colectivos ou difusos»[41].

6. Significado e alcance da consagração constitucional dos direitos dos consumidores

Finalmente, a título de conclusão, importa perguntar pelo significado da consagração na Constituição dos direitos dos consumidores como direitos fundamentais, optando por uma solução que, como dissemos, não tem paralelo nos demais países, como por exemplo em Espanha. Pois, nos termos, do seu art. 51.°, a Constituição Espanhola limita-se a estabelecer um conjunto de *tarefas estaduais* dirigidas à defesa dos consumidores e utentes, seja protegendo a sua segurança, saúde e legítimos interesses económicos, seja promovendo a sua informação e educação bem como a audição das correspondentes organizações.

Por isso, continuando a seguir J. C. Vieira de Andrade[42], podemos perguntar: em que medida a constitucionalização, em termos de direitos subjectivos, da protecção dos consumidores de bens e utentes de serviços se revela necessária, conveniente e eficaz de molde a ver nela uma real mais-valia face à sua configuração constitucional como meras tarefas do Estado? Uma pergunta cuja resposta não se nos afigura muito lisonjeira para o modelo português de tutela constitucional dos consumidores. E isto em cada um dos aspectos mencionados.

Assim e relativamente à necessidade da sua consagração como direitos fundamentais, parece-nos que não reforça em termos significativos a mencionada protecção face à obtida através da sua visão como tarefas estaduais. De facto, os resultados que pretende obter são, efectivamente,

---

[41] Nos termos prescritos no art. 13.° da actual Lei de Defesa dos Consumidores (Lei n.° 24/96).

[42] «Os direitos dos consumidores como direitos fundamentais na Constituição Portuguesa de 1976», *ob. cit.*, p. 159 e ss.

em tudo semelhantes aos obtidos nos outros países em que estamos perante a imposição constitucional de tarefas estaduais.

Tanto mais se tivermos em conta a pressão comunitária no sentido da protecção dos consumidores decorrente das directivas comunitárias como a Directiva 93/13/CEE sobre cláusulas contratuais abusivas ou a Directiva 1999/44/CE relativa à venda de coisas defeituosas. Uma protecção que, devemos sublinhar, numa visível expressão de «paternalismo estadual», acaba por tratar os consumidores como se de pessoas menores ou inabilitadas se tratasse[43].

A que acresce a fraca força jurídica dos preceitos constitucionais que consagram os direitos dos consumidores, pois estes, ao integrarem os direitos económicos, sociais e culturais, os seus preceitos constitucionais não são directamente aplicáveis nem vinculam de maneira estrita o legislador. Pois a aplicação desses preceitos está dependente da mediação concretizadora do legislador e este não pode deixar de gozar de significativa liberdade conformadora no respeitante a essa concretização.

Por seu lado, quanto à sua conveniência, o juízo é ainda menos entusiasta, dado essa configuração constitucional se inscrever, a seu modo, no que vimos designado por «panjusfundamentalização» dos direitos no quadro de um «discurso quantitativo» dos direitos que não honra, longe disso, uma perspectiva amiga dos direitos em geral e dos direitos fundamentais em particular[44]. É que, ao contrário do que, à primeira vista, poderia pensar-se, considerar direitos fundamentais a generalidade dos direitos legais não significa elevar estes ao «nível jusfundamental», mas antes rebaixar os direitos verdadeiramente fundamentais para o «nível legal».

Enfim, também em sede da eficácia, os direitos dos consumidores não ganham grande coisa em serem tidos por direitos fundamentais no texto constitucional. Quando muito poderão ser considerados um factor de pressão sobre o legislador no sentido de este cumprir as tarefas cons-

---

[43] Um fenómeno que, infelizmente, não é apanágio apenas do direito comunitário, sendo cada vez mais frequente o direito em geral, sempre com respeitáveis intuitos de protecção, acabar por «infantilizar» as pessoas, degradando-as em crianças pretensamente mimadas.

[44] Cf. o nosso estudo «Algumas reflexões críticas sobre os direitos fundamentais», *ob. cit.*, p. 103 e ss.

titucionais no domínio da protecção dos consumidores. Todavia, para além de nos interrogarmos sobre se a constitucionalização desses direitos constitui meio inteiramente aceitável e adequado para servir de via a esse tipo de pressões, uma tal visão das coisas acarreta o risco real de uma excessiva intervenção dos tribunais no domínio das relações de direito privado, substituindo assim o legislador na missão de defesa de direitos que, atenta a sua natureza, sempre serão melhor assegurados pela instituição parlamentar.

Uma clara manifestação do fenómeno que, noutro lugar e a outro propósito, designámos por «fuga para o juiz» e que, a nosso ver, mais não é do que a ingénua e descabida persistência do «excesso da antítese» que o actual *Estado de direito* representa face ao *Estado autoritário* anterior. Fenómeno que, como bem se compreenderá, não nos desperta a menor simpatia, até porque, se outros motivos não houvesse, ao contribuir para o actual congestionamento dos tribunais, no que constitui o problema mais sério do Estado de direito em Portugal, revela uma solução efectivamente nada amiga dos direitos fundamentais[45].

III. OS CONSUMIDORES NA «CONSTITUIÇÃO FISCAL»

Analisada a posição que os consumidores ocupam na «constituição da pessoa», vejamos agora como eles são tratados na «constituição fiscal», ou seja, por outras palavras, como os consumidores são tidos em conta em sede do dever fundamental de pagar impostos[46]. Dever fundamental que constitui o suporte financeiro do Estado, integrando assim a tríade de de-

---

[45] V. o nosso estudo «A autonomia local. Alguns aspectos gerais», número especial do *Boletim da Faculdade de Direito – Estudos em Homenagem ao Prof. Doutor Afonso Rodrigues Queiró*, vol. II, 1993, p. 107 e ss. (172 e s., também em separata, Coimbra, 1990, p. 67 e s.

[46] Sobre esse dever fundamental, v., entre nós, o nosso livro *O Dever Fundamental de Pagar Impostos*, cit., p. 313 e ss., e, para Espanha, C. PAUNER CHAUVI, *El Deber Constitucional de Contribuir al Sostenimiento de los Gastos Públicos*, Centro de Estudios Políticos y Constitucionles, Madrid, 2001, e A. RODRIGUEZ BEREIJO, «El deber de contribuir como deber constitucional. Su significado jurídico», *Revista Española de Derecho Financiero*, 125, Enero-Marzo de 1005, p. 5 e ss.

veres fundamentais em que repousa o funcionamento do «contrato social» do Estado (moderno)[47].

Todavia, antes de entrarmos na análise da relevância constitucional dos consumidores enquanto suporte financeiro do Estado, duas pequenas considerações de carácter mais geral.

Pois bem, a tal respeito, é de começar por dizer que, como se encontra subentendido no que vimos de dizer, a constituição fiscal que aqui interessa não é a constituição fiscal concretizada nos «princípios constitucionais fiscais» que a generalidade das constituições contêm em termos mais ou menos desenvolvidos e que dizem respeito a todos os impostos, como os princípios do Estado fiscal, da legalidade fiscal, da igualdade fiscal e da capacidade contributiva, da não retroactividade dos impostos, etc.[48] Efectivamente, interessa antes a que se reporta ao recorte constitucional de um concreto sistema fiscal, como a constante do actual art. 104.º da Constituição Portuguesa.

Por outro lado, apresentando-se os deveres fundamentais em sentido próprio como a outra face dos direitos fundamentais, mais especificamente como «limites imanentes» aos direitos, liberdades e garantias fundamentais[49], não será difícil verificar que os consumidores, isto é, os agentes económicos que se encontram no fim da linha do circuito produtivo, enquanto destinatários de toda a actividade de produção e distribuição de bens e serviços, se encontram particularmente bem posicionados para serem objecto de concretização pelo legislador do dever fundamental que está por detrás da constituição fiscal – o dever fundamental de pagar impostos. E, de facto, assim acontece.

---

[47] Sendo os outros o dever de defesa da pátria, que assegura a existência e a sobrevivência do Estado, e o dever de sufrágio, que garante o funcionamento democrático do Estado. – cf. o nosso estudo «A face oculta dos direitos fundamentais: os deveres e os custos dos direitos», agora em *Por uma Liberdade com Responsabilidade – Estudos sobre Direitos e Deveres Fundamentais*, cit., p. 175 e s.

[48] Quanto ao sentido e alcance desses princípios, v. o nosso livro *O Dever Fundamental de Pagar Impostos*, cit., p. 313 e ss., bem como ANA PAULA DOURADO, *O Princípio da Legalidade Fiscal. Tipicidade, Conceitos Jurídicos Indeterminados e Margem de Livre Apreciação*, Almedina, Coimbra, 2007; e SÉRGIO VASQUES, *O Princípio da Equivalência como Critério de Igualdade Tributária*, Almedina, Coimbra, 2008.

[49] V. os nossos textos «Os direitos fundamentais na jurisprudência do Tribunal Constitucional», *ob. cit.*, p. 83 e ss., e *O Dever Fundamental de Pagar Impostos*, cit., p. 24 e ss. e 76 e ss.

O estatuto constitucional dos consumidores

1. A tributação do consumo na Constituição

Pois bem, a Constituição Portuguesa, ao contrário do que se verifica nas constituições da generalidade dos países[50], continha, originariamente no art. 107.º e, embora com um sentido e alcance agora modificados, continua a conter no art. 104.º, um «programa de reforma fiscal» em que encontramos recortado, relativamente a alguns sectores da tributação com especiais exigências, o sistema fiscal português. Programa que teve por causa próxima o facto de o nosso sistema fiscal não ter tido o desenvolvimento que estava subjacente e era de esperar da reforma levada a cabo nos anos sessenta do século passado, de modo a espelhar o desenvolvimento económico experimentado pela economia portuguesa durante a década de sessenta e primeiros anos da década de setenta[51].

Na versão originária de 1976, esse programa constava do art. 107.º, um preceito em que são visíveis expressões da «utopia marxista» que a Constituição nessa versão continha no quadro mais geral de uma «constituição dirigente» que parecia ostentar nos domínios económico e social[52]. Aí se prescrevia:

1. O imposto sobre o rendimento pessoal visará a diminuição das desigualdades, será único e progressivo, tendo em conta as necessidades

---

[50] Pois o que as constituições em geral contêm, no respeitante ao concreto sistema fiscal, não é o recorte do sistema seja como programa de reforma, seja como estrito quadro constitucional, mas a solução para o problema da distribuição vertical do poder tributário pelos diversos níveis dos Estados compostos (federais ou regionais), como acontece, por exemplo, nas constituições da Alemanha, Brasil e Espanha.

[51] Período em que, é importante sublinhar, Portugal registou o maior crescimento económico em termos absolutos. Quanto ao que dizemos no texto v. o nosso estudo «Alguns aspectos da tributação das empresas», agora em *Por um Estado Fiscal Suportável – Estudos de Direito Fiscal*, cit., p. 375 e ss.

[52] Expressões que estavam articuladas com outras no mesmo sentido dispersas pelo texto constitucional, as quais no seu conjunto faziam da constituição portuguesa, ao nível do texto (que não da realidade constitucional) no domínio da «constituição económica», uma constituição dualista em que sobre uma constituição económica de modelo «ocidental», baseada na economia de mercado, se sobrepunha uma constituição de modelo «socialista» apontando para uma economia de direcção central – v. os nossos estudos *Contratos Fiscais. Reflexões acerca da sua admissibilidade*, n.º 5 da série *Studia Iuridica*, Coimbra, 1994, p. 139, nota 406, e 152, nota 449, e «A constituição fiscal de 1976, sua evolução e seus desafios», agora em *Por um Estado Fiscal Suportável – Estudos de Direito Fiscal*, cit., p. 122 e s.

32 Estudos de Direito Fiscal

e os rendimentos do agregado familiar, e tenderá a limitar os rendimentos a um máximo nacional, definido anualmente por lei.

2. A tributação das empresas incidirá fundamentalmente sobre o seu rendimento real.

3. O imposto sobre sucessões e doações será progressivo, de forma a contribuir para a igualdade entre os cidadãos, e tomará em conta a transmissão por herança dos frutos do trabalho.

4. A tributação do consumo visará adaptar a estrutura do consumo às necessidades da socialização da economia, isentando-se dela os bens necessários à subsistência dos mais desfavorecidos e suas famílias e onerando-se os consumos de luxo.

Por seu lado, a versão actual, que a partir da Revisão Constitucional de 1997 passou a corresponder ao art. 104.º, dispõe:

1. O imposto sobre o rendimento pessoal visa a diminuição das desigualdades, será único e progressivo, tendo em conta as necessidades e os rendimentos do agregado familiar.

2. A tributação das empresas incide fundamentalmente sobre o seu rendimento real.

3. A tributação do património deve contribuir para a igualdade entre os cidadãos.

4. A tributação do consumo visa adaptar a estrutura do consumo às necessidades do desenvolvimento económico e da justiça social, devendo onerar os consumos de luxo[53].

Um programa que, entretanto, foi progressivamente concretizado por etapas correspondentes à tributação do consumo (em 1986), à tributação do rendimento (em 1989), à tributação do património (em 2003/4) e à tributação dos veículos automóveis (em 2007)[54]. Daí que nos interroguemos

---

[53] Cf. o nosso citado estudo «A constituição fiscal de 1976, sua evolução e seus desafios», *ob. cit.*, p. 121 e ss.

[54] Assim foi adoptado o Imposto sobre o Valor Acrescentado (IVA), em 1986, o Imposto sobre o Rendimento das Pessoas Singulares (IRS) e o Imposto sobre o Rendimento das Pessoas Colectivas (IRC) em 1989, o Imposto Municipal sobre Imóveis (IMI), o Imposto Municipal sobre a Transmissão Onerosa de Imóveis (IMT) e o Imposto de Selo (IS) (sobre as aquisições gratuitas de bens por pessoas singulares), em 2003/4, e o Imposto sobre Veículos (ISV) e o Imposto Único de Circulação (IUC), em 2007. Acrescente-se que, contemporaneamente ao IVA, foram adoptados os impostos especiais sobre o consumo,

O estatuto constitucional dos consumidores

sobre se a manutenção do programa constitucional de reforma fiscal não terá deixado de fazer sentido, dado a reforma fiscal já ter sido implementada. A que acresce tais exigências constitucionais poderem vir a revelar-se um obstáculo à necessidade de adaptação do sistema fiscal ao actual desenvolvimento económico, como de algum modo já acontece com a relativa à unicidade do imposto sobre o rendimento pessoal, a qual, concretizada na tributação conjunta do agregado familiar, vem servindo para uma efectiva discriminação fiscal negativa dos contribuintes casados face aos contribuintes não casados, bem como com a respeitante à tributação das empresas pelo seu rendimento real, a qual pode vir a revelar-se um obstáculo, por exemplo, ao crescente afastamento entre o balanço comercial e o balanço fiscal decorrente da exigência de adopção da normas internacionais de relato financeiro[55].

Reportando-nos, porém, à tributação que aqui interessa, a tributação do consumo, como se pode ver pelo confronto das duas versões reproduzidas, para além da eliminação da excrescência marxista que a vinculava «às necessidades da socialização da economia», na versão actual do art. 104.°/4 deixou também de se exigir a isenção dos bens necessários à subsistência dos mais desfavorecidos e suas famílias, muito embora se tenha mantido a exigência de oneração dos consumos de luxo. Uma situação que teve concretização na versão primitiva do IVA, que vigorou entre 1986 e 1992, em que estava prevista uma taxa zero para certos bens de primeira necessidade, havendo também uma taxa agravada de 30% para bens de luxo, a qual vigorou até 1995. O que, a seu modo, não deixa de surpreender, pois, se as taxas agravadas de IVA foram abolidas pela Directiva 92//77[56], já a taxa zero poder-se-ia ter mantido, a qual sempre seria uma expressão de redistribuição dos rendimento num sistema fiscal em que esse desiderato jamais foi conseguido pela tributação do rendimento pes-

---

que hoje são: o Imposto sobre Produtos Petrolíferos e Energéticos, o Imposto sobre o Tabaco e o Imposto sobre o Álcool e Bebidas Alcoólicas.

[55] *Internacional Finantial Reporting Standards* (IFRS) – v. quanto a estas e por todos, J. L. SALDANHA SANCHES e Outros, *Direito do Balanço Financeiro e as Normas Internacionais de Relato Financeiro*, Coimbra Editora, 2007. Relativamente ao que dizemos no texto, v. o nosso *Direito Fiscal*, 5.ª ed., Almedina, Coimbra, 2009, p. 491 e ss.

[56] Directiva n.° 92/77/CEE, do Conselho, de 14 de Dezembro de 1992, diploma que veio adaptar o IVA preparando-o para a entrada em vigor do mercado interno em 1 de Janeiro de 1993.

soal, em virtude sobretudo de o IRS ter assumido um carácter *quase dual* desde a sua criação[57].

Por conseguinte, presentemente o art. 104.°/4 da Constituição prescreve apenas que «a tributação do consumo visa adaptar a estrutura do consumo às necessidades do desenvolvimento económico e da justiça social, devendo onerar os consumos de luxo». Um preceito que, embora esteja muito longe de conter exigências estritas do tipo das contidas noutros preceitos desse mesmo artigo, como é manifestamente o caso das relativas ao «imposto sobre o rendimento pessoal», ainda assim não deixa de constituir uma base importante do estatuto constitucional dos consumidores no que aos deveres fundamentais diz respeito.

Assim a Constituição, embora de uma forma indirecta, através da disciplina constitucional da tributação do consumo, também tem em consideração os consumidores. O que, naturalmente, não surpreende se tivermos em conta que a constituição fiscal contém o recorte dos diversos tipos de impostos ou tributações que hão-de integrar o sistema fiscal e que esses impostos ou tributações têm por base necessariamente manifestações da capacidade contributiva reveladas pelos indivíduos e suas organizações enquanto agentes económicos quando obtenham rendimento (em sentido amplo), detenham bens patrimoniais ou despendam rendimento ou património na aquisição de bens de consumo ou bens patrimoniais. Uma ideia com concretização, de resto, na Lei Geral Tributária, quando prescreve, no seu art. 4.°/1, que «os impostos assentam essencialmente na capacidade contributiva revelada, nos termos da lei, através do rendimento ou da sua utilização e do património».

Uma tributação que, não nos podemos esquecer, sempre tem constituído entre nós a mais importante fonte de receitas fiscais, atingindo o seu montante mais de 1/3 do conjunto desse tipo de receitas. Importância que, tudo leva a crer, virá a aumentar significativamente no futuro, pois a concorrência fiscal, que o fenómeno da globalização económica vem engendrando, torna importantes manifestações da capacidade contributiva reveladas na obtenção de rendimentos facilmente deslocalizáveis e, por

---

[57] Uma vez que os rendimentos de capitais se encontram sujeitos a uma taxa ou alíquota proporcional cobrada com base na técnica de retenção na fonte a título definitivo, acabando assim por ficar de fora do tributação pessoal – v., nesse sentido e por todos, J. G. Xavier de Basto, *IRS: Incidência Real e Determinação dos Rendimentos Líquidos*, Coimbra Editora, 2007, p. 25 e ss.

O estatuto constitucional dos consumidores 35

conseguinte, dificilmente sujeitáveis a tributações com taxas ou alíquotas altas e progressivas típicas da tributação do rendimento pessoal que insiste, ao menos em teoria, manter-se fiel ao paradigma dos sistemas fiscais do Estado social laboriosamente erguidos na segunda metade do século passado na Europa Ocidental[58].

2. A actual tributação do consumo

Pois bem, podemos dizer que presentemente em Portugal, como um pouco por toda a parte, a tributação do consumo se apresenta como uma das realidades com mais futuro nos sistemas fiscais. É que, ao contrário do que ocorreu na segunda metade do século XX[59], em que a evolução dos sistemas fiscais foi no sentido de deslocar a carga fiscal dos impostos indirectos, sobretudo dos impostos sobre o consumo, para os impostos sobre o rendimento[60], no presente século vimos assistindo à revalorização da tributação do consumo. O que se verifica não só no respeitante à tributação geral do consumo, protagonizada pela adopção generalizada do IVA, um imposto que presentemente vigora em mais de centena e meia de países, não obstante a diversidade do grau de desenvolvimento económico e social[61], mas também no que concerne à tributação especial do consumo levada acabo pelos impostos especiais sobre o consumo[62]. Impostos estes

---

[58] V. o nosso escrito «Reflexões sobre quem paga a conta do Estado social», agora nestes *Estudos*, p. 111 e ss.

[59] Século XX entendido em sentido político e jurídico, o qual, cronologicamente falando, foi muito curto, pois começou em 1919, com a aprovação da Constituição de Weimar, e findou em 1989, com a queda do Muro de Berlim – cf. o nosso escrito «Reflexões sobre quem paga a conta do Estado social», nestes *Estudos*, p. 122 e ss.

[60] E, dentro destes, para os impostos de natureza pessoal caracterizados sobretudo por serem impostos sobre o rendimento global e sujeitos a taxas ou alíquotas progressivas.

[61] V., quanto ao aspecto focado no texto, CLOTILDE CELORICO PALMA, *Introdução ao Imposto sobre o Valor Acrescentado*, 3.ª ed., Almedina, Coimbra, 2008, p. 11 e ss. Sobre a tributação do consumo por um imposto tipo IVA, v. J. G. XAVIER DE BASTO, *A Tributação do Consumo e a sua Coordenação Internacional*, Cadernos de Ciência e Técnica Fiscal, Lisboa, 1991.

[62] Que em Portugal são, presentemente, para além dos impostos harmonizados pelo direito comunitário (o Imposto sobre Produtos Petrolíferos, o Imposto sobre o Álcool e Bebidas Alcoólicas e o Imposto sobre o Tabaco), o Imposto sobre Veículos e o Imposto Único de Circulação.

que, devemos sublinhar, ainda não há muitos anos se encontravam sob um prognóstico reservado, prevendo-se a sua extinção num futuro não muito longínquo[63].

Pelo que a tributação do consumo está bem e recomenda-se. E isto tendo em mente tão só um sistema fiscal assente na tradicional tributação tripartida concretizada em impostos sobre o rendimento, impostos sobre o património e impostos sobre o consumo, não enveredando assim por uma reformulação que polarize totalmente o sistema fiscal na tributação do consumo, em termos duma tributação pessoal, como o das conhecidas e algumas já clássicas propostas de uma tributação única baseada num conceito de rendimento correspondente ao consumo[64].

É que, perante as dificuldades cada vez mais inultrapassáveis de uma efectiva tributação pessoal do rendimento global, em virtude do carácter eminentemente nómada de certos rendimentos, como os rendimentos de capitais e os rendimentos profissionais e do trabalho altamente qualificados, não admira que cada vez mais autores voltem a olhar com simpatia para a tributação do consumo, tradicionalmente mal vista pelo seu reconhecido carácter regressivo. É que, se os muito ricos ou mesmo ricos escapam facilmente à tributação dos rendimentos, designadamente através da deslocação destes para países em que são menos tributados, não sendo assim possível obrigá-los a pagar pelo que ganham, então, ao menos, que paguem pelo que consomem, sendo certo que sempre consumirão mais do que os pobres ou remediados[65].

Por conseguinte, a empenhada redistribuição dos rendimentos, uma das mais importantes bases do Estado social, que herdamos do século XX,

---

[63] Extinção que se previa facilitada no respeitante a alguns deles, de resto os mais tradicionais, dado carregarem sobre os ombros a carga fortemente negativa própria dos «impostos do pecado» – v. sobre estes, SÉRGIO VASQUES, *Os Impostos do Pecado. O Álcool, o Tabaco, o Jogo e o Fisco*, Almedina, Coimbra, 1999.

[64] Constituindo a mais clássica de todas elas a apresentada por N. KALDOR, *An Expenditure Tax*, George Allen & Unwin, Londres, 1955 – cf. J. J. TEIXEIRA RIBEIRO, *Lições de Finanças Públicas*, 5.ª ed., Coimbra Editora, 1995, p. e 339 e s.; M. H. FREITAS PEREIRA, *A Periodização do Lucro Tributável*, Cadernos de Ciência e Técnica Fiscal, Lisboa, 1988, p. 16 e ss.; e J. RICARDO CATARINO, *Redistribuição Tributária. Estado Social e Escolha Individual*, Almedina, Coimbra, 2008, p. 587 e ss.

[65] V. o nosso texto «Reforma tributária num estado fiscal suportável», agora em *Por um Estado Fiscal Suportável – Estudos de Direito Fiscal*, vol. II, Almedina, Coimbra, 2008, p. 67 e ss. (91).

O estatuto constitucional dos consumidores 37

apenas limitadamente pode hoje em dia ser levada a cabo em sede da tributação do rendimento pessoal. Daí que, forçados pela realidade a que aludimos, os Estados se venham pautando por posições mais realistas relativamente à tributação do rendimento pessoal, relativizando os tradicionais préstimos apontados a essa tributação para atingir aquele objectivo.

Muito embora Portugal, revelando uma evolução em sentido oposto ao mencionado, tenha afastado significativas parcelas do rendimento da tributação pessoal, quando esta era inteiramente praticável, e venha adoptando mais recentemente alterações legislativas que procuram reforçar o carácter pessoal dessa tributação através do agravamento da progressividade das suas taxas ou alíquotas.

Assim e quanto ao primeiro aspecto, é de sublinhar que na versão originária do Imposto sobre o Rendimento das Pessoas Singulares, que entrou em vigor em 1989, se encontravam excluídos da obrigatoriedade de englobamento dos rendimentos e da consequente sujeição a taxas ou alíquotas progressivas a generalidade dos rendimentos de capitais que assim ficaram sujeitos a taxas ou alíquotas proporcionais e relativamente baixas. Uma solução então claramente inconstitucional por violação dos princípios da unicidade e da progressividade do imposto sobre o rendimento pessoal constantes do então art. 107.°/1 da Constituição, embora o Tribunal Constitucional, no seu Acórdão 57/1995, perante a inevitabilidade da declaração inconstitucionalidade da mesma, se tenha furtado a conhecer do correspondente pedido, louvando-se para tanto num entendimento excessivamente formal(ista) do princípio processual do pedido[66]. Pois que, na altura, ainda não eram invocáveis as razões de praticabilidade das soluções legais que presentemente, em ambiente de globalização económica e de concorrência fiscal, vêm sendo convocadas, sobretudo as que se prendem com a mobilidade dos rendimentos de capitais. O que implica uma harmonização ou concordância prática daqueles princípios com as mencionadas exigências do princípio da praticabilidade[67].

---

[66] Pois recusou conhecer do pedido da declaração de inconstitucionalidade das normas suportes dessa tributação separada dos rendimentos de capitais com base na circunstância de tais normas terem sido objecto de alteração formal após ter sido apresentado o pedido.

[67] V. o que dizemos no nosso livro *O Dever Fundamental de Pagar Impostos*, cit., p. 594 e ss.

Por seu turno, nos últimos anos, vimos assistindo a uma tentativa de reforço do carácter pessoal do Imposto sobre o Rendimento das Pessoas Singulares, concretizado quer na multiplicação dos escalões de rendimento e das correspondentes taxas ou alíquotas, que originariamente eram quatro e agora já são sete, quer na elevação da taxa ou alíquota marginal máxima de 40% para 42% em 2006. Soluções que acabam tendo por objecto apenas alguns dos rendimentos, fundamentalmente os rendimentos do trabalho, mais especificamente os rendimentos da categoria A (trabalho dependente) e da categoria H (pensões), e não todos os rendimentos, como era suposto verificar-se e continua a ser exigido pelo art. 104.º/1 da Constituição, ao impor uma tributação unitária e progressiva do rendimento pessoal[68]. Por isso, vão claramente contra o sentido da actual evolução dos sistemas fiscais, pois um pouco por toda a parte se simplifica o imposto sobre o rendimento pessoal e se reduzem as suas taxas ou alíquotas máximas, num ambiente de reformas ficais cada vez mais moldado pelo movimento conhecido pela expressão *flat tax revolution*, no quadro da qual diversos países vêm optando por uma tributação proporcional do rendimento e com taxas ou alíquotas relativamente baixas[69].

Portanto todo um quadro em que, apesar da apontada «deriva portuguesa» orientada para o reforço do carácter pessoal do IRS, que não tem conduzido, como era previsível pelos motivos apontados, a resultados palpáveis, ganha cada vez mais simpatia a tributação pela via do consumo. Uma tributação em relação à qual, a bem dizer, acaba por não haver alternativa real, já que, se a tributação do rendimento se encontra cada vez mais acantonada no rendimento do trabalho, a tributação do património não é verdadeiramente viável senão no respeitante ao património imobiliário, estando assim condenada a ter um carácter marginal[70].

---

[68] Concretizando o fenómeno que vimos designando por «*apartheid* fiscal» – cf. o nosso *Direito Fiscal*, cit., p. 514 e ss.

[69] V. sobre essa revolução, por todos, J. J. AMARAL TOMAZ, «A redescoberta do imposto proporcional (*flat tax*)», em *Homenagem a José Guilherme Xavier de Basto*, Coimbra Editora, 2006, p. 351 e ss. V. também o nosso *Direito Fiscal*, cit., p. 519 e ss.

[70] Refira-se que, entre nós, nunca houve um imposto geral sobre o património, e que, nos países que conhecem esse tipo de tributação, se discute presentemente a sua manutenção, tendo a Espanha suprimido, com efeitos reportados a 1 de Janeiro de 2008, o imposto geral sobre o património, que havia sido criado em 1977.

O estatuto constitucional dos consumidores	39

Ora, a tributação dos rendimentos do trabalho e da titularidade ou aquisição de bens imóveis não chega para assegurar um sistema fiscal capaz de gerar as receitas fiscais necessárias nem proporcionar a redistribuição de rendimentos e riqueza exigidas pelo «Estado social» ou, noutras palavras, pelo «modelo social europeu». Um tipo de Estado que, não obstante as múltiplas e sérias dificuldades que vem enfrentando neste século, continua a ser expressão de uma aquisição civilizacional da maior importância, devendo, por isso mesmo, ser preservado tanto quanto possível[71]. Pois, a nosso ver, ao contrário do que por vezes vem sendo defendido, a globalização económica e a concorrência fiscal engendrada por esse fenómeno não devem servir de argumento para desmantelar esse modelo de Estado, mas antes de suporte à reivindicação do desenvolvimento desse modelo também a nível internacional, procurando assim converter, em alguma medida, o modelo social europeu em modelo social universal, ainda que, como bem se compreenderá, começando por uma versão muito moderada. O que em nada afecta a ideia de que a modelação concreta desse modelo social continuará sendo da responsabilidade dos Estados.

Por quanto vimos de dizer, parece-nos que a inevitável deslocação da tributação do rendimento para a tributação do consumo não pode presentemente dispensar uma reflexão séria acerca dos eventuais préstimos da tributação do consumo como instrumento de redistribuição dos rendimentos e da riqueza exigida pela manutenção do modelo social europeu[72]. O que implica repensar a tributação do consumo, designadamente em termos de a configurar como uma tributação progressiva a concretizar através da isenção ou da tributação muito baixa dos bens e serviços de primeira necessidade e da tributação agravada dos bens e serviços de luxo ou supérfluos. Uma proposta que, dado o grau de harmonização comunitária da tributação do consumo, não pode deixar de envolver uma solução pensada no quadro da União Europeia.

---

[71] Cf. o nosso estudo «Reflexões sobre quem paga a conta do Estado social», nestes *Estudos*, p. 131 e ss.

[72] Certamente um Estado social mais magro do que o que conhecemos no último quartel do século passado que, mesmo assim, apenas será viável no quadro de um mínimo de coordenação internacional.

IV. CONSIDERAÇÕES FINAIS

A título de considerações finais, permitimo-nos perguntar pelo juízo que nos merece o estatuto constitucional dos consumidores, ou, mais especificamente, em que medida esse estatuto assegura uma efectiva e adequada protecção das pessoas enquanto consumidores de bens e utentes de serviços. Um juízo que, naturalmente, não pode deixar de ter por base uma visão integrada, reportando-se assim tanto aos direitos como aos deveres.

Pois bem, no que concerne aos direitos, a Constituição Portuguesa reconhece, ao menos formalmente, verdadeiros direitos fundamentais aos consumidores. O que, à primeira vista, constituiria suporte de uma tutela reforçada das pessoas enquanto consumidores. Todavia, como vimos, atenta a estrutura e função das titularidades subjectivas em que se consubstanciam, esses direitos acabam por não se concretizarem em posições activas diversas daquelas que sempre teriam sem essa configuração constitucional. Por outro lado, ao terem, por via de regra, a natureza e o regime constitucional dos direitos económicos, sociais e culturais, mesmo a sua inserção nos direitos fundamentais não é expressão de uma verdadeira mais-valia relativamente a ordenamentos constitucionais em que a protecção dos consumidores se apresenta como um conjunto de tarefas estaduais.

Tanto mais que o legislador, com claro destaque para o legislador comunitário, na sua visível incontinência, não tem deixado de estabelecer direitos e mais direitos a favor dos consumidores. O que, ao contrário de que está subjacente na cada vez mais ostensiva visão quantitativa do mundo do direito, não fortalece efectivamente a situação dos consumidores como verdadeiros sujeitos de direitos. Pois, por detrás dessa azáfama de criar e atribuir direitos, encobre-se uma concepção meramente passiva dos consumidores, no quadro da qual, de algum modo, acabam despojados das suas qualidades de pessoa e de cidadão e reduzidos a um mais ou menos manobrável «objecto de protecção» tanto ao jeito do crescente «paternalismo do Estado»[73]. Uma concepção que tem expressão paradig-

---

[73] Recordando palavras com uma década, podemos dizer que o actual Estado, ao mesmo tempo que expulsa a pessoa e o cidadão pela porta, abre a janela ao consumidor – v. o nosso estudo «Algumas considerações sobre a solidariedade e a cidadania», *ob. cit.*, p. 157. Por seu lado quanto ao fenómeno do «Estado ausente», v. o nosso estudo «Algumas reflexões críticas sobre os direitos fundamentais», *ob. cit.*, p. 91 e ss.

mática, a nosso ver, no reforço da dimensão objectiva desses direitos concretizada, por exemplo, no referido alargamento de tais direitos às pessoas colectivas por parte de algumas das leis que os concretizam.

Mas, se em sede dos direitos fundamentais o tratamento constitucional acaba por não se revelar tão amigo dos consumidores quanto seria de supor, podemos dizer que, em sede dos deveres fundamentais, esse tratamento ainda se apresenta menos atraente, na medida em que tende a constituir-se em suporte de um cada vez maior protagonismo dos consumidores no actual e futuro desenvolvimento dos sistemas fiscais. Um protagonismo que, com toda a certeza, os consumidores dispensariam de bom grado.

O que significa, em suma, que à retórica quantitativa dos direitos dos consumidores corresponde sobretudo uma prática que considera estes sobretudo «objectos de protecção» e «destinatários de deveres», mais concretamente do dever de pagar impostos. Por isso, ao lado de um *paternalismo estadual*, face a quem dispõe de efectiva liberdade para consumir e não consumir, e de um visível *absentismo estadual*, face a quem não dispõe de condições ou de meios para ter real acesso aos bens e serviços essenciais a uma vida digna[74], somam-se agora os riscos de os consumidores constituírem os agentes económicos que, neste contexto de globalização económica e de concorrência fiscal, sobram para suportar tanto o financiamento da comunidade estadual, através da tributação do consumo, como o próprio desempenho da economia de mercado a reclamar, nestes tempos de grave crise, que seja a variável consumo a travar e pôr termo à situação de recessão em que nos encontramos. Enfim, depois de tratados mais ou menos como «crianças» no que respeita à sua protecção, aos consumidores pede-se, e a seu modo exige-se, que sejam suportes ao mesmo tempo tanto da «fazenda pública» como da «economia privada».

---

[74] De facto, devia ser nas condições de acesso e efectiva fruição dos bens e serviços essenciais por parte das pessoas menos favorecidas que os esforços do Estado deviam concentrar-se. É que o acesso e efectiva fruição desses bens e serviços é condição *sine qua non* do respeito da dignidade humana, uma vez que, na ausência de tais bens e serviços, não podemos falar de uma vida digna de ser vivida.

2. CIDADANIA FISCAL E "MUNICIPALIZAÇÃO" DO IRS *

Sumário

I. Acórdão n.º 711/2006

II. Anotação
1. A razão desta anotação
2. A convocação da cidadania fiscal
3. A não afectação da cidadania fiscal
4. A ideia de cidadania fiscal e sua concretização
   4.1. O sentido da cidadania fiscal
   4.2. A margem de liberdade na sua concretização
   4.3. O carácter económico da cidadania fiscal
5. A concretização da cidadania fiscal pelo IRS
   5.1. O "imposto sobre o rendimento pessoal"
   5.2. O afastamento do IRS desse figurino
   5.3. Considerações complementares
6. Conclusão

I. ACÓRDÃO N.º 711/2006

Acórdão n.º 711/2006 (Processo n.º 1067/06) – Plenário
Relator: Conselheiro Pamplona de Oliveira
Acordam no Tribunal Constitucional

1. No dia 14 de Dezembro de 2006, invocando urgência, o Presidente da República requereu ao Tribunal Constitucional, nos termos

---

* Anotação publicada na *Revista de Legislação e de Jurisprudência*, ano 138 (2008/9).

do n.º 1 do artigo 278.º da Constituição e do n.º 1 do artigo 51.º e do n.º 1 do artigo 57.º da Lei n.º 28/82 de 15 de Novembro, a apreciação, no prazo de quinze dias, da conformidade constitucional da norma constante da alínea c) do n.º 1 do artigo 19.º e de todas as constantes do artigo 20.º do decreto da Assembleia da República registado com o n.º 93/X, entrado na Presidência da República em 11 de Dezembro para ser promulgado como lei. Alega:

I

1.º

As normas relativamente às quais recaem as minhas dúvidas sobre a respectiva conformidade constitucional constam de decreto aprovado pela Assembleia da República e enviado para promulgação como Lei das Finanças Locais e reportam-se aos efeitos decorrentes da faculdade nelas prevista de os municípios poderem vir a ter uma participação variável nas receitas do Imposto sobre o Rendimento das Pessoas Singulares (IRS), imposto que é nacional e não local e incide sobre o rendimento global do agregado familiar.

2.º

Verifica-se, efectivamente, que nas disposições normativas constantes da alínea c) do n.º 1 do art. 19.º e dos n.ºs 1 e 4 do art. 20.º do decreto em apreciação:

a) Se reconhece aos municípios, em cada ano, o direito a uma participação variável até 5%, no IRS dos sujeitos passivos com domicílio fiscal na respectiva circunscrição e relativa aos rendimentos do ano imediatamente anterior;

b) Se habilita cada município a prescindir de parte da mesma receita em favor dos sujeitos passivos, autorizando-se os órgãos autárquicos competentes a deliberar uma percentagem de participação da autarquia nas receitas do IRS em valor inferior à taxa máxima definida no n.º 1 do art. 20.º, sendo nesse caso o produto da diferença entre as taxas e a colecta líquida considerada como dedução à colecta do referido imposto, em favor dos contribuintes.

3.º

Do regime legal constante das disposições mencionadas no n.º 2 deste pedido resulta a possibilidade de os sujeitos passivos do IRS poderem ser tributados de forma diferente, assentando essa diferença, não na respectiva capacidade contributiva, mas no critério do seu domicílio fiscal.

Pelo que,

4.º

Considero existirem fundadas dúvidas sobre se semelhante modelação da incidência do IRS, não afrontará:

a) O *princípio da capacidade contributiva* que decorre da conjugação do n.º 1 do artigo 103.º com o n.º 1 do artigo 104.º da Constituição da República Portuguesa (CRP):

b) O *princípio da igualdade* na sua dimensão territorial, nos termos do n.º 2 do art. 13.º da CRP;

c) O *princípio do Estado unitário*, consagrado no n.º 1 do art. 6.º da CRP.

II

5.º

O princípio da capacidade contributiva é caracterizado consensualmente pela doutrina e pela jurisprudência do Tribunal Constitucional como um princípio estruturante do sistema fiscal que exprime e concretiza o princípio da igualdade tributária e que tem assento implícito na "Constituição Fiscal", por força da conjugação dos artigos 103.º e 104.º da CRP.

6.º

O princípio em referência enuncia o dever de todos pagarem imposto de acordo com um critério uniforme, o qual radica na tributação de cada um segundo a sua capacidade económica (Ac. n.º 452/2003), daqui decorrendo que:

a) Ao ser determinado que cada sujeito passivo pague na medida das suas possibilidades ("capacidade para pagar"), o princípio da capacidade contributiva constitui um pressuposto de *justiça fiscal* no que tange à repartição dos impostos pelas pessoas;

b) O critério do pagamento na medida das possibilidades supõe que os contribuintes com maior capacidade económica venham a pagar um imposto mais elevado e os contribuintes com menor capacidade económica, um imposto mais baixo;

c) Embora o princípio da capacidade contributiva não consuma o princípio da igualdade fiscal, ele constitui, todavia, umas das suas expressões ou manifestações mais fortes, bem como a de um elemento conformador da ideia de Estado de Direito Material;

d) O princípio da capacidade contributiva compreende duas dimensões, que são a de pressuposto e a de limite da tributação: *como pressuposto ou fonte da tributação*, o princípio da capacidade contributiva baseia-se na força económica do contribuinte expressa na titularidade ou utilização da riqueza; já como *limite ou medida valor do imposto*, veda que o legislador adopte elementos de ordenação incidentes sobre os elementos constitutivos do imposto contrários às exigências de justiça fiscal enunciadas pelo mesmo princípio.

7.º

A capacidade contributiva, tal como foi definida, reclama não só a personalização da tributação mas também que o legislador dirija o imposto às três manifestações de riqueza relevantes que indiciem a capacidade económica do contribuinte e que constituem a *base tributável*: trata-se da riqueza que angaria (o rendimento); a riqueza que possui (o património) e a riqueza que dispende (o consumo).

8.º

Sem prejuízo de poder incidir sobre os impostos indirectos, verifica-se, contudo, que a "intensidade" do princípio da capacidade tributária *"(...) é bem maior nos impostos sobre o rendimento, especialmente no imposto pessoal sobre o rendimento"* (cfr. Casalta Nabais, "Estado Fiscal, Cidadania Fiscal e Alguns dos seus Problemas", separata, Coimbra, 2002, p. 588), que é, precisamente, o caso do IRS.

9.º

No que em particular respeita à aplicação do princípio da capacidade contributiva à tributação de rendimentos, deverá o legislador no respeito do princípio da *"tributação do rendimento líquido"*, acautelar que, em sede de despesas dedutíveis se evite *"qualquer tipo de exclusões não intencionais, de modo a que não surjam situações de discriminação negativa contrários ao princípio da igualdade*, devendo preocupações de equidade de ordem idêntica presidir ao regime dos abatimentos" (cfr. Saldanha Sanches, cit., p. 197).

10.º

Neste sentido, as *deduções* consistem na forma de tomar líquidos certos rendimentos e os *abatimentos* o modo de levar em conta aspectos determinantes da capacidade contributiva das diversas pessoas e agregados familiares ligados a exigências existenciais, devendo estas operações assumir carácter objectivo e não atender, sob pena de arbítrio, a critérios alheios à capacidade contributiva das pessoas sujeitas à tributação.

Ora,

11.º

No caso "sub juditio" confere-se a cada município, nos termos expostos no n.º 2 deste pedido, a faculdade de deliberarem prescindir de uma parte da receita do IRS que lhes cabe nos termos da lei, em benefício dos contribuintes com domicílio fiscal na respectiva circunscrição, sendo o produto da diferença entre as taxas e a colecta líquida tido como dedução à colecta do referido imposto, em favor dos mesmos contribuintes.

12.º

O regime normativo em apreciação, *não parece mostrar-se conforme com o princípio constitucional da capacidade contributiva*, na medida em que a nova variante de dedução à colecta, radicada no critério do domicílio fiscal, nada aparenta ter a ver com os pressupostos estruturantes dos abatimentos à colecta.

Na verdade,

13.º

A conjugação do disposto nos n.ºs 1 e 4 do art. 20.º do diploma sindicado permite, por exemplo, que:

a) Sujeitos passivos do IRS, detentores da mesma capacidade contributiva mas fiscalmente domiciliados em municípios diferentes, possam ser tributados de forma diferente, por via de uma dedução à colecta do IRS, como efeito de os municípios onde residam prescindirem em seu favor, em percentagens diversas, de uma parte das receitas desse imposto a que têm direito, podendo ter-se por violado o critério da igualdade horizontal;

b) Sujeitos passivos com maior capacidade contributiva do que outros possam ser sujeitos a uma menor tributação, por força das deduções à colecta, pela circunstância de o município onde os primeiros se encontrem domiciliados fiscalmente ter prescindido de um valor mais expressivo das receitas a que têm direito, do que o município onde os segundos se encontrem domiciliados, podendo registar-se uma eventual lesão do critério da igualdade vertical.

14.º

O critério da admissibilidade, não admissibilidade ou admissibilidade parcial das deduções consagradas pelo legislador, depende da respectiva harmonização com exigências de igualdade horizontal e vertical entre diversos grupos de contribuintes, pelo que o princípio constitucional da capacidade contributiva parece não ter sido observado pelas normas sindicadas, nas suas duas dimensões de pressuposto e de limite tributário, já que:

a) O critério do domicílio fiscal, como fundamento da variabilidade das deduções à colecta do IRS, não se harmoniza com o critério fundamental da capacidade económica de cada pessoa, como pressuposto da respectiva tributação;

b) Deduções à colecta variáveis de município para município, determinadas discricionariamente pelos respectivos órgãos autárquicos em favor dos contribuintes que neles se encontrem domiciliados fiscalmente são susceptíveis de gerar, num imposto pessoal, unitário e nacional como o IRS, uma sub-oneração fiscal para titulares de maiores rendimentos, bem como uma sobre-oneração para titulares de menores rendimentos violando-se o princípio da capacidade contributiva como limite da tributação.

15.º

Não existe, ademais, um fundamento material razoável e evidente que possa sustentar a opção em eleger um regime de dedução assente no critério territorial do domicílio fiscal que figura na declaração de rendimentos (n.os 1 e 6 do art. 20.º do diploma objecto de impugnação), nem vir a justificar, por hipótese, a consagração nesse mesmo regime, no desiderato da promoção do aumento do número de residentes em municípios carentes de fixação populacional ou do estímulo à criação de riqueza em municípios com menos recursos financeiros, na medida em que:

a) Embora seja frequente que o domicílio fiscal dos contribuintes do IRS coincida com o local de residência, verifica-se, contudo, que este último não coincide, em numerosos casos, com o local onde o rendimento é gerado (situação comum com os municípios satélites das grandes metrópoles e com a proximidade entre municípios das zonas do interior), pelo que ficará sem sustentação o critério da fixação populacional ou o do estímulo à criação de riqueza;

b) O novo regime de deduções à colecta permite que se venha a alterar, com objectivos manipulativos ligados à obtenção de vantagens tributárias, o domicílio fiscal (que é o que figura na declaração de rendimentos), acentuando-se uma ausência de conexão necessária entre o mesmo e a área geográfica onde se geram os rendimentos do contribuinte.

16.º

Considerando que o legislador *"não pode modelar a lei de modo a que leve a tratamento desigual dos contribuintes que pela sua situação de detentores de rendimentos idênticos e pela ausência de elementos diferenciadores disponham da mesma capacidade contributiva (...)"* (cfr. Saldanha Sanches, cit., p. 204), estima-se que:

a) Sobre as normas constantes da alínea c) do n.º 1 do art. 19.º e dos n.os 1 e 4 do artigo 20.º, recai a fundada suspeita de desconformidade com o princípio constitucional da capacidade contributiva, que se retira da conjugação do n.º 1 do art. 103.º com os n.os 1 e 4 do art. 104.º da CRP;

b) As normas previstas nos n.os 2, 3, 5, 6 e 7 do mesmo artigo 20.º podem enfermar, igualmente, de inconstitucionalidade, na medida em que guardam uma relação instrumental com as disposições normativas referidas na alínea anterior. Por outro lado,

17.º

No n.º 6 deste requerimento sublinhou-se o facto de o princípio da capacidade contributiva exprimir e concretizar o princípio da igualdade tributária, sem todavia o esgotar, já que se podem registar outras dimensões autónomas de projecção do mesmo princípio.

18.º

O n.º 2 do art. 13.º da Constituição da República através de uma lista exemplificativa de discriminações negativas, bem como de privilégios contrários ao princípio constitucional da igualdade reza, especificamente, que: *"Ninguém pode ser beneficiado, prejudicado, privado de qualquer direito ou isento de qualquer dever em razão de (...) território de origem (...)".*

19.º

Atento o carácter exemplificativo da disposição citada, considera-se que a menção ao critério território de origem convoca, *por identidade de razão*, o critério do território de residência ou o do território de domiciliação fiscal, resultando da Lei fundamental que ninguém que aufira um rendimento igual ao de outro contribuinte poderá ser beneficiado ou prejudicado na tributação desse rendimento, em face do segundo, com base em critérios aleatórios, arbitrários e materialmente não fundados, como o do território ou circunscrição municipal onde se encontre fiscalmente domiciliado.

20.º

Julgo, nos termos expostos, que as normas constantes da alínea c) do n.º 1 do art. 19.º e dos n.os 1 e 4 do art. 20.º, bem como por razões de conexão instrumental necessária com as anteriores, as normas previstas nos n.os 2, 3, 5, 6 e 7 deste último artigo e respeitantes ao decreto que aprova a nova lei das finanças locais, não se mostram conformes à incidência territorial do princípio da igualdade, enunciada no n.º 2 do art. 13.º da CRP. Finalmente,

21.º

Importa tomar em consideração que princípio da capacidade contributiva reclama, para os impostos nacionais um *critério unitário* de tributação, o qual determina que a incidência e a repartição desses impostos se faça segundo a capacidade económica dos contribuintes (Ac. 142/2004).

22.º

O critério unitário que deveria, nos termos do n.º 1 do art. 104.º da CRP, implicar a nível nacional a criação de um imposto sobre o rendimento pessoal *"(...) único e progressivo, tendo em conta as necessidades e rendimentos do agregado familiar"* parece ser contrariado pelas disposições sindicadas, as quais permitem que razões de política local, estranhas aos referidos fins unitários previstos na Constituição, possam impor a contribuintes com a mesma capacidade económica, diferentes cargas tributárias. Pelo que,

23.º

Os preceitos normativos sindicados parecem afrontar o princípio do Estado unitário, acolhido no n.º 1 do art. 6.º da CRP, já que a natureza de imposto universal, unitário e nacional com relevo imediato para todos os contribuintes, que inere ao IRS nos termos do n.º 1 do art. 104.º da CRP, supõe que a incidência, as garantias e a taxa sejam regidos por critérios uniformes previstos na lei, não podendo estes elementos ser modelados discricionariamente pela vontade dos poderes locais.

III
24.º

Sendo esta a fundamentação das dúvidas de constitucionalidade que recaem sobre o decreto da Assembleia da República registado sob o n.º 93/X, venho requerer ao Tribunal Constitucional que aprecie a conformidade constitucional das normas constantes da alínea c) do n.º 1 do art. 19.º e do artigo 20.º do mesmo decreto, com fundamento em eventual violação:

a) Do princípio da capacidade contributiva, como critério estruturante do sistema fiscal, o qual se encontra implicitamente consagrado na Constituição como efeito da conjugação do n.º 1 do art. 103.º com o n.º 1 do art. 104.º da CRP;

b) Do princípio da igualdade, na sua projecção territorial, tal como decorre do n.º 2 do art. 13.º da CRP;

e) Do princípio do Estado unitário, previsto no n.º 1 do art. 6.º da CRP.

25.º

Dado que a urgência no esclarecimento da questão, atenta a incidência orçamental do diploma, pressupõe a prolação de uma decisão do Tribunal Constitucional tão breve quanto possível, determino, nos termos do n.º 8 do artigo 278.º da Constituição, o encurtamento do prazo de pronúncia do Tribunal para quinze dias.

2. Na sua resposta, o Presidente da Assembleia da República ofereceu o merecimento dos autos e juntou os *Diários da Assembleia da República* que contêm os trabalhos preparatórios.

Foram apresentados pareceres jurídicos pelo Governo e pela Associação Nacional de Municípios Portugueses.

3. Apura-se que o diploma em análise resultou de uma proposta do Governo (*proposta de lei* n.º 92/X) que deu entrada na Assembleia da República em 5 de Setembro de 2006.

A proposta foi votada na generalidade, tendo sido aprovada com os votos do *PS*, os votos contra do *PSD*, do *PCP*, do *BE* e do *PEV*, e abstenção do *CDS-PP* (*DAR*, I Série, n.º 11, de 13/10/2006). Em votação na especialidade foi aprovada, com votos do *PS* e do *CDS-PP* e votos contra do *PSD*, do *PCP*, do *BE* e do *PEV*, uma proposta do *CDS-PP* de emenda à alínea *c*) do n.º 1 do artigo 19.º da proposta de lei (*DAR*, I Série, n.º 21, de 17/11/2006). Foi também aprovada, com votos a favor do *PS* e do *CDS--PP* e votos contra do *PSD*, do *PCP*, do *BE* e do *PEV*, uma proposta do *CDS-PP* de alteração ao n.º 1 do artigo 20.º da proposta de lei (*DAR*, I Série, n.º 21, de 17/11/2006). Submetidos a votação conjunta os n.ºs 2 a 7 do artigo 20.º da proposta de lei, foram aprovados com votos a favor do *PS* e do *CDS-PP* e votos contra do *PSD*, do *PCP*, do *BE* e do *PEV* (*DAR*, I Série, n.º 21, de 17/11/2006).

Em votação final global, a *proposta de lei* n.º 92/X foi aprovada com votos a favor do *PS*, votos contra do *PSD*, do *PCP*, do *BE* e do *PEV* e abstenção do *CDS-PP* (*DAR*, I Série, n.º 21, de 17/11/2006).

O diploma contém sessenta e cinco artigos, agrupados em sete títulos: *Objecto e princípios fundamentais, Receitas das autarquias locais, Repartição de recursos públicos entre o Estado e as autarquias locais, Endividamento autárquico, Contabilidade, prestação e auditoria externa das contas, Transferência de atribuições e competências* e, finalmente, *Disposições finais e transitórias.*

4. Os questionados artigos 19.º e 20.º do decreto estão integrados no Título III (*Repartição de recursos públicos entre o Estado e as autarquias locais*). No que interessa ao presente caso, têm a seguinte redacção:

Artigo 19.º
Repartição de recursos públicos entre o Estado
e os municípios

1 – A repartição dos recursos públicos entre o Estado e os municípios, tendo em vista atingir os objectivos de equilíbrio financeiro horizontal e vertical, é obtida através das seguintes formas de participação:

a) …;

b) …;

c) Uma participação variável de 5% no IRS, determinada nos termos do artigo 20.º, dos sujeitos passivos com domicílio fiscal na respectiva circunscrição territorial, calculada sobre a respectiva colecta líquida das deduções previstas no n.º 1 do artigo 78.º do Código do IRS.

2 – …

3 – …

4 – …

Artigo 20.°
Participação variável no IRS

1 – Os municípios têm direito, em cada ano, a uma participação variável até 5% no IRS dos sujeitos passivos com domicílio fiscal na respectiva circunscrição territorial, relativa aos rendimentos do ano imediatamente anterior, calculada sobre a respectiva colecta líquida das deduções previstas no n.° 1 do artigo 78.° do Código do IRS.

2 – A participação referida no número anterior depende de deliberação sobre a percentagem de IRS pretendida pelo município, a qual deve ser comunicada por via electrónica pela respectiva câmara municipal à Direcção-Geral dos Impostos, até 31 de Dezembro do ano anterior àquele a que respeitam os rendimentos.

3 – A ausência da comunicação a que se refere o número anterior ou a recepção da comunicação para além do prazo aí estabelecido equivale à falta de deliberação.

4 – Caso a percentagem deliberada pelo município seja inferior à taxa máxima definida no n.° 1, o produto da diferença de taxas e a colecta líquida é considerado como dedução à colecta do IRS, a favor do sujeito passivo, relativo aos rendimentos do ano imediatamente anterior àquele a que respeita a participação variável referida no n.° 1, desde que a respectiva liquidação tenha sido feita com base em declaração apresentada dentro do prazo legal e com os elementos nela constantes.

5 – A inexistência da dedução à colecta a que se refere o número anterior não determina, em caso algum, um acréscimo ao montante da participação variável apurada com base na percentagem deliberada pelo município.

6 – Para efeitos do disposto no presente artigo, considera-se como domicílio fiscal o do sujeito passivo identificado em primeiro lugar na respectiva declaração de rendimentos.

7 – O produto da participação variável no IRS é transferido para os municípios até ao último dia útil do mês seguinte ao do respectivo apuramento pela Direcção-Geral dos Impostos.

5. Conforme se retira do pedido, o Presidente da República questiona a possibilidade de os municípios passarem a ter uma participação variável nas receitas do IRS – trata-se, diz, de um "imposto que é nacional e não local" –, e poderem prescindir de parte desta mesma receita a favor dos sujeitos passivos, o que abriria a porta a uma diferença de tributação concreta dos cidadãos unicamente decorrente do "critério do seu domicílio fiscal"; tal resultado ofenderia simultaneamente os princípios da capa-

Cidadania fiscal e "municipalização" do IRS 53

cidade contributiva, da igualdade, e do Estado unitário – respectivamente consagrados nos n.ºˢ 1 dos artigos 103.º e 104.º, no artigo 13.º n.º 2, e no artigo 6.º n.º 1, todos da Constituição.

5.1. Rigorosamente, porém, as normas incluídas no pedido de fiscalização preventiva envolvem ainda outras questões.

Na verdade, se a norma do artigo 19.º n.º 1 alínea *c*), e as normas que constam do artigo 20.º n.ºˢ 1 e 4 respeitam efectivamente à participação variável nas receitas do IRS e à possibilidade de cada município prescindir de parte desta mesma receita a favor dos sujeitos passivos com domicílio fiscal neles sedeado, já as normas dos n.ºˢ 2 e 3 do artigo 20.º se limitam a disciplinar o procedimento adequado à expressão da vontade municipal; a do n.º 7 respeita ao prazo dentro do qual é transferido para os municípios, pela administração central, o produto da participação variável no IRS que lhes cabe; e as que constam dos n.ºˢ 5 e 6 estabelecem regras quanto à liquidação do imposto e sobre o limite do montante da participação variável deliberada pelo município.

O Requerente esclarece que incluiu as normas dos n.ºˢ 2, 3, 5, 6 e 7 deste artigo 20.º no conjunto normativo impugnado, por razões de mera "conexão instrumental necessária" com as outras normas impugnadas, e não expressou, quanto a elas, qualquer individualizada acusação de inconstitucionalidade.

É, assim, de concluir que o objecto do pedido é o resultado normativo que o Requerente crê estar constitucionalmente proibido, pelo que o Tribunal não irá analisar individualmente *cada uma* das normas impugnadas, designadamente as que se ligam numa mera "conexão instrumental" com as normas que estabelecem verdadeiramente o referido resultado.

5.2. As dúvidas sobre a conformidade constitucional desta solução surgiram ainda no decorrer dos debates na Assembleia da República. Com efeito, tanto na discussão na generalidade (*DAR*, I Série, n.º 10, de 12/10/2006), como na discussão na especialidade da proposta (*DAR*, I Série, n.º 21, de 17/11/2006), foi levantada a questão da inconstitucionalidade dos artigos 19.º e 20.º, com contornos semelhantes aos referidos no pedido.

Recorde-se que o Governo motivara esta proposta de alteração legal (*DAR*, II Série-A, n.º 1, de 16 de Setembro de 2006) invocando a necessidade de serem adoptadas "medidas de rigor e consolidação orçamental" em simultâneo com "um quadro financeiro para as autarquias locais dinâmico", baseado no "aprofundamento da descentralização e da autonomia local", por considerar que "o processo de transferência de competências para os municípios e freguesias, concretizando o princípio da descentralização, é um importante instrumento de redução da despesa pública, com importantes implicações no plano financeiro decorrentes da operacionalidade do princípio da subsidiariedade." No caso em apreço, pretende-se que a reforma do sistema de financiamento autárquico incida sobre o modelo de repartição de recursos públicos entre o Estado e as autarquias locais, tornando os municípios "menos dependentes das receitas oriundas da construção civil", e permitindo-se, inovadoramente, "a participação directa dos municípios na receita do Imposto sobre o Rendimento das Pessoas Singulares (IRS) gerado no concelho".

Segundo a proposta apresentada pelo Governo, tal participação municipal no IRS, seria composta por uma parcela fixa de 2% e por uma parcela variável que podia chegar aos 3%, cabendo aos municípios definir a percentagem da receita do IRS "que pretendem fazer impender sobre os seus munícipes". Existindo uma diferença entre a percentagem definida e os 3% de tecto máximo desta parcela variável, tal montante era considerado como uma "dedução à colecta do contribuinte", mecanismo que, no entender do Governo, era um "instrumento essencial para a promoção da autonomia financeira local, promovendo a concorrência fiscal intermunicipal, aumentando o leque de receitas próprias dos municípios e responsabilizando os eleitos locais pelas suas decisões financeiras".

Por proposta do *CDS-PP*, aprovada nos termos já referidos, a repartição dos recursos entre o Estado e os municípios acabou por ser fixada numa participação variável de 5% no IRS dos sujeitos passivos com domicílio fiscal na respectiva circunscrição territorial; caso a percentagem deliberada pelo município seja inferior à taxa máxima, o produto da diferença de taxas e a colecta líquida é considerado como dedução à colecta, a favor do sujeito passivo, relativo aos rendimentos do ano imediatamente anterior àquele a que respeita a referida participação variável.

É precisamente esta última solução – a que permite diferenciar a tributação concreta do rendimento pessoal dos cidadãos por via de um critério relacionado apenas com o seu domicílio – que o Presidente da República aponta como sendo violadora dos já referidos princípios da capacidade contributiva, da igualdade, e do Estado unitário, acolhidos nos n.os 1 dos artigos 103.° e 104.°, no artigo 13.° n.° 2, e no artigo 6.° n.° 1 da Constituição. Vejamos.

6. Nos termos do n.º 1 do artigo 104.º da Constituição, o imposto sobre o rendimento das pessoas singulares "visa a diminuição das desigualdades e será único e progressivo, tendo em conta as necessidades e os rendimentos do agregado familiar". O Tribunal tem retirado desta norma a exigência da conformação do imposto como justo e orientado para o objectivo da diminuição das desigualdades, o que logo afasta a ideia de rigorosa igualdade *formal*, quer na selecção dos contribuintes, quer no montante do imposto devido. Com efeito, a progressividade do imposto em função da capacidade económica dos contribuintes e a ideia da repartição justa dos rendimentos e da riqueza, que se recolhe do artigo 103.º n.º 1 da Constituição, convocam preferentemente um objectivo de igualdade *material* tanto no sacrifício que os cidadãos devem individualmente suportar, como quanto ao resultado da consequente redistribuição da riqueza. O invocado princípio da capacidade contributiva assenta no critério segundo o qual a incidência e a repartição dos impostos deve ter em conta a capacidade económica de cada um e não o que cada um eventualmente receba em bens ou serviços públicos.

Todavia, o Tribunal já afirmou no Acórdão n.º 84/2003 (*DR*, II Série, de 29 de Maio de 2003), "não ser fácil retirar consequências jurídicas muito líquidas e seguras do princípio da capacidade contributiva traduzidas num juízo de inadmissibilidade constitucional de certa ou certas soluções adoptadas pelo legislador fiscal."

O invocado princípio impõe o dever de todos pagarem impostos segundo o mesmo critério, mas não dispensa o concurso de outros princípios constitucionais na resolução do problema que agora é colocado. Em consonância com esta doutrina, diz o Acórdão n.º 142/04 (*DR*, II Série, de 19 de Abril de 2004):

> "Por outro lado, é claro que o "princípio da capacidade contributiva" tem de ser compatibilizado com outros princípios com dignidade constitucional, como o princípio do Estado Social, a liberdade de conformação do legislador, e certas exigências de praticabilidade e cognoscibilidade do facto tributário, indispensáveis também para o cumprimento das finalidades do sistema fiscal."

Na verdade, é o apelo a outros valores com assento constitucional que habilita o legislador ordinário a ponderar o enquadramento desta matéria num leque de soluções possíveis, cuja concreta escolha cabe na liberdade de conformação legislativa permitida pelo exercício democrático do poder. Trata-se, afinal, da concretização prática da actuação governativa, traduzida na eleição desta matéria como instrumento de política financeira, sujeita, portanto, a graus diversificados de avaliação e de conformação.

7. É justamente a harmonização do princípio da capacidade contributiva com outros princípios com dignidade constitucional que o Tribunal tem procurado estabelecer quando pondera a conformidade das opções do legislador ordinário, em matéria de impostos, com o princípio da igualdade. Diz-se no Acórdão n.º 806/93 (*DR,* II Série de 29JAN94):

> "Mas, assim sendo, desta estreita conexão entre o sistema fiscal e o princípio da igualdade não resulta inelutavelmente que toda e qualquer discriminação se deverá sempre ter por atentatória do aludido princípio? A resposta a esta questão, naturalmente, só pode ser negativa.
>
> Desde logo porque em função da distinta capacidade económica dos contribuintes e da diversa natureza dos rendimentos tributáveis, a progressividade do imposto pode impor, em cumprimento do próprio princípio da igualdade, que se adopte um tratamento discriminatório que compense ou minore os efeitos de situações fácticas de desigualdade, tendo em vista alcançar uma efectiva igualdade real, tal como a postula o ordenamento jurídico no seu todo (artigo 13.º da Constituição) e o concreto corpo normativo constitucional sobre matéria tributária (artigos 106.º e 107.º da Constituição).
>
> Mas, se o princípio da igualdade não proíbe que haja diferenças de tratamento na lei, antes por vezes as imponha directa ou indirectamente, o que com segurança se pode dizer é que tal princípio proíbe, isso sim, as discriminações arbitrárias, irrazoáveis ou infundadas, sendo tidas como tais todas as que não encontrem um apoio suficiente na distinta materialidade das diferentes situações que se contemplam ou na compatibilização do aludido princípio da igualdade com outros princípios constitucionalmente acolhidos.
>
> Este tem sido o entendimento sucessivamente reafirmado pelo Tribunal Constitucional (entre muitos outros, nos Acórdãos n.º 44/84, n.º 142/85, n.º 80/86, n.º 336/86, publicados todos no Diário da República, respectivamente, II Série, de 11 de Julho de 1984, II Série, de 7 de Setembro de 1985, I Série, de 9 de Junho de 1986 e I Série, de 24 de Dezembro de 1986), na esteira da jurisprudência da própria Comissão Constitucional (em especial, o Parecer n.º 26/82, publicado nos Pareceres da Comissão Constitucional, 20.º vol., pág. 211 e ss.). Sobre o tema em causa escreveu se, com efeito, no Acórdão n.º 142/85:
>
> "(...) o princípio da igualdade, para além das especificações ou concretizações que recebe no n.º 2 do artigo 13.º da Constituição, reconduz-se

à ideia geral da 'proibição de distinções arbitrárias, isto é, desprovidas de justificação racional (ou fundamento material bastante), atenta a especificidade da situação ou dos efeitos da causa'. Esse princípio, na verdade, não tem um conteúdo puramente formal (traduzido simplesmente no dever de igual aplicação da lei), mas obriga (materialmente) a lei, segundo a consabida fórmula 'dar tratamento igual ao que é igual e tratamento desigual ao que é desigual'.

Averiguar, porém, da existência de um particularismo suficientemente distinto para justificar uma desigualdade de regime jurídico, e decidir das circunstâncias e factores a ter como relevantes nessa averiguação, é tarefa que primariamente cabe ao legislador, que detém o primado da concretização dos princípios constitucionais e a correspondente liberdade de conformação. Por isso, o princípio da igualdade se apresenta fundamentalmente aos operadores jurídicos, em sede de controlo de constitucionalidade, como um princípio negativo, nos termos indicados como proibição do arbítrio."

Contudo, esta ideia de proibição do arbítrio não esgota o sentido dirigente do princípio da igualdade, pois que dele também decorre que nem todas as discriminações, mesmo que dotadas de um "título habilitador" como se acabou de referir, são, só por isso, admissíveis. Com efeito, se igualdade não corresponde a uniformidade, antes postulando o tratamento igual do que é igual e o tratamento distinto de situações em si mesmas diversas, ela constitui um limite impostergável da própria medida de discriminação consentida, exigindo que haja uma razoável relação de adequação e proporcionalidade entre os fins prosseguidos pela norma e a concreta discriminação por ela introduzida.

Ora, como está bem de ver, a determinação do sentido da medida da discriminação, sendo em si mesma uma operação de natureza jurídica, não pode, contudo, prescindir, num domínio como o da actividade tributária, de fazer apelo à realidade social na qual a norma há-de operar, como resulta, aliás, do postulado da igualdade real a que atrás aludimos quando vimos os fundamentos constitucionais do sistema fiscal português.

[...]

É por isso que não repugna a uma concepção constitucionalmente adequada da igualdade (e especificamente da igualdade tributária) que a norma possa conter um mínimo de desigualdade formal se tal se mostrar necessário, adequado e proporcional à realização da igualdade substancial. Por isso, não se trata, nesta sede, de procurar formular um juízo acerca da observância no caso do princípio da igualdade apenas confinado ao plano do direito (ou da lei, se se preferir), mas também de carrear para a interpretação e fixação do sentido quer do princípio constitucional que constitui o valor parâmetro invocado pelo requerente, quer da norma sindicada, os próprios dados da realidade económica e social como elementos integrativos da valoração jurídica atinente à concreta aplicação pelos poderes públicos dos princípios do ordenamento jurídico tendentes a modificar essa realidade. [...]

Eis, pois, porque a discriminação tributária alegada pelo requerente como atentatória do princípio da igualdade há-de ser vista e valorada não só nos limites do sistema normativo, mas também à luz das necessidades sociais a que, com a regra impugnada, se pretendeu acorrer e dos fins de justiça norteadores da conduta do legislador."

8. O Tribunal já afirmou o julgamento de não desconformidade constitucional de normas tendentes a fazer participar as autarquias – de forma diferenciada – no modelo de repartição de recursos tributários. Fê-lo, com fundamento na autonomia administrativa e financeira das autarquias locais, tal como resulta da organização democrática do Estado acolhida nos artigos 6.° n.° 1 e 235.° da Constituição, no Acórdão n.° 57/95 (*DR*, II Série de 12 de Abril 1995), a propósito da atribuição aos municípios do poder para fixar a taxa da contribuição autárquica e para lançar derramas sob a forma de adicional à colecta do IRC:

"[...] O princípio da autonomia local é igualmente importante para afastar a ideia de que a diferenciação de taxas, de município para município, envolve infracção ao princípio da igualdade. A existência de autarquias locais, dotadas de poder regulamentar próprio, nos termos do artigo 242.° da Constituição, implica uma pluralidade de sujeitos com competência para emanar normas jurídicas de carácter regulamentar. Normas estas que estabelecem regimes jurídicos diversos, adaptados aos condicionalismos locais, como não podia deixar de ser. Ora, não se pode ver nessa pluralidade de normas jurídicas, provenientes de sujeitos diversos, uma violação do princípio da igualdade, já que este tem um carácter relativo, não só sob o ponto de vista temporal, como territorial. De facto, o reconhecimento pela Constituição às autarquias locais de uma competência normativa autónoma, de que resulta a vigência, no seu âmbito territorial, de preceitos jurídicos diferentes, não contradiz o princípio da igualdade, dado que a ideia de criação e aplicação do direito com base na igualdade circunscreve-se ao âmbito territorial de validade da norma, não sendo legítimas comparações entre soluções adoptadas por preceitos jurídicos de eficácia territorial diversa. [...]"

E prossegue:

"[...] Nas palavras de A. Rodrigues Queiró (cfr. Parecer, p. 40), "estamos perante uma diferenciação justificada por factores constitucionalmente relevantes e destituídos de qualquer margem de arbítrio. A "lógica" da descentralização e a ideia que a anima não são apenas a da liberdade ou a da autonomia, é também a da diferença. Descentralizar é aceitar a diferenciação de regimes e de decisões locais. O argumento de que a existência de taxas fiscais divergentes nos vários municípios iria ofender o princípio da igualdade é, pois, seguramente infundado". Cfr., no mesmo sentido, A. Barbosa de Melo, Parecer, p. 11, 12. [...]"

9. A Jurisprudência do Tribunal Constitucional tem, portanto, perfilhado o entendimento de que não é desconforme à Constituição conferir à autonomia local valor suficiente para permitir uma diferenciação nesta matéria, o que, aliás, decorre da constatação de que qualquer autonomia – relevando para a autonomia local o disposto no artigo 238.º n.º 4 da Constituição – radica, afinal, na diferenciação. Em suma, a diferente localização da residência do sujeito passivo pode permitir, sem ofensa à Constituição, um diferente resultado quanto ao montante do imposto. Necessário é, porém, que essa diferença não assente em critérios puramente arbitrários, nem se mostre desrazoável e desproporcionada.

10. As normas em causa inserem-se num quadro legislativo que, radicado nos poderes tributários próprios das autarquias locais, visa, conforme se viu já, o "aprofundamento da descentralização e da autonomia local", por considerar que "o processo de transferência de competências para os municípios e freguesias, concretizando o princípio da descentralização, é um importante instrumento de redução da despesa pública, com importantes implicações no plano financeiro decorrentes da operacionalidade do princípio da subsidiariedade", tornando os municípios "menos dependentes das receitas oriundas da construção civil", e fazendo-os participar na receita do IRS, promovendo a concorrência fiscal intermunicipal, o aumento do leque de receitas próprias, e a responsabilização dos eleitos locais pelas suas decisões financeiras.

Ora, há que reconhecê-lo, a diferenciação assim autorizada não está em desacordo com estes objectivos, antes pretende justificar-se como um meio – que não é desproporcionado, atentos os valores em causa –, para alcançar tal objectivo. Haverá ainda que ter em conta que o *controle* político que a comunidade exerce sobre as decisões financeiras dos eleitos locais se estabelece por via de eleições e que, nessas eleições, os votantes são aqueles que têm com a autarquia uma conexão baseada na domiciliação. Não é, portanto, arbitrário, ou materialmente infundado, o critério que as normas em causa utilizam para estabelecer uma determinada identidade tributária entre o eleitor e o eleito local.

11. Recorde-se que, em Espanha, onde a diversidade de poderes tributários (estatal, autonómico, local) provoca a não uniformidade da carga fiscal, aceita-se que as desigualdades de natureza tributária decorrentes da existência de diferentes poderes tributários se justificam tendo em conta a própria diversidade territorial, desde que fundadas em motivos adequados e não arbitrários. Na STC 233/1999 de 16 de Dezembro, FJ 26 – a propósito das competências tributárias dos *Ayuntamientos* sobre o *Impuesto sobre Bienes Inmuebles* – o Tribunal Constitucional espanhol aceitou especificamente as diferenças de tributação como consequência das competências municipais em matéria tributária, afirmando, a propósito da compatibilidade entre a autonomia local e o princípio da igualdade, que não é exigível um tratamento jurídico uniforme dos direitos e deveres dos cidadãos em todo o tipo de matérias e em todo o território do Estado, o que, aliás, seria incompatível com a autonomia.

12. O apelo ao princípio da autonomia do poder local, consagrado nos artigos 6.º n.º 1 e, quanto a matéria tributária, 238.º e 254.º n.º 2 da Constituição, permite não só explicar a razão pela qual as normas questionadas não ofendem o princípio da igualdade, como permite constatar que o princípio do Estado unitário é aqui, como parâmetro, imprestável para provocar a desconformidade constitucional dessas mesmas normas.

Com efeito, a diferente tributação não tem incidência na unidade do Estado. A Constituição esclarece (citado artigo 6.º) que o Estado é unitário mas que respeita a autonomia insular e os princípios da subsidiariedade, e da autonomia das autarquias locais. A unidade do Estado exige uma soberania única e um único sistema jurídico decorrente directa ou indirectamente da mesma Constituição: a estrutura do Estado não se altera por força da consagração das autonomias, da descentralização administrativa, ou da operatividade do princípio da subsidiariedade. Ora, a atribuição, autorizada por lei, e com respeito pela Constituição, de poderes tributários às autarquias, não ofende aquela unidade.

A invocação deste princípio surge, no pedido, ligada a uma exigência de uniformidade do critério de taxação do imposto. Já se viu, porém, que a Constituição não impede a diferenciação do sacrifício tributário em matéria de imposto sobre o rendimento, com fundamento na autonomia municipal. Cumprirá acrescentar que em lado algum a Constituição impõe a existência de imposto "nacional" não modelável em qualquer dos seus elementos em razão da aludida autonomia. Também se fica sem saber por que razão o IRS, na configuração desejada pelas normas em apreço, perde o invocado carácter "nacional".

Em suma, a solução legislativa agora consagrada pelas normas em apreço não põe em causa a unidade do Estado.

13. A invocação do princípio da autonomia do poder local impõe, ainda, uma sucinta abordagem de um outro problema que, embora ausente do pedido, se relaciona tão directamente com a conformidade constitucional das normas em apreço, e com a história da jurisprudência constitucional, que o Tribunal não pode, agora, ignorá-lo.

Trata-se de saber se a interferência dos órgãos autárquicos na concretização do montante de IRS que os munícipes poderão ter que pagar, nos apertados limites que a norma prevê, ofende o princípio da reserva de lei.

Na verdade, nos termos do n.° 2 do artigo 103.° da Constituição, os impostos são criados "por lei" que determina a incidência, a taxa, os benefícios fiscais e as garantias dos contribuintes. O Tribunal tem entendido, com apelo ao disposto na alínea *i*) do n.° 1 do artigo 165.° da Constituição, que a locução quer aqui dizer *lei formal*, pelo que se coloca a questão de saber se é conforme à Constituição a entrega a órgãos autárquicos daquela competência, ainda que ela decorra da *lei* e se exerça dentro dos limites fixados na mesma *lei*.

O Tribunal foi chamado a tratar de questão semelhante a propósito das normas que atribuíram às autarquias competências para fixar a taxa de contribuição autárquica sobre prédios situados nas suas circunscrições, e, ainda, para lançar derramas.

No já aqui citado Acórdão n.° 57/95 o Tribunal deu resposta positiva a qualquer uma destas questões, fundamentado nos poderes que, integrados na autonomia administrativa e financeira das autarquias, a Constituição então já concedia.

Depois disto, a quarta revisão constitucional (LC n.° 1/97 de 20 de Setembro) aditou aos (actuais) artigos 238.° e 254.° respectivamente o n.° 4 e o n.° 2, conferindo inovadoramente às autarquias *poderes tributários*, e a possibilidade de disporem de receitas tributárias *próprias*. Das actas da Comissão Eventual para a Revisão Constitucional (por exemplo,

DAR, II Série-RC n.° 69 de 29 de Novembro de 1996) resulta bem clara a preocupação, aliás perfeitamente consensualizada, de conferir inequívocas competências tributárias às autarquias – "constitucionalizar a competência das autarquias locais relativamente a matéria tributária no sentido de passarem a ter, verdadeiramente e sem dúvidas quanto à sua constitucionalidade, alguns poderes sem pôr em causa o princípio da criação de impostos que tem que ser sempre nacional" – deixando claro "de uma vez por todas, que não é inconstitucional que a legislação, seja ela o Código da Contribuição Autárquica ou, de hoje a amanhã, o Código do IRC [...], seja uma outra legislação da Assembleia da República, atribua poderes tributários em situações perfeitamente definidas e enquadradas pela lei." (*DAR*, II Série-RC n.° 116 de 9 de Julho de 1997).

É, assim, agora claro que a lei, com o sufrágio constitucional retirado dos artigos 238.° n.° 4 e 254.° n.° 2 da Constituição, pode conferir aos órgãos autárquicos a competência para – dentro de limites perfeitamente definidos e, no caso em presença, muito estreitos –, interferir no montante do imposto sobre o rendimento. Em suma, as normas em apreço não violam o princípio da reserva de lei.

14. É, enfim, chegado o momento de concluir que as normas constantes da alínea *c*) do n.° 1 do artigo 19.° e do artigo 20.° do diploma em análise não violam os princípios da capacidade contributiva, da igualdade e do Estado unitário – respectivamente consagrados nos n.os 1 dos artigos 103.° e 104.°, no artigo 13.° n.° 2, e no artigo 6 n.° 1.°, todos da Constituição.

15. Em face do exposto, o Tribunal decide não se pronunciar pela inconstitucionalidade das normas constantes da alínea *c*) do n.° 1 do artigo 19.° e do artigo 20.° do decreto da Assembleia da República registado com o n.° 93/X.

Lisboa, 29 de Dezembro de 2006

Carlos Pamplona de Oliveira, Maria Helena Brito, Rui Manuel Moura Ramos, Maria dos Prazeres Pizarro Beleza, Bravo Serra, Gil Galvão, Maria João Antunes, Maria Fernanda Palma (com declaração de voto), Paulo Mota Pinto (com declaração de voto), Benjamim Rodrigues (vencido de acordo com a declaração de voto junta), Vítor Gomes (Vencido, consoante declaração de voto que junto), Mário José de Araújo Torres (Vencido, nos termos da declaração de voto), Artur Maurício.

Declaração de voto

Votei favoravelmente a decisão do presente Acórdão, revendo-me, em vários aspectos, na sua fundamentação. Todavia, devo acentuar que a autonomia local, mesmo após a Revisão Constitucional de 1997, não chega, por si só, para justificar esta possível diferenciação da taxa de participação dos Municípios e o sistema de devolução de parte do montante do imposto aos contribuintes que lhe é associado.

A meu ver, deve concluir-se – de modo decisivo – pela conformidade constitucional do presente regime legal por ele favorecer a redução de despesas públicas, a partir de uma perspectiva de necessidade e controlo das mesmas pelos munícipes. Na verdade, os Municípios devem devolver aos contribuintes as verbas que, à partida, consideram desnecessárias, traduzidas numa percentagem do montante do imposto que não poderá exceder 5%. Em última análise, prossegue-se um desígnio de justiça fiscal, entendida em sentido global, que se sedia no artigo 103.°, n.° 1, da Constituição.

Assim, a situação não deverá ser tratada como questão idêntica à versada no Acórdão n.° 57/95: em primeiro lugar, porque este aresto é anterior à Revisão Constitucional de 1997, que atribuiu expressamente poder tributário às autarquias locais (artigo 238.°, n.° 4); em segundo lugar, porque a norma então em crise, que eu considerei inconstitucional em voto de vencida, se referia à determinação não fundamentada da taxa de um imposto municipal; em terceiro lugar, porque está agora em causa um mecanismo *sui generis* (não qualificável como taxa ou mesmo como benefício fiscal), cuja razão de ser e finalidade última é uma compensação dos contribuintes diversa de outras figuras já consagradas no Direito ordinário.

Esta última constatação (o carácter inovador do regime *sub judicio*) exige uma análise em função de critérios de valor constitucional, à luz das finalidades de justiça distributiva do sistema fiscal. Diversamente do que sucedia quanto à contribuição autárquica, está-se agora perante uma figura que se insere numa lógica de justificação e controlo da utilização das receitas dos impostos e que, como referi, promove a redução de despesas públicas e a compensação dos cidadãos em casos de desnecessidade, maior ou menor, de utilização das receitas do I.R.S. pelos Municípios.

Maria Fernanda Palma

Declaração de voto

Votei a decisão pelo essencial da fundamentação constante dos pontos 9 e 10, 12 e 13 do Acórdão, isto é, por entender que os princípios da *igualdade* e da *capacidade contributiva* têm de ser conciliados com a consagração constitucional da *autonomia local*, com os *"poderes tributários"* que a Constituição também admite no artigo 238.°, n.° 4, permitindo uma diferenciação do imposto sobre o rendimento em termos limitados como a que as normas em causa prevêem, a qual também não é susceptível de pôr em causa a unidade do Estado (ou o princípio do "Estado unitário"). Para além da possibilidade de concessão de poderes tributários, prevista na Constituição, implicar a possibilidade de diferenciação, entendo que a concessão desses poderes, nos apertados termos em que é prevista, aos municípios que recebem as receitas respectivas, e apenas nesta medida, pode também ser justificada com o interesse, constitucionalmente atendível, na aproximação da titularidade da decisão sobre as receitas da titularidade da decisão sobre as despesas públicas municipais, com os consequentes (possíveis e desejáveis) efeitos no plano da transparência e da responsabilização dos eleitos municipais, e, até, da diferenciação consoante a qualidade e quantidade de bens (designadamente, bens públicos) postos à disposição dos munícipes.

A mais destes fundamentos, apontados no Acórdão, entendi que não resulta das normas questionadas violação das exigências constitucionais relativas especificamente ao imposto sobre o rendimento pessoal, previstas no artigo 104.°, n.° 1, da Constituição: o objectivo de *"diminuição das desigualdades"* não é posto em causa, não só porque não se trata ali (pelo menos só) das desigualdades de imposto a pagar, como porque essas diferenças podem ser justificadas, designadamente, com o estabelecimento de uma relação mais próxima entre eleitores e decisores sobre as despesas públicas municipais e com a promoção de uma racional realização destas últimas; a exigência de que seja um imposto *"único"* não diz respeito à diferença de imposto a pagar mas à incidência de um só imposto, e não vários, sobre o rendimento pessoal; e, funcionando como uma dedução proporcional à colecta, o "desagravamento" em causa é neutro em relação à natureza *progressiva* do imposto.

Faço questão de notar, porém, que eram *apenas* os poderes dos municípios de *limitadamente* (na parte relativa à sua participação nas receitas) interferir no montante de imposto a pagar pelos seus munícipes, previstos nas normas questionadas, cuja *constitucionalidade* competia ao Tribunal Constitucional apreciar, e não quaisquer outras normas da nova Lei das Finanças Locais, na perspectiva da comparação com o regime anterior (por exemplo, no que toca à eventual redução quantitativa, na prática, das receitas de certos municípios), muito menos estando em questão um juízo político-legislativo sobre a *bondade* das soluções adoptadas, mesmo nas normas questionadas.

Paulo Mota Pinto

Declaração de voto

1 – Votei vencido na questão de constitucionalidade que o acórdão apreciou, acompanhando-o apenas na posição que tomou quanto à identificação do problema colocado ao Tribunal Constitucional.

Na verdade, conquanto o pedido, feito pelo Presidente da República, mencione a norma constante da alínea *c*) do n.º 1 do artigo 19.º e todas as normas do artigo 20.º do decreto da Assembleia da República, registado com o n.º 93/X, resulta claro que as suas dúvidas de constitucionalidade apenas versam sobre a criação de uma dedução à colecta, de acordo com o disposto no n.º 4 do artigo 20.º, a favor dos sujeitos passivos de IRS com domicílio fiscal na circunscrição territorial dos municípios que deliberem fixar em percentagem inferior à de 5% a sua participação variável nas receitas desse imposto, reconhecida na alínea *c*) dos artigos 19.º e 20.º, n.º 1, do mesmo decreto.

Em termos mais singelos, o Presidente da República tem dúvidas sobre se, em sede de IRS, poderá haver uma dedução à colecta de que apenas beneficiem os sujeitos passivos que tenham domicílio fiscal em municípios que deliberem fixar em percentagem inferior à da máxima de 5%, estabelecida na lei, a sua participação nas receitas provenientes deste imposto.

2 – Antes de mais, importa notar que é, estrutural e funcionalmente, diferente a norma que reconhece aos municípios o direito a uma participação variável até 5% nas receitas advindas do IRS, constante da alínea *c*) do artigo 19.º e do n.º 1 do artigo 20.º do decreto acima identificado, e a norma que cria uma dedução à colecta desse imposto, em favor, apenas, dos sujeitos passivos que tenham domicílio fiscal na circunscrição territo-

rial dos municípios, em função dos termos em que estes deliberem comungar nas receitas provenientes desse imposto, dentro da percentagem máxima estabelecida na lei (artigo 20.º, n.º 4).

A primeira norma tem uma clara natureza financeira – trata-se, pois, de uma norma que se insere na categoria daquelas que enunciam quais as receitas que podem ser previstas pelos municípios para poderem pacificar as necessidades cuja satisfação está a seu cargo.

E, porque as necessidades a satisfazer com essas e outras receitas estão, no caso, numa relação essencialmente directa com o número de munícipes compreende-se, no plano da adequação e da razoabilidade, que o legislador tenha adoptado o critério de calcular a participação variável até 5% do IRS dos municípios sobre a "colecta líquida das deduções previstas no n.º 1 do artigo 78.º do Código do IRS" dos sujeitos passivos com domicílio fiscal na respectiva circunscrição territorial [arts. 19.º n.º 1, alínea c) e 20.º, n.º 1, do referido decreto].

A segunda é, por sua vez, uma norma estritamente fiscal – diz respeito à conformação legal do imposto que gera a receita, independentemente do fim que lhe dê o Estado, apenas se sabendo que, por via de regra, não será para entesouramento.

Nesta óptica, são completamente diversos os critérios que as justificam e os momentos em que operam.

No caso da primeira, está em causa a questão de saber quanto dinheiro poderá obter-se desta fonte e que destino se lhe há-de dar; na segunda, a questão prende-se com saber *como* se arranja o dinheiro de que os municípios poderão em parte dispor – como se obtém esse valor em sede de imposto de IRS.

Quer isto dizer que a norma que atribui aos municípios uma participação variável no IRS dos contribuintes domiciliados na sua circunscrição territorial concretiza uma repartição, entre o Estado e os municípios, dos recursos públicos que se obtiveram por essa via de aquisição.

Ao invés, a norma que institui a dedução à colecta diz respeito a um momento anterior a este, ou seja, ao momento em que se define, pela concorrência de todos os seus diversos elementos normativos, a obrigação deste tipo de imposto e, consequentemente, o montante dos recursos públicos dele provindos, a repartir pelo Estado e pelos municípios.

No momento em que os municípios renunciam a uma percentagem da participação máxima a que terão direito na arrecadação futura do imposto, eles ainda não são titulares de qualquer direito de crédito sobre o

Estado, proveniente da arrecadação do imposto, mas apenas titulares de uma simples expectativa jurídica. Sem embargo, essa atitude projecta, desde logo, efeitos sobre o modo *como* acabará por ficar conformada legalmente a obrigação do imposto, interferindo com a definição do seu regime jurídico.

No âmbito da primeira norma, cabe a ponderação sobre o destino a dar ao dinheiro e, nomeadamente, sobre as opções relativas à identificação e grau das necessidades dos munícipes a satisfazer. Nesta medida, poderá dizer-se que, ao renunciarem a parte da percentagem máxima a que terão direito na arrecadação do imposto, os municípios estarão a renunciar à satisfação de algumas necessidades dos seus munícipes. Estarão, se mantiverem o nível de obtenção de receitas de outra fonte legal, como o das taxas e receitas patrimoniais, o que nada garante que possa acontecer. Daí que perca todo o sentido um argumento de equilíbrio do nível da despesa pública, em sede das autarquias locais, que seja estruturado sobre o recurso a tal mecanismo.

Os únicos objectivos a cuja prossecução tal instrumento jurídico se mostra adequado são os de, em alguma medida – mas pouco expressiva, salvo se interesseiramente sobrevalorizada – se poderem corresponsabilizar, politicamente, as autarquias locais, em conjunto com o Governo, pelos graus de tributação impostos aos seus munícipes em sede de IRS e de tornar possível o exercício de alguma concorrência normativa entre os municípios sobre o modo como poderão satisfazer as necessidades dos seus munícipes, deixando-lhes, simultaneamente, livre alguma parte – pequena – do rendimento sujeito a tributação em IRS.

De qualquer modo, pode adiantar-se, desde já, que estes interesses *não são interesses próprios* e específicos de populações de concretas circunscrições territoriais municipais, mas antes interesses gerais de *todos* os contribuintes do país.

Falta, porém, saber se um tal efeito possível constitui razão material bastante para, sob o ponto de vista constitucional, justificar a diferença de tratamento fiscal entre os sujeitos passivos do imposto.

Adiante se voltará a tal questão.

3 – Dispõe o artigo 104.°, n.° 1 da Constituição que *"o imposto sobre o rendimento pessoal visa a diminuição das desigualdades e será único e progressivo, tendo em conta as necessidades e os rendimentos do agregado familiar"*.

O imposto regulado no Código do Imposto sobre o Rendimento das Pessoas Singulares, aprovado pelo Decreto-Lei n.º 442-A/88, de 30 de Novembro, com as inúmeras alterações sofridas posteriormente, é o tipo de imposto que visa cumprir tal injunção constitucional.

Ao dispor que o imposto sobre o rendimento seja único, a Constituição obriga a que sobre todas as diferentes categorias de rendimento fiscalmente elegíveis não possa incidir outro imposto.

Tal equivale por dizer que o imposto sobre o rendimento deverá ser um imposto *global* sobre *todas* as categorias de rendimento e, portanto, que lhe é alheia qualquer ideia de localização territorial das fontes do rendimento-produto ou do rendimento acréscimo, fiscalmente relevadas. Da sua natureza de imposto único e global sobre os rendimentos decorre, deste modo, inelutavelmente, que o mesmo seja um imposto nacional.

Mas sendo um imposto nacional, não pode ele deixar de ser modelado pelo legislador parlamentar, pois é este quem, unicamente, exerce a soberania fiscal sobre *todo* o território nacional [art. 165.º, n.º 1, alínea *i*) da CRP] a que respeita a globalidade dos rendimentos tributados neste tipo de imposto, independentemente de o local ou circunscrição territorial inferior em que sejam obtidos ou gerados.

Por outro lado, tal imposto deve ser conformado pelo legislador ordinário, de modo a visar a diminuição das desigualdades e ser um imposto progressivo.

O cumprimento deste objectivo constitucional demanda, desde logo, uma compreensão da igualdade dos contribuintes que não se baste por uma igualdade *perante a lei* (igualdade *formal*), nem tão somente por uma igualdade *na* lei (*uniformidade do critério de tributação*) (ambas inferíveis, no caso dos impostos, dos artigos, 12.º, n.º 1, e 13.º da CRP), apontando, também, para a prossecução de uma *tendencial igualdade prática* de repartição dos rendimentos (artigos 103.º, n.º 1 e 104.º, n.º 1, da CRP) (cf. neste sentido, além de outra, a jurisprudência mencionada no pedido).

A progressividade do imposto representa, assim, um modo necessário para realizar esse *objectivo constitucional de diminuição das desigualdades*.

Contudo, a progressividade não se queda pela previsão de taxas progressivas, existindo outros instrumentos que poderão influenciar a progressividade real da tributação, não obstante operarem sobre a determinação da matéria colectável ou sobre a colecta do imposto, na medida em que deixarem livres parcelas de rendimento.

A dedução à colecta é um desses instrumentos, sendo claro que, se essa dedução à colecta respeitar o critério da *universalidade* e da *uniformidade* dentro do espaço territorial a que se reportam os rendimentos tributáveis o ritmo da progressividade será o mesmo para todos os contribuintes desse espaço nacional.

Se, pelo contrário, como acontece no caso, essa dedução à colecta apenas beneficiar certa categoria de contribuintes, elegidos em função de uma área de território mais pequena onde residem e do facto de o respectivo município renunciar a parte da participação variável até 5% no IRS a que tem direito, então esses contribuintes beneficiarão de uma progressividade menos intensa, na medida em que vêem relevada a sua capacidade contributiva em menor grau do que a daqueles que não estão em tal situação.

Chame-se a essa dedução o que se entender – abatimento, desagravamento, benefício fiscal (como se entende ser verdadeiramente – cfr. art. 2.° do Estatuto dos Benefícios Fiscais) ou outro qualquer instituto jurídico-fiscal, do que não restam dúvidas é que o seu efeito jurídico-prático corresponde a deixar livre na mão dos respectivos titulares de rendimentos globalmente iguais, no espaço nacional, diferente fatia desse rendimento global fiscalmente relevante.

E, assim sendo, embora não saia ofendido o princípio da capacidade contributiva, enquanto pressuposto da tributação – acepção esta que só terá préstimo para salvaguardar da tributação um mínimo para uma existência humana condigna, ou seja, como marco do limite de tributação – não deixa de atingir-se uma igual capacidade contributiva em diferente grau, com violação do princípio da igualdade, na sua dimensão de uniformidade de critério de tributação dentro do espaço nacional a que respeita o imposto.

Tal conclusão corresponde a um resultado inelutável, mesmo em face da jurisprudência do Tribunal Constitucional que o acórdão recupera.

4 – Sustenta, porém, o acórdão a que esta declaração de voto diz respeito, que o princípio de igualdade na tributação pode, de acordo com a jurisprudência nele citada (e muita outra), consentir restrições desde que racional e materialmente fundadas para a salvaguarda de outros direitos ou interesses legalmente protegidos (artigo 18.°, n.° 2, da CRP). E o acórdão encontra essa razão material, essencialmente, no princípio da autonomia local.

Ora, não lobrigamos como é que, para a *salvaguarda* ou, sequer, o desenvolvimento da axiologia que suporta o princípio da autonomia local, possa contribuir a instituição de um tal abatimento ou benefício fiscal, denominado *"dedução à colecta"*, actuante sobre um imposto nacional e incidente sobre os rendimentos obtidos nesse espaço territorial.

A autonomia local constitui um modo de organização democrática do Estado, expresso na existência de autarquias locais, dotadas de órgãos representativos, constitucionalmente previsto e funcionalizado para *"a prossecução de interesses próprios das populações respectivas"* da sua área territorial (artigo 235.°, n.° 2, da CRP).

Tal autonomia demanda a atribuição da capacidade jurídica de auto-eleição dos *interesses locais* a satisfazer e de auto-regulação de instrumentos normativos necessários para tanto.

Nesta perspectiva, o reconhecimento constitucional às autarquias locais de património e finanças próprias não representa mais do que um postulado necessário da autonomia local.

Nesse espaço de autonomia cabe, como não pode deixar de ser, o direito a terem como próprias as receitas provenientes da gestão do seu património e as cobradas pela utilização dos seus serviços (artigos 238.°, n.° 1, e 254.°, n.° 2, da CRP).

E, porque os interesses por elas prosseguidos não se opõem, substancialmente, aos do Estado, antes integram o seu todo solidário, dispõe a Lei fundamental que *"o regime das finanças locais (que será estabelecido por lei) visará a justa repartição dos recursos públicos pelo Estado e pelas autarquias e a necessária correcção de desigualdades entre autarquias do mesmo grau"* (artigo 238.°, n.° 2, da CRP).

Não reconhece a Constituição poderes tributários originários às autarquias locais, apenas, admitindo que a lei lhos atribua, em certos casos.

Mas, como é postulado pelo fundamento material do princípio da autonomia local, não se vê que a Constituição admita que possam ser reconhecidos, às autarquias, poderes tributários que ultrapassem os limites materiais desse fundamento: a prossecução dos interesses *próprios* das populações respectivas da sua circunscrição territorial.

Desta sorte, entendo que os poderes tributários reconhecidos às autarquias, com a revisão constitucional de 1997, no artigo 238.°, n.° 4 da CRP, se cingem aos tributos locais, aos tributos previstos na lei como constituindo modos próprios e específicos de arrecadação de receitas locais, não abrangendo os impostos nacionais.

O preceito constitucional teve essencialmente no seu horizonte a resolução do tipo de dúvidas de constitucionalidade que foram levantadas pelos vencidos no Acórdão n.° 57/95, relativamente à fixação da taxa da contribuição autárquica dentro dos limites estabelecidos na lei e quanto à derrama.

Ora, se não existem dúvidas que as normas constantes dos artigos 19.°, n.° 1, alínea *c*) e do artigo 20.°, n.° 1 do decreto da Assembleia da República (que definem a participação variável dos municípios na receita do IRS), em causa, estão numa linha de inteira e perfeita coerência com esses princípios constitucionais, já não vemos em que medida é que a possibilidade de reflectir a renúncia, por banda dos municípios, à obtenção de fundos provenientes de IRS em deduções à colecta em favor dos sujeitos passivos desse imposto, domiciliados na sua circunscrição territorial, como resulta do n.° 4 do mesmo artigo 20.°, corresponda a uma forma de prosseguir *interesses próprios* das populações das circunscrições territoriais desses municípios, de interesses que sejam, materialmente, diferentes dos demais sujeitos passivos desse imposto, domiciliados em circunscrições territoriais diferentes.

No primeiro caso, existe uma relação directa entre as necessidades a satisfazer pelos municípios, que serão tantas mais quanto maior for a população da respectiva área territorial, e as verbas necessárias para as pacificar.

Já, no segundo caso, não se lobriga como é que uma renúncia do município, tomada no âmbito da sua autonomia, *justifique que a mesma se deva* converter, dentro de uma linha de respeito pelos fundamentos materiais da autonomia local, em um benefício fiscal para os domiciliados na sua circunscrição territorial para sair respeitada a prossecução de interesses próprios das populações dessa área.

Dir-se-á, como se refere em pareceres juntos, que uma tal dedução à colecta se justifica pelo princípio do benefício, dado equivaler a uma compensação pelo benefício que os munícipes deixam de fruir do não gasto de receita proveniente do IRS ou até que ele não é mais do que um modo de, antecipadamente, o município repartir essa receita de cuja participação abdica.

Mas tais juízos, na minha opinião, não têm a mínima consistência científica.

Basta notar que os beneficiários da dedução à colecta, independentemente de poderem sofrer por outra via, como a do agravamento de outras

72 Estudos de Direito Fiscal

fontes de receita, como as taxas e os preços de serviços, a manutenção do nível da despesa pública local, são apenas os domiciliados na circunscrição que tenham colecta onde se possa abater o respectivo montante e que esse universo *é totalmente diferente* do universo que constitui a população da respectiva circunscrição territorial para prossecução de cujos interesses a autonomia local é constitucionalmente reconhecida.

Por outro lado, a posição de ver nesse benefício uma repartição antecipada de um crédito ignora não só a diversidade desse universo subjectivo como a circunstância de não haver qualquer correspondência objectiva entre o benefício que pessoalmente se obtém da comunidade (estatal ou municipal) através do gasto das receitas provenientes dos impostos e o montante de imposto que se paga.

Ninguém tem direito a benefícios na medida do que paga de impostos.

Há muito tempo que o princípio do benefício deixou de ser alegado como base e pressuposto de tributação!

5 – Há, ainda, quem fundamente constitucionalmente a diferenciação estabelecida no referido n.° 4 do artigo 20.° do decreto em causa num alegado conjugado de razões, a que o Tribunal não deixou de atender debaixo do rótulo de exigências constitucionais de transparência e de redução da despesa pública.

Consistem estas: no facto de os rendimentos tributáveis em IRS serem reflexo importante da actuação dos órgãos municipais à actividade exercida pelas pessoas e empresas que os geram; na circunstância de a renúncia à participação na receita do IRS implicar uma renúncia à despesa pública e, por isso, ser razoável que os ganhos assim obtidos sejam distribuídos pela generalidade dos munícipes em função da capacidade contributiva destes, inserindo-se no exercício de uma *autonomia responsável*; na necessidade de uma luta eficaz contra a "esquizofrenia municipal"; no facto de a actual Lei das Finanças Locais já permitir significativas diferenças de tributação no respeitante aos impostos cuja titularidade cabe aos municípios e no paralelismo de problemas e dificuldades com o que se passa com os impostos nas regiões autónomas.

A nosso ver, nenhum destes fundamentos, segundo um mero prisma de controlo jurisdicional da evidência da adequação, merece aceitação.

Sendo o IRS um imposto único sobre o rendimento global, fiscalmente relevado (rendimento-produto e rendimento-acréscimo considerados), é-lhe absolutamente alheia qualquer ideia de concreta e específica conexão territorial com os concretos municípios e os respectivos órgãos municipais que propiciem o funcionamento da específica dedução à colecta, constante do artigo 20.°, n.° 4, do referido decreto da Assembleia da República.

Quando muito, deixando de lado os rendimentos obtidos fora do território nacional, o que poderá dizer-se é que esse rendimento, *na sua globalidade*, é sempre produzido ou obtido em uma ou mais circunscrições territoriais municipais, dado que o território nacional se acha todo ele dividido em municípios.

Mas a inferir-se daí que os rendimentos tributáveis são, de algum modo constitucionalmente relevante, potenciados pelos concretos municípios que propiciam essa dedução e não por outros é dar um salto para o desconhecido.

Os rendimentos podem ser gerados ou obtidos em Faro e o contribuinte estar domiciliado em Bragança.

Em boa verdade, não se vê como é que poderá estabelecer-se qualquer relação de localização dos rendimentos provenientes de trabalho dependente, de capitais, de alguns incrementos patrimoniais e de pensões, com a actuação dos municípios que propiciem, pela sua renúncia à participação na receita do IRS, a dedução à colecta em causa.

Por outro lado, não existe uma relação adequada, como exigem as restrições ao princípio da igualdade, entre a redução na participação da receita proveniente de IRS e uma eventual redução da despesa pública e a existência de ganhos fiscais. O nível de despesa pública só pode ser visto na sua *totalidade*, pelo que apenas existirão ganhos fiscais se as outras fontes de receita municipal não sofrerem aumentos, e, estando o resultado dependente de um pressuposto não tornado obrigatório, tudo pode ficar na mesma ou, até, pior.

Não havendo necessária dependência entre a responsabilização pela actuação política a nível local e a responsabilização política a nível nacional, e sendo o produto da participação variável no IRS destinado à satisfação de necessidades locais, não se vê, por outro lado, que os eleitos locais passem a ser mais facilmente responsabilizados pelos seus munícipes pelas decisões da política nacional tributária relativa ao IRS, até, porque o universo dos munícipes que gozarão do benefício da dedução poderá ser muito diverso do universo dos eleitores locais.

De qualquer jeito, não obstante estarmos perante interesses suportados na Constituição, eles são interesses do todo subjectivo nacional e não próprios da população de uma específica circunscrição territorial municipal.

Só em razões de ética política será possível fundar uma tal comunhão de responsabilidade política de nível nacional e local.

Acresce que não são, de modo algum, transponíveis para o caso *sub judicio* os fundamentos que justificam as diferenças de tributação no respeitante aos impostos cuja titularidade cabe aos municípios, decorrentes do n.º 4 do artigo 4.º do Estatuto dos Benefícios Fiscais, e do poder municipal de lançar derramas.

Basta atentar que, nesses casos, é possível descortinar uma relação suficientemente *directa e intensa* entre a actuação dos municípios e dos seus órgãos representativos e os factos tributários relevados no respectivo tipo de imposto [valor patrimonial dos imóveis (Imposto Municipal sobre Imóveis – IMI, outrora Contribuição Autárquica – CA, e Imposto Municipal sobre as Transmissões Onerosas de Imóveis – IMT) ou os rendimentos empresariais de empresas pessoais ou colectivas – Derrama]. É essa a razão, aliás, que justifica que o titular activo do imposto e o destinatário da sua receita sejam as autarquias.

Sendo ínsita à autonomia local uma ideia de *diferenciação* implicada pela prossecução dos interesses próprios das populações das autarquias que não pode deixar de conduzir, igualmente, a diferenciações de actuações municipais propiciadoras da obtenção dos valores tributáveis em sede dos impostos locais, tem, do mesmo passo, de admitir-se que exista uma tal diferenciação na conformação e lançamento dos impostos e tributos locais.

Nessa medida, não são, assim, deslocáveis, para o domínio de um imposto único, global e nacional sobre todo o rendimento fiscalmente relevante, os fundamentos que, no Acórdão n.º 57/95, abonaram a decisão de conformidade constitucional das normas aí questionadas, relativas à taxa da contribuição autárquica e do lançamento de derramas.

No que respeita à "esquizofrenia municipal", vista no facto de os eleitos municipais não terem de responder politicamente pelo ónus político do lançamento dos impostos, de cujo produto da arrecadação os municípios apenas em parte participam, caberá dizer que, independentemente de ela se consubstanciar, essencialmente, numa atitude ética perante um outro órgão político, a mesma apenas é susceptível de ocorrer porque o sistema e a competência constitucionais relativos aos impostos não se encontram estruturados em termos de obrigar a uma comparticipação ou comunhão políticas no exercício da soberania fiscal e nem se vê que, por força desta providência legislativa, aumente a transparência no exercício de tal poder. De qualquer modo, estamos *não perante um interesse próprio* de populações de uma concreta circunscrição municipal, mas perante um interesse de *âmbito nacional*.

Finalmente, não existe qualquer paralelo entre os poderes tributários conferidos pela Constituição às regiões autónomas e os conferidos às autarquias locais.

Na verdade, segundo o disposto no artigo 227.º, n.º 1, alíneas *i*) e *j*) da Constituição, as regiões têm os poderes de "*exercer poder tributário próprio, nos termos da lei, bem como adaptar o sistema fiscal nacional às especificidades regionais, nos termos da lei quadro da Assembleia da República*" e de "*dispor, nos termos dos estatutos e da lei de finanças das regiões autónomas, das receitas fiscais nelas cobradas ou geradas, bem como de uma participação nas receitas tributárias do Estado, estabelecida de acordo com um princípio que assegure a efectiva solidariedade nacional (...)*".

Relativamente às autarquias locais, o n.º 4 do artigo 238.º da Constituição limita-se a prever que "*as autarquias locais podem dispor de poderes tributários, nos casos e nos termos previstos na lei*".

São patentemente diferentes os poderes tributários conferidos a uma e outra destas categorias de pessoas colectivas territoriais.

Desde logo, importa acentuar que as regiões têm poderes tributários *próprios*; que podem *adaptar* o sistema fiscal nacional e que podem *dispor das receitas fiscais nelas cobradas ou geradas*.

Cabe, seguramente, nesta adaptação do sistema fiscal nacional a adopção de medidas como a de estabelecer taxas de imposto ou benefícios fiscais diferentes dos vigentes no sistema nacional.

Nada disto atribui a Lei fundamental às autarquias locais.

De qualquer jeito, a justificação da desigualdade *na tributação* nunca poderá ser achada dentro de uma dialética entre a dedução à colecta de que gozam os munícipes de certos municípios, derivada apenas da renúncia destes a uma parte da participação nas receitas provenientes de IRS, e a autonomia local (valendo o argumento igualmente para a autonomia regional), na sua expressão de titularidade de poderes tributários, mas entre esse benefício concedido a certos sujeitos passivos do imposto em função apenas do seu domicílio fiscal e a especificidade material que o concreto domicílio seja objectivamente susceptível de evidenciar.

Nesta linha, a diferença, mesmo relativamente às regiões, não pode tanto ser procurada na sua competência constitucional para adaptar o sistema fiscal nacional, mas na circunstância de, nessa adaptação, poderem relevar as especificidades dessas regiões, como o seu nível de desenvolvimento económico e social e o seu isolamento geográfico, enquanto realidades objectivamente susceptíveis de atingir os factos tributários e os contribuintes.

As realidades a avaliar, sob o prisma da igualdade, são apenas as situações que, relativamente ao mesmo bem jurídico (neste caso, dedução à colecta), se verifiquem entre diferentes categorias de sujeitos passivos do mesmo imposto e não entre contribuintes e quem detém o poder tributário que faz a discriminação, seja este local ou regional, pois o princípio da igualdade funciona como um limite à sua liberdade normativo-constitutiva.

Dir-se-á, ainda, que o poder de determinar a existência de uma dedução à colecta, como a que estamos examinando, caberá nos poderes tributários das autarquias locais, enquanto abrangida pela cláusula aberta "nos casos e termos previstos na lei", sendo essa lei, aqui, esta norma cuja constitucionalidade se questiona.

Mas, uma tal interpretação do preceito constitucional implica o reconhecimento da possibilidade de atribuição, por parte do legislador ordinário (a AR), de poderes tributários para além do estrito âmbito competencial demandado pelo princípio da autonomia local enquanto direito de prossecução dos *interesses próprios das populações das autarquias.* Ou seja, equivale a reconhecer às autarquias a possibilidade de interferirem na criação dos pressupostos jurídicos tributários integrantes de um abatimento, desagravamento ou benefício fiscal conformado pelo legislador nacional com um âmbito apenas local, como é a dedução à colecta constante do n.º 4 do referido artigo 20.º.

Porém, nada na Constituição, mesmo após a revisão de 1997, como se pode colher das próprias fontes assumidas pelo acórdão, inculca a ideia de que se pretendeu instituir na nossa *norma normarum* um tal sistema de comunhão e responsabilidade política conjunta pelas opções relativas ao funcionamento do sistema de impostos nacionais.

Também não colhe, minimamente, o argumento de paralelismo com o que se passa na vizinha Espanha. Na verdade, para ser pertinente seria necessário que, tal como lá acontece, todo o território nacional estivesse regionalizado e municipalizado e fosse igual a Constituição fiscal de ambos os países. Ora, entre nós, apenas se verifica a segunda circunstância.

Por outro lado, anote-se que a apreciação do Tribunal Constitucional espanhol se refere a um tipo de imposto semelhante ao nosso imposto municipal sobre imóveis (IMI), nada tendo a ver com um imposto sobre o rendimento de âmbito nacional, valendo, assim, para ele as considerações atinentes aos poderes tributários que relativamente à CA, ora IMI, se reconhecem aos municípios.

Ao contrário da posição tomada no acórdão, não vemos que tenha qualquer pertinência, para a apreciação do caso, a convocação do princípio da legalidade tributária, embora se pense que quem votou vencido nos Acórdãos n.os 57/95 e 70/04 não poderia deixar de concluir, sem incorrer em incongruência, pela inconstitucionalidade da norma constante do referido n.º 4 do artigo 20.º.

Na verdade, não está em causa qualquer questão atinente à definição do elemento "taxa" de imposto, pois este está assumido com relevância autónoma pela Constituição, não sendo legítimo um entendimento, *perspectivado*, de tal conceito, enquanto traduzindo a grandeza real ou efectiva da tributação sofrida, resultante da concorrência de diversos instrumentos jurídico-fiscais, como sejam as taxas, as isenções, abatimentos ao rendimento, deduções à colecta e outros.

Concluiria, assim, pela inconstitucionalidade da norma constante do n.º 4 do artigo 20.º do decreto da Assembleia da República, mas tão-sómente por violação conjugada dos princípios da capacidade contributiva, que se extrai dos artigos 103.º, n.º 1 e 104.º, n.º 1; da igualdade, decorrente, no caso dos impostos, dos artigos 12.º, n.º 1 e 13.º, e do princípio da unicidade do imposto sobre o rendimento e da sua vinculação à prossecução da diminuição das desigualdades, constantes do artigo 104.º, n.º 1, relativos à tributação do rendimento, todos os preceitos da Constituição.

Benjamim Rodrigues

Declaração de voto

Votei no sentido da inconstitucionalidade das normas da alínea *c*) do n.º 1 do artigo 19.º e do n.º 4 do artigo 20.º do Decreto em análise, por violação do artigo 13.º em conjugação com o n.º 1 do artigo 104.º da Constituição, pelas seguintes razões essenciais:

Independentemente do *nomen juris* ou da técnica tributária, a opção do município por uma percentagem inferior a 5% no IRS dos sujeitos passivos com domicílio fiscal na respectiva circunscrição territorial consubstancia, para esses contribuintes, a concessão de um desagravamento de efeitos prático-jurídicos equivalentes a um benefício fiscal. Contribuintes em situação em tudo o mais idêntica face ao regime geral do imposto nacional em causa, portanto com a mesma capacidade contributiva, pagarão montantes diferentes porque alguns beneficiam (ou beneficiam de modo diverso) de uma dedução suplementar à colecta que acresce às deduções constantes do artigo 78.° do CIRS só por residirem (*recte*, se considerarem fiscalmente domiciliados – cfr. n.° 6 do artigo 20.° do Decreto em apreciação) no território de autarquias que fazem opções políticas distintas quanto a prescindir de uma parte do financiamento decorrente das receitas do IRS. Suportarão diferente carga fiscal, com discriminação em razão do território de residência, num imposto que, segundo a Constituição, "visa a diminuição das desigualdades e será único e progressivo". Afiguram-se-me evidentes quer a produção de um efeito diferenciador ao arrepio deste objectivo e desta regra constitucional de estruturação do imposto sobre o rendimento, quer a presença de uma causa operativa semelhante a um factor suspeito (o território de origem, n.° 2 do artigo 13.° da Constituição) na origem dessa entorse ao princípio da igualdade fiscal. Efectivamente, do princípio da unicidade do IRS decorre não só o mandato (no limite da praticabilidade) de tributação por um único imposto de todos os rendimentos pessoais, mas também que esse imposto seja uniforme para todos os residentes em território nacional em função da capacidade contributiva. Assim, embora o princípio da igualdade fiscal não proíba diferenciações materialmente fundadas, o mero domicílio fiscal não pode funcionar como critério que justifique esta manifestação negativa do poder tributário local a favor dos sujeitos passivos fiscalmente residentes na circunscrição. Aliás, o domicílio fiscal nem sequer tem uma conexão necessária com a fonte do rendimento tributável em IRS, bastando pensar nos residentes nos municípios da periferia das grandes cidades e que nestas trabalham.

E, quanto a este parâmetro, não pode transpor-se, mediante um raciocínio inverso, para o sentido da modelação local deste imposto estadual que agora se aprecia, a justificação que no acórdão n.° 57/95 o Tribunal adoptou para as espécies tributárias aí analisadas. A prestação de bens públicos pela autarquia, de que o contribuinte beneficia ou fica em condições de beneficiar, fornece uma justificação material para a imposição (o imposto acessório ou a fixação da taxa superior ao mínimo legal) e, consequentemente para a diferenciação entre contribuintes residentes em municípios distintos. Para o desagravamento local de um imposto nacional (uma espécie de *anti-derrama* aplicada ao IRS) é necessário não só encontrar fundamento em interesses públicos extrafiscais constitucionalmente relevantes que sejam superiores aos da própria tributação-regra que impedem e cumpra ao município prosseguir, mas também um critério de atribuição materialmente fundado. Ora, no que essencialmente divirjo do entendimento que fez vencimento não é na legitimidade de o legislador prosseguir os objectivos enunciados no n.º 10 do acórdão, mas na possibilidade de utilizar para o efeito o mero facto da domiciliação fiscal, que é imprestável por introduzir uma desigualdade entre contribuintes – que, no limite máximo pode atingir montantes significativos – em função de uma variável que é o território de residência, num imposto que a Constituição quer geral e uniforme, visando a diminuição das desigualdades.

É exacto que a autonomia local, com a componente do poder tributário (n.º 4 do artigo 238.º, da Constituição), que constitui fundamento axial do acórdão, permite uma diferenciação nesta matéria. Mas a autonomia não fornece, por si mesma, critério que legitime o conteúdo e o sentido da diferenciação. Pode ser base constitucional para a atribuição de poderes de configuração local de tributos estaduais (ou regionais) – e, portanto, operar quanto ao princípio da legalidade tributária –, mas não habilita com critério material de compressão do princípio da igualdade, na sua vertente constitucionalmente qualificada quanto à espécie tributária em que recai o benefício em crise.

Vítor Gomes

Declaração de voto

Votei vencido por entender que da conjugação das normas constantes da alínea *c*) do artigo 19.º com os n.ºs 1 e 4 do artigo 20.º do Decreto da Assembleia da República n.º 93/X, que *"aprova a Lei das Finanças Locais, revogando a Lei n.º 42/98, de 6 de Agosto"*, resulta a violação: *(i)* dos limites constitucionais dos poderes tributários das autarquias locais; *(ii)* do princípio da capacidade contributiva, enquanto projecção do princípio da igualdade tributária; *(iii)* dos princípios constitucionais da tributação do rendimento pessoal; e *(iv)* do princípio da legalidade tributária; e que da norma do n.º 2 do referido artigo 20.º pode resultar *(v)* violação das competências constitucionais das assembleias municipais.

80 *Estudos de Direito Fiscal*

Antes de explicitar os fundamentos de cada um desses juízos de inconstitucionalidade (*infra*, 3. a 7.), afigura-se-me essencial analisar o sentido e alcance da medida legislativa objecto de apreciação de constitucionalidade (*infra*, 1.) e – já que se invoca a autonomia local como justificação do reconhecido entorse ao princípio da capacidade contributiva – precisar qual o contorno constitucional dessa autonomia no domínio fiscal (*infra*, 2.).

1. Análise do sentido e alcance da medida legislativa em causa.

Há que distinguir claramente, nas normas questionadas, uma *dimensão financeira* e uma *dimensão fiscal*: a *dimensão financeira* respeita à atribuição aos municípios, no contexto da repartição de recursos públicos entre o Estado e os municípios, de uma participação variável de 5% no imposto sobre o rendimento de pessoas singulares (IRS) dos sujeitos passivos com domicílio fiscal na respectiva circunscrição territorial, calculada sobre a respectiva colecta líquida das deduções previstas no n.º 1 do artigo 78.º do Código do IRS; a *dimensão fiscal* reporta-se à possibilidade de, como decorrência directa de determinado município ter deliberado receber uma percentagem da participação no IRS inferior à taxa máxima de 5%, "*o produto da diferença de taxas e a colecta líquida [ser] considerada como dedução à colecta do IRS, a favor do sujeito passivo*".

Relativamente à apontada *dimensão financeira* nenhuma questão de constitucionalidade vem colocada.

A violação de princípios constitucionais suscita-se apenas quanto à *dimensão fiscal*, na medida em que ela necessariamente determina que cidadãos com o mesmo nível de rendimentos paguem menos imposto de rendimento pessoal pela mera circunstância de estarem fiscalmente domiciliados em município que haja deliberado "renunciar", no todo ou em parte, à participação no IRS.

Afiguram-se-me inconsistentes quer a construção jurídica que vê nessa medida uma *cessão dos créditos* do município sobre o Estado a favor dos seus munícipes seguida de uma *compensação dos créditos* assim adquiridos pelos munícipes com os seus débitos de imposto face ao Estado, por demasiado artificiosa, quer a qualificação da medida como um *benefício fiscal*, por não subsumível ao conceito sedimentado desta figura ("*Consideram-se benefícios fiscais as medidas de <u>carácter excepcional</u> instituídas para tutela de interesses públicos extrafiscais relevantes que sejam superiores aos da própria tributação que impendem*" – artigo 2.º, n.º 1, do Estatuto dos Benefícios Fiscais).

A medida em causa, em termos substantivos – a "dedução à colecta" traduz tão-só o mecanismo através do qual ela se executa –, corresponde a uma redução da taxa do imposto de que beneficiam, geral e automaticamente, todos os contribuintes fiscalmente domiciliados no município que "renunciou", no todo ou em parte, à participação no IRS. Trata-se, assim, de uma medida equivalente (ou de efeito equivalente) à redução da taxa o imposto. Nem se diga que toda e qualquer dedução à colecta tem esse efeito, já que é diametralmente diferente a redução do montante do imposto a pagar a final por força de uma dedução casuisticamente operada, variável de contribuinte para contribuinte, sujeita tão-só a limite máximo e dependente de declaração do próprio, da presente situação, em que, por mero efeito de uma deliberação municipal, todos os contribuintes com residência fiscal no município, podem pagar menos 5% de IRS do que os residentes num município vizinho. A generalidade (reportada à universalidade dos contribuintes com residência fiscal no município) e a automaticidade da redução afastam esta medida das verdadeiras deduções à colecta (incluindo os benefícios fiscais) e fazem-na equivaler, em termos práticos e substantivos, a uma redução da taxa do imposto.

Aliás, e significativamente, em diversos dos pareceres solicitados pelo Governo e remetidos ao Tribunal (pareceres solicitados já depois da apresentação do presente pedido de fiscalização preventiva da constitucionalidade) se invoca, como justificação da medida ora em causa, a existência de precedentes no que concerne às Regiões Autónomas, precedentes estes que consistem precisamente na atribuição às respectivas assembleias legislativas de "*diminuir as taxas nacionais dos impostos sobre o rendimento (IRS e IRC) e do imposto sobre o valor acrescentado, até ao limite de 30% e dos impostos especiais de consumo*" (n.° 4 do artigo 37.° da Lei das Finanças Regionais – Lei n.° 13/98, de 24 de Fevereiro).

Conclui-se, assim, que, na sua dimensão fiscal, a medida em causa consiste substancialmente na atribuição aos municípios do poder de diminuir a taxa nacional do imposto sobre o rendimento pessoal.

2. Os poderes tributários constitucionalmente atribuídos às autarquias locais.

Como é sabido, foi a revisão constitucional de 1997 que aditou ao artigo 238.° (anterior artigo 240.°) da Constituição da República Portuguesa (CRP), o seu n.° 4, segundo o qual: "*As autarquias locais dispõem de poderes tributários, nos casos e nos termos previstos na lei*".

E como também é sabido, esta alteração constitucional teve por causa próxima as divergências de que o Acórdão do Tribunal Constitucional n.° 57/95 se deu conta quanto à possibilidade de as autarquias locais fixarem as taxas de um imposto local (a contribuição autárquica) e de lançarem derramas.

O precedente acórdão (n.° 13) extrai da intervenção de um Deputado, em sede de Comissão Eventual da Revisão Constitucional, em que se aludiu, a par do Código da Contribuição Autárquica, ao Código do IRC, a conclusão de que se pretendeu permitir a outorga legal às autarquias locais de possibilidade de intervenção não apenas em impostos locais, mas também em impostos nacionais, concretamente, "no montante do imposto sobre o rendimento".

Para além da questionável relevância, em sede de interpretação da Constituição, de considerações baseadas na hipotética vontade do legislador histórico, é unanimemente reconhecida a extrema fragilidade de argumentos extraídos de trabalhos preparatórios de leis, designadamente provenientes de órgãos colegiais, sobretudo se respeitam a intervenções orais, muitas vezes proferidas de improviso, não sendo lícito afirmar a existência de consenso quanto a afirmações produzidas pelo mero facto de não serem imediatamente contraditadas. Acresce que, no presente caso, imediatamente antes da intervenção referida no precedente acórdão (da autoria do Deputado Luís Marques Guedes), ocorreu outra intervenção (do Deputado Luís Sá), que o acórdão omite, em que apenas se alude, como efeito do aditamento desse número, à possibilidade de o município fixar a taxa de incidência da contribuição autárquica (*Diário da Assembleia da República*, II Série – RC, n.° 116, de 9 de Julho de 1997, p. 3399).

De qualquer forma, outros argumentos existem que me levam a repudiar o entendimento dado no precedente acórdão ao alcance do n.° 4 do artigo 238.° da CRP, sendo o mais determinante dentre eles o que resulta da comparação entre esse preceito e o artigo 227.°, n.° 1, alínea *i*), que atribui às regiões autónomas poderes para "*exercer poder tributário próprio, nos termos da lei, bem como adaptar o sistema fiscal nacional às especificidades regionais, nos termos da lei-quadro da Assembleia da República*".

Não sendo obviamente equiparáveis a *autonomia política* das regiões autónomas e a *autonomia meramente administrativa* das autarquias locais e resultando da alínea *i*) do n.° 1 do artigo 227.° da CRP que o poder de adaptar o sistema fiscal nacional às especificidades regionais é algo distinto do "poder tributário próprio" – e sendo certo que o n.° 4 do artigo 238.° da CRP nem sequer qualifica como *próprios* os poderes tributários que consente que a lei venha a atribuir às autarquias locais –, tenho por seguro que entre os poderes tributários que este último dispositivo constitucional possibilita que se confiram às autarquias não se encontra o poder de adaptar o sistema fiscal nacional. É o que resulta da inexistência, no artigo 238.°, de inciso similar ao da alínea *i*) do n.° 1 do artigo 227.° e da incomparabilidade entre o carácter político da autonomia regional face ao carácter meramente administrativo da autonomia local.

Este entendimento é, aliás, perfilhado por JOSÉ MAGALHÃES (*Dicionário da Revisão Constitucional*, Lisboa, 1999, p. 129), que imputa ao aditamento em causa o objectivo de dar "cobertura constitucional apropriada a legislação em vigor" e de abrir "a possibilidade de diversos modelos de *«impostos locais»*, sempre gizados pela Assembleia da República mas podendo devolver às autarquias opções filiadas em estratégias de incentivo fiscais diferentes" (itálico acrescentado).

Em suma: o n.° 4 do artigo 238.° da CRP não constitui credencial para a atribuição às autarquias locais, designadamente aos municípios, de poderes para alterarem elementos (e muito menos elementos essenciais) de impostos nacionais (ou estaduais).

3. Violação dos limites constitucionais dos poderes tributários das autarquias locais.
Assente que o n.° 4 do artigo 238.° da CRP não constitui credencial para a atribuição às autarquias locais, designadamente aos municípios, de poderes para alterarem elementos de impostos nacionais (*supra*, n.° 2), e que a medida em causa consiste substancialmente na atribuição aos municípios do poder de diminuir a taxa nacional do imposto sobre o rendimento pessoal (*supra*, n.° 1), impõe-se a conclusão que as normas ora em causa violam aquele preceito constitucional.

A idêntica conclusão se chegaria, aliás, mesmo que se adoptasse a qualificação da diminuição de imposto a pagar como um benefício fiscal.

4. Violação do princípio da capacidade contributiva, enquanto projecção do princípio da igualdade.
Seguindo a lição de TEIXEIRA RIBEIRO (*Lições de Finanças Públicas*, 5.ª edição, Coimbra, 1995, pp. 260 e seguintes), o *princípio da igualdade tributária*, fiscal ou contributiva concretiza-se na generalidade e na uni-

formidade dos impostos: *generalidade* quer dizer que todos os cidadãos estão adstritos ao pagamento de impostos; *uniformidade* quer dizer que a repartição de impostos pelos cidadãos obedece ao mesmo critério, a critério idêntico para todos. A uniformidade dos impostos traduz-se na *igualdade horizontal* (os indivíduos nas mesmas condições devem pagar o mesmo imposto) e na *igualdade vertical* (os indivíduos em condições diferentes devem pagar diferentes impostos, na medida da diferença). Daqui deriva (com afastamento do *princípio do benefício*, segundo o qual cada um deve ser tributado consoante o benefício que aufere dos bens públicos) o *princípio da capacidade de pagar*, segundo o qual estão nas mesmas condições, devendo satisfazer o mesmo imposto, os que têm a mesma capacidade de pagar; estão em diferentes condições, devendo satisfazer diferente imposto, os que têm capacidade de pagar diferente.

O Tribunal Constitucional tem, desde sempre, reconhecido como um *princípio basilar da "Constituição fiscal"* o princípio da capacidade contributiva. Na formulação do Acórdão n.º 84/2003:

> "10 – O princípio da capacidade contributiva exprime e concretiza o princípio da igualdade fiscal ou tributária na sua vertente de *uniformidade* – o dever de todos pagarem impostos *segundo o mesmo critério* –, preenchendo a capacidade contributiva o critério unitário da tributação.
>
> Consiste este critério em que a incidência e a repartição dos impostos – dos «impostos fiscais» mais precisamente – se deverá fazer segundo a capacidade económica ou *capacidade de gastar* (na formulação clássica portuguesa, de Teixeira Ribeiro, «A justiça na tributação», *in Boletim de Ciências Económicas*, vol. XXX, Coimbra 1987, n.º 6, autor que também se lhe refere como *capacidade para pagar*) de cada um e não segundo o que cada um eventualmente receba em bens ou serviços públicos (critério do benefício).
>
> A actual Constituição da República não consagra expressamente este princípio com longa tradição no direito constitucional português – a Carta Constitucional de 1826 expressa-o na fórmula de tributação «*conforme os haveres*» dos cidadãos e, na Constituição de 1933, o artigo 28.º consigna-o na obrigação imposta a todos os cidadãos de contribuir para os encargos públicos «*conforme os seus haveres*»).
>
> Não obstante o silêncio da Constituição, é entendimento generalizado da doutrina que a *capacidade contributiva* continua a ser um critério básico da nossa «*Constituição fiscal*», sendo que a ele se pode (ou deve) chegar a partir dos princípios estruturantes do sistema fiscal formulados nos artigos 103.º e 104.º da CRP (cf. Casalta Nabais, *O dever fundamental de pagar*

impostos, págs. 445 e seguintes, onde, no entanto, se defende que, embora o princípio não careça – para ter suporte constitucional – de preceito específico e directo, não é de todo inútil ou indiferente a sua consagração expressa).

Autores há, porém, que contestam a operatividade jurídica prática ao princípio da capacidade contributiva, em razão, nomeadamente, da sua acentuada e indiscutível indeterminabilidade, não se estando aí senão perante uma *«fórmula passe-partout»* imprestável para um teste jurídico--constitucional dos impostos, quer porque se limitaria a *«estabelecer que 'deve pagar-se o que se pode pagar'»* sem definir o *«poder pagar»*, quer porque *«não forneceria nenhum critério concreto para a repartição justa dos encargos fiscais por todos os contribuintes»*, quer ainda porque *«diria muito pouco sobre as taxas a considerar correctas dos impostos ou sobre a sua exacta progressão, caso esta, em alguma medida possa resultar de um tal princípio»* (cf. CASALTA NABAIS, *ob. cit.*, págs. 459 e 461).

Diferentemente, outros autores, como é o caso do próprio CASALTA NABAIS, reconhecem ainda *«importantes préstimos»* ao princípio, o qual *«afasta o legislador fiscal do arbítrio, obrigando-o a que, na selecção e articulação dos factos tributários, se atenha a revelações da capacidade contributiva, ou seja, erija em objecto ou matéria colectável de cada imposto um determinado pressuposto que seja manifestação dessa capacidade e esteja presente nas diversas hipóteses legais do respectivo imposto»* e tem *«especial densidade no concernente ao(s) imposto(s) sobre o rendimento»* exigindo *«um conceito de rendimento mais amplo do que o rendimento-produto»* e implicando *«quer o princípio do rendimento líquido (...) quer o princípio do rendimento disponível (...)»* (*Direito Fiscal*, págs. 157/168)."

Não se ignora que o Tribunal Constitucional tem reconhecido a existência de liberdade de conformação do legislador neste domínio, mas tem--no feito com mais frequência quando está em causa o princípio da capacidade como *direito fundamental*, ou seja, como direito a não pagar mais imposto do que a capacidade do contribuinte consente, do que quando está em causa esse princípio como *medida da igualdade*, ou seja, como direito a não pagar mais imposto do que outrem nas mesmas condições (cf. GUILHERME WALDEMAR D'OLIVEIRA MARTINS, *Os Benefícios Fiscais: Sistema e Regime*, Almedina, 2006, p. 30): cf. Acórdãos n.os 806/93 (sobre o abatimento de rendas), 308/2001 (sobre o abatimento das pensões de preço de sangue), 211/2003 (sobre presunções inilidíveis), 452/2003 (sobre rendimentos presumidos), 142/2004 (sobre despesas dedutíveis), 601/2004 (sobre requisitos processuais para a impugnação de liquidação de imposto

86   *Estudos de Direito Fiscal*

de mais-valias), 173/2005 e 178/2005 (sobre dedução de pensões) e 278/ /2006 (sobre a prevalência dos valores das avaliações de imóveis).

Mesmo na vertente de medida da igualdade, o princípio da capacidade contributiva consente derrogações. Questão é que essas derrogações se mostrem justificadas pela necessidade de defesa de outros valores constitucionais. E é esta justificação que, a meu ver, não ocorre com a medida legislativa cuja constitucionalidade se pretende ver aferida.

Na verdade, a circunstância do domicílio fiscal – muitas vezes (sobretudo nas áreas metropolitanas e grandes centros urbanos) não coincidente com o local da fonte dos rendimentos – não é um critério atendível para justificar a diferenciação de tratamento, já que, diferentemente do que acontecia nos casos tratados nos acórdãos acabados de citar, nada tem a ver com a definição dos rendimentos e encargos do contribuinte e do seu agregado familiar.

Por outro lado, a opção conferida aos municípios é uma opção cega e sem critério. Ela beneficia – e beneficia necessariamente, sem qualquer possibilidade de diferenciação – todos os contribuintes fiscalmente domiciliados no município em causa, independentemente dos respectivos níveis de rendimento, e sem qualquer exigência de fundamentação da opção pela renúncia total ou parcial, e em que percentagem, à participação do município no IRS.

Não se vislumbra como e porquê a autonomia local obriga, legitima ou justifica esta reconhecida violação do princípio da capacidade contributiva. A autonomia local em nada sai beliscada se não for conferida aos municípios, como o não tem sido até agora, a possibilidade de, através da renúncia à participação total no IRS, determinarem um desagravamento da carga fiscal, a nível da tributação do rendimento pessoal, dos contribuintes fiscalmente domiciliados no município.

Não se nega que são constitucionalmente admissíveis e que são mesmo, na prática, frequentes as derrogações ao princípio da capacidade contributiva, mas isso desde que a violação deste princípio seja justificada pela necessidade de preservação de outros direitos ou interesses constitucionalmente protegidos, o que, no caso, não se verifica.

5. Violação dos princípios constitucionais da tributação do rendimento pessoal

Para além da violação do princípio da capacidade contributiva, princípio que atravessa todo o sistema fiscal, ocorre ainda violação dos princípios constitucionais específicos da tributação do rendimento pessoal.

O "programa constitucional", neste domínio, tem como objectivo a diminuição das desigualdades, como requisitos a unicidade e a progressividade e como critérios as necessidades e os rendimentos do agregado familiar (artigo 104.°, n.° 1, da CRP).

A medida ora em causa fomenta a *desigualdade*, permitindo que cidadãos com o mesmo rendimento paguem impostos diferentes pela mera circunstância de estarem fiscalmente domiciliados em municípios diversos; compromete a *unicidade* do imposto, permitindo alterações significativas de seus elementos essenciais de acordo com as áreas territoriais, o que, em termos práticos, significa que se aplicarão taxas de imposto diferentes de acordo com a residência fiscal; afecta a *progressividade*, uma vez que reduz a mesma percentagem de imposto a pagar seja qual for o nível de rendimentos; e é totalmente indiferente a considerações relacionadas com as necessidades e os rendimentos do agregado familiar.

6. Violação do princípio da legalidade tributária.

Como escrevi na declaração de voto de vencido aposta ao Acórdão n.° 70/2004:

"A justificação actual desse princípio [do princípio da legalidade tributária, consagrado no artigo 103.°, n.° 2, da CRP, enquanto comete à lei que cria impostos a determinação da sua incidência e da sua taxa] já não assenta na ideia de autotributação nem se esgota numa função de garantia dos contribuintes, que seria satisfeita pela mera fixação, pelo Parlamento, de *limites máximos* das taxas aplicáveis aos diversos impostos, sendo lícito ao Governo fixar limites inferiores, porque daí não derivaria agravamento da situação dos contribuintes. Pelo contrário, ao Parlamento incumbe a definição da política fiscal, e essa definição passa não só pela determinação dos impostos a cobrar, mas também pela definição dos seus elementos essenciais, entre os quais a incidência e a taxa.

Considero, assim, que cabe à lei proceder à determinação da taxa dos impostos e não apenas à indicação dos seus limites, tal como era defensável face ao artigo 70.° da Constituição de 1933, após a revisão de 1971, que reservava à lei tão-só a determinação da taxa *ou dos seus limites*. A Constituição de 1976, ao eliminar a menção *"ou dos seus limites"*, quis claramente reservar à própria lei a directa determinação da taxa dos impostos. Como se refere na declaração de voto do Ex.mo Cons. MONTEIRO DINIZ, aposta ao Acórdão n.° 57/95: «*Por força do princípio assim consagrado* [no então artigo 106.º, actual artigo 103.º, n.º 2, da CRP], *a criação e determinação dos elementos essenciais dos impostos não pode deixar de constar de diploma legislativo (reserva de lei), o que implica a tipicidade legal, isto é, o imposto há-de ser definido na lei de forma suficientemente determinada, sem margem para desenvolvimento regulamentar nem para discricionariedade administrativa quanto aos seus elementos essenciais. E assim sendo, 'não pode deixar de considerar-se como constitucionalmente excluída a possibilidade de a lei conferir às autoridades administrativas (estaduais, regionais ou locais) a faculdade de fixar dentro dos limites legais mais ou menos abertos, por exemplo, as taxas de determinados impostos' (cf.* GOMES CANOTILHO *e* VITAL MOREIRA, ob. cit. [Constituição da República Portuguesa Anotada, 3.ª edição, Coimbra, 1993], *pág. 458).»*

Não se ignora que o Tribunal Constitucional, no citado Acórdão n.º 57/ /95, embora com diversos votos dissidentes, aceitou como constitucionalmente tolerável que a lei se tivesse cingido a determinar os limites da variação possível da taxa da contribuição autárquica, «*devolvendo às assembleias deliberativas dos municípios a competência para, dentro das balizas por ela traçadas, fixar o respectivo valor*». Mas fê-lo salientando a excepcionalidade da situação, fruto da conjugação, no caso, de diversas especificidades: (i) «*o poder atribuído aos municípios para fixar a taxa da contribuição autárquica diz respeito a um imposto de natureza municipal – não apenas porque a sua receita reverte para os municípios, mas também porque o valor patrimonial dos prédios é fortemente influenciado pelas obras realizadas por aqueles entes públicos territoriais*»; (ii) «*o grau de variação fixado pela lei entre o mínimo e o máximo da taxa daquele imposto é relativamente curto (1,1% a 1,3 % do valor matricial), pelo que a margem das assembleias municipais é bastante estreita*»; (iii) «*o poder conferido pela lei para modelação da taxa do referido imposto, dentro dos limites rigorosos por ela definidos, tem como destinatários os municípios, ou seja, as autarquias locais mais importantes actualmente existentes, dotadas de personalidade jurídica e de autonomia administrativa e financeira*». Só por força da conjugação destes factores é que o Tribunal Constitucional concluiu então pela não violação do princípio da legalidade tributária, entendendo que as *funções específicas* desse princípio (a de natureza *democrática*, ligada à ideia de autotributação, e a de natureza *garantística*, sendo a anterioridade da lei condição necessária para que os cidadãos saibam antecipadamente e com exactidão o que vão ser chamados a pagar) não eram postas em causa «*pelo facto de um órgão da administração autárquica ser autorizado pela lei a definir a taxa de um imposto local, dentro dos limites muito apertados fixados pelo órgão parlamentar*» (sublinhado acrescentado)."

Nenhuma destas especificidades ocorre no presente caso: não se trata de imposto local, mas de imposto estadual; não existe necessariamente conexão entre o município que delibera a redução do imposto e a ser pago e as fontes dos rendimentos sobre que este incide; são muito maiores os limites de variação (duas décimas no caso do Acórdão n.° 57/95 face a 5 pontos percentuais no presente caso); e a lei não fixa nenhum critério de orientação da tomada de deliberação pelo município, que surge, assim, revestido de ilimitada arbitrariedade.

7. Violação das competências constitucionais das assembleias municipais.

Resulta do princípio do pedido, consagrado no artigo 51.°, n.° 5, da Lei do Tribunal Constitucional, que este Tribunal só pode declarar (ou pronunciar-se sobre) a inconstitucionalidade de normas cuja apreciação tenha sido requerida, mas pode fazê-lo com fundamentação na violação de normas ou princípios constitucionais diversos daqueles cuja violação foi invocada. Isto é: o Tribunal Constitucional está vinculado ao objecto do pedido, mas não à causa de pedir.

Por isso, no presente caso, apesar de, na formulação do pedido, a inconstitucionalidade das normas dos n.os 2, 3, 5, 6 e 7 do artigo 20.° do diploma em causa surgir como *consequencial* da inconstitucionalidade imputada directamente aos n.os 1 e 4 do mesmo preceito, conjugados com a alínea *c*) do n.° 1 do artigo 19.°, nada impede – contrariamente ao que se entendeu no n.° 5.1. do precedente acórdão – que a constitucionalidade daquelas normas seja apreciada pelo Tribunal Constitucional na perspectiva de outros princípios e normas constitucionais.

Ora, a norma do n.° 2 do artigo 20.°, se for interpretada – como o seu teor literal não apenas permite, mas até sugere (e, por isso, alguns dos pareceres juntos preconizam a necessidade de uma interpretação, que não pode deixar de se qualificar como correctiva, no sentido de se entender que o legislador quis referir-se a assembleias municipais) – no sentido de atribuir às *câmaras municipais* competência para deliberar qual a percentagem de participação no IRS que pretendem auferir, violará a competência constitucionalmente reservada às *assembleias municipais*, como órgãos deliberativos do município (artigos 239.°, n.° 1, e 251.° da CRP).

Mário José de Araújo Torres

90 *Estudos de Direito Fiscal*

II. ANOTAÇÃO

1. Embora este Acórdão já tenha sido objecto de dois importantes comentários nesta *Revista* da responsabilidade, respectivamente, de J. C. Vieira de Andrade e de Manuel Porto[1], o que dispensaria quaisquer outras considerações, pareceu-nos não ser totalmente descabido, constituindo mesmo um dever para nós, trazer a público algumas reflexões sobre as questões versadas nesse importante aresto constitucional que foram objecto dos mencionados comentários. Um dever que, de algum modo, se nos impõe mais não seja porque parte significativa da nossa obra vem sendo dedicada ao direito dos impostos, com particular realce para a análise do dever fundamental de pagar impostos, a base do principal suporte da argumentação de J. C. Vieira de Andrade para concluir a favor da inconstitucionalidade das normas objecto de apreciação nesse acórdão. A que acresce ainda a circunstância de havermos publicado também um pequeno texto, objecto aliás de sucessivas versões, sobre a autonomia financeira das autarquias locais[2]. Eis, pois, a razão principal destas considerações, a razão, por assim dizer, deste nosso atrevimento.

Contudo, como facilmente se compreenderá, o que sublinhamos desde já, as reflexões que vamos alinhar prendem-se sobretudo com o comentário de J. C. Vieira de Andrade, que apreciou criticamente a decisão do Tribunal Constitucional, com base no desenvolvimento de um importante conjunto de argumentos que merecem a maior atenção. Muito embora, a nosso ver, esses argumentos não se afigurem inteiramente decisivos para sustentar a conclusão da inconstitucionalidade das disposições apreciadas pelo Tribunal Constitucional, entretanto convertidas em preceitos legais com a entrada em vigor da Lei da Finanças Locais de 2007, em 1 de Janeiro de 2007.

2. Antes, porém, de entrarmos nas reflexões que nos propomos fazer, impõe-se deixar aqui duas pequenas observações preliminares. A primeira, para sublinhar a importância e significado do comentário de J. C. Vieira

---

[1] Com o título, respectivamente, «Finanças locais e cidadania fiscal», ano 136 (2006/2007), n.º 3942, p. 170 e ss. (193 e ss.), e «Participação e responsabilização», ano 137 (2007/2008), n.º 3947, p. 126 e ss. (137 e ss.).

[2] Cuja última versão tem justamente por título *A Autonomia Financeira das Autarquias Locais*, Almedina, Coimbra, 2007.

Cidadania fiscal e "municipalização" do IRS 91

de Andrade, o qual, ao alargar o campo de reflexão, com base sobretudo na convocação da ideia de *cidadania fiscal*, trouxe à discussão do público jurídico um aspecto muito pertinente, que bem merecia ter sido objecto de tratamento expresso no acórdão em apreço.

Muito embora devamos assinalar que compreendemos a sua não consideração pelo Tribunal Constitucional em virtude da circunstância de, tanto quanto nos é dado saber, essa ideia não ter sido expressamente abordada durante o respectivo processo, mormente na petição do controlo preventivo da constitucionalidade. De facto, durante o processo, não foi essa ideia ventilada de forma expressa, apesar de na discussão travada à volta da violação ou não violação do princípio constitucional do *Estado unitário* ter estado implicitamente subjacente a unidade do estatuto pessoal dos cidadãos e, por essa via, ter sido convocada efectivamente a ideia de cidadania fiscal[3].

Por seu turno, a segunda observação tem a ver com o facto de, como é óbvio, as nossas preocupações estarem inteiramente dominadas pela questão da constitucionalidade/inconstitucionalidade das normas que foram objecto de apreciação, não tendo, por conseguinte, nelas o menor reflexo a questão da *bondade da solução* contida nessas mesmas normas. Ou seja, ao concluirmos agora, como concluímos antes noutra veste e noutra sede[4], embora sem termos em conta o rico campo de reflexão proporcionado pelo comentário de J. C. Vieira de Andrade, cingimo-nos à conformidade constitucional das normas, deixando totalmente de lado, como é natural, a questão da conformidade da solução contida nessas normas com outros parâmetros como os respeitantes à sua qualidade jurídica, política e técnica, entre os quais se destacam os fornecidos pela ciência da legislação[5]. Pois, ao dizermos que não consideramos inconstitucional a

---

[3] Uma ideia que também não terá sido expressamente aflorada nos pareceres que apoiaram uma e outra das posições em confronto nesse processo. Pois que, quanto ao que igualmente sabemos, nesses pareceres não se terá feito expressa menção a tão importante vector da questão de constitucionalidade/inconstitucionalidade objecto de apreciação por parte do Tribunal Constitucional.

[4] No parecer que elaborámos a sustentar a não inconstitucionalidade das normas objecto do pedido de controlo preventivo de fiscalização da constitucionalidade feito pelo Senhor Presidente da República.

[5] Também conhecida por legística. V. sobre esta e por todos, C. BLANCO DE MORAIS, *Manual de Legística. Critérios Científicos e Técnicos para Legislar Melhor*, Verbo, Lisboa, 2007.

92 Estudos de Direito Fiscal

solução em causa, obviamente nada afirmamos quanto a saber se estamos perante uma boa (e, menos ainda, perante a melhor) solução jurídica, política e técnica para atingir os objectivos visados em sede de uma maior autonomia e responsabilização financeiras dos municípios, mormente em termos de estes reduzirem uma certa dose de "esquizofrenia" que, a nosso ver, parece afectá-los[6].

Muito embora sempre possamos adiantar que a solução legal em causa nos pareça estar longe de representar a melhor solução para atingir os objectivos visados em sede dessa maior autonomia e responsabilização financeiras dos municípios. Porquanto se nos afigura que a solução em causa, que mais não é do que um verdadeiro "adicionamento negativo" sobre o IRS[7], se concretiza numa técnica de atribuição de poder tributá-

---

[6] Traduzida numa dupla identidade dos municípios que assim seriam, de um lado, totalmente "autónomos" para gastar e, de outro lado, totalmente "dependentes" face ao Estado para angariar as correspondentes meios financeiros – cf. o nosso livro *A Autonomia Financeira das Autarquias Locais*, ob. cit., p. 79.

[7] Oposto assim ao adicionamento ao IRC em que a LFL de 2007 converteu a derrama municipal, anteriormente um adicional. Uma conversão que, devemos sublinhar, veio diminuir significativamente o correspondente poder tributário dos municípios, sem que, certamente em virtude da mencionada "esquizofrenia", essa diminuição tenha originado quaisquer clamores da parte dos municípios, ao contrário do que ocorreu com a introdução da participação no IRS. Com efeito, a derrama municipal deixou de incidir sobre a colecta do IRC, para, nos termos do art. 14.º da actual LFL, passar a incidir sobre o lucro tributável do IRC. A que acresce a sua taxa máxima poder ir apenas até 1,5% do lucro tributável do IRC, o que significa que a mesma baixou dos anteriores 2,5%, a que correspondia o anterior adicional até 10% sobre a colecta do IRC. Ou seja, a tributação efectiva do rendimento das empresas societárias não pode agora ultrapassar os 26,5% do respectivo lucro tributável. Assinale-se que foi essa conversão do anterior adicional no referido adicionamento a única alteração operada, a esse respeito, pela LFL de 2007, não tendo tido esta qualquer pretensão de alargar a incidência subjectiva da derrama como se sustenta no Ofício-Circulado n.º 20.132, de 14 de Abril de 2008, segundo o qual, relativamente às sociedades integrantes de grupos sujeitos ao Regime Especial de Tributação dos Grupos de Sociedades, "a derrama deverá ser calculada e indicada individualmente por cada sociedade na sua declaração". É que, no caso de sociedades sujeitas ao Regime Especial de Tributação dos Grupos de Sociedades (arts. 63.º a 65.º do Código do IRC), a derrama incide sobre o lucro tributável do correspondente grupo e não sobre o lucro tributável de cada uma das sociedades. Por isso a doutrina que emana dessa orientação administrativa, na medida em que amplia a incidência da derrama, sujeitando a esta tributação o rendimento colectável de cada uma das sociedades e não apenas o rendimento colectável do correspondente grupo, apresenta-se contrária à LFL. E se, por mera hipótese, esta lei permitisse a mencio-

rio aos municípios que não nos parece a mais adequada ao objectivo do aumento da responsabilização da gestão municipal, em virtude seja da complexidade da técnica fiscal em que assenta um imposto com a estrutura do IRS, seja sobretudo por causa do automatismo que a referida renúncia envolve, uma vez que os municípios apenas podem decidir se renunciam ou não à participação até 5% no IRS e em que medida renunciam a essa mesma participação, já que tudo o mais decorre automaticamente da lei.

Pois, segundo a al. *c*) do n.° 1 do art. 19.° e dos n.ᵒˢ 1 e 4 do art. 20.° da LFL/2007, uma vez decidida a renúncia ao IRS e a correspondente percentagem da mesma, o correspondente benefício fiscal apresenta-se inteiramente recortado na lei sem quaisquer possibilidades de conformação municipal. Efectivamente esse benefício reverte, em termos automáticos, para os sujeitos passivos de IRS com domicílio fiscal na respectiva circunscrição territorial, sendo o mesmo concretizado através de uma dedução à colecta referente aos rendimentos do ano imediatamente anterior àquele em que é exercida a referida renúncia[8].

3. Assim, as considerações que se seguem têm por objectivo estabelecer ou desenvolver um diálogo com J. C. Vieira de Andrade. Ou seja, por outras palavras, vamos tentar demonstrar porque entendemos que a argumentação desenvolvida no seu comentário não se nos afigura inteiramente procedente. O que tem a ver fundamentalmente com as consequências que retira da ideia de cidadania fiscal, uma ideia que, na nossa visão das coisas, se nos apresenta com uma razoável dose de relativização.

Pois bem, o argumento base a favor da inconstitucionalidade da norma que permite aos municípios renunciar à receita correspondente a uma percentagem até 5 % do IRS localizado no respectivo município, violaria, por concretizar uma restrição que infringe o *princípio da proporcionalidade*, o valor constitucional constituído pela *unidade do Estado*, concebido como um bem jurídico susceptível, todavia, de delimitação e de restrição pelo legislador. Violação que residiria no facto de aquela faculdade concedida aos municípios, se bem que não ponha em causa a unidade do Estado vista

---

nada ampliação, seriam inconstitucionais quer a lei, quer a orientação administrativa que a tem por base.

[8] Dedução essa que acresce às demais deduções à colecta enumeradas no n.° 1 do art. 78.° do Código do IRS.

94   *Estudos de Direito Fiscal*

a partir dos poderes locais[9], configura uma efectiva afectação dessa mesma unidade encarada pelo lado dos contribuintes como unidade de cidadania[10]. Pois que "a unidade do Estado apresenta várias dimensões e uma delas é seguramente a da *unidade de estatuto pessoal dos cidadãos* – no sentido de que da própria concepção de Estado decorre um conjunto de direitos e deveres fundamentais de que devem necessariamente gozar, e em termos radicalmente idênticos, todos os indivíduos que formam a comunidade política" [11]. Um estatuto que integra o dever fundamental de pagar impostos, cujo núcleo essencial corresponde à tributação singular dos cidadãos, ou seja, ao IRS, que assim se apresentaria como o valor fundamental e nuclear da *cidadania fiscal*. Ora, a concessão aos municípios de uma faculdade de renúncia até 5% do correspondente IRS afecta a unidade da cidadania fiscal e, por conseguinte, a unidade do estatuto pessoal dos cidadãos[12].

A nós, porém, não nos parece que essa renúncia afecte a ideia de cidadania fiscal, ao menos em termos que possam ter-se por inconstitucionais. Pois essa renúncia não só não afecta o valor ou bem jurídico-constitucional constituído pela cidadania fiscal no seu conteúdo essencial, como não o afecta em termos que possam configurar uma violação do princípio da proporcionalidade, dando guarida a um tratamento desigual dos contribuintes sem qualquer fundamento racional bastante[13]. Com efeito, a desigualdade que essa renúncia inequivocamente pode consubstanciar tem por base a residência, um elemento que, para além de ligar os indivíduos mais às autarquias locais (*rectius* ao município) do que ao Estado, constitui actualmente um dos factores mais sólidos de suporte de diferenciação territorial no domínio dos impostos. De resto, em sede da tributação do rendimento pessoal, enquanto os residentes se encontram sujeitos no Estado

---

[9] Portanto em sede da "constituição do Estado", isto é, da organização política territorial do Estado e da divisão vertical de poderes que a suporta, a única perspectiva tida expressamente em conta no Acórdão n.° 711/2006.

[10] Enquanto unidade do Estado projectada na "constituição do indivíduo", isto é, na constituição relativa aos direitos e deveres fundamentais ou estatuto constitucional dos cidadãos.

[11] J. C. VIEIRA DE ANDRADE, «Finanças locais e cidadania fiscal», *ob. cit.*, p. 194.

[12] J. C. VIEIRA DE ANDRADE, «Finanças locais e cidadania fiscal», *ob. cit.*, p. 194.

[13] Para além de não estarmos inteiramente seguros de que o núcleo essencial do dever fundamental de pagar impostos e, por conseguinte, da ideia de cidadania fiscal, seja integrado exclusivamente pelo IRS.

da residência a uma obrigação universal segundo o conhecido *world wide income principle*, os não residentes estão sujeitos a uma obrigação limitada recortada segundo o igualmente conhecido *source principle*[14].

Uma diferenciação de tratamento dos contribuintes à qual não se opõe, a nosso ver, a ideia de cidadania fiscal, designadamente enquanto concretizada num imposto como o nosso IRS, uma vez que nem a cidadania fiscal constitui um valor ou bem jurídico constitucional absoluto, nem o IRS se reconduz a uma exacta e automática concretização desse valor ou bem jurídico constitucional em termos de não poder comportar qualquer diferenciação. Efectivamente, só no quadro de um entendimento da cidadania fiscal e do IRS enquanto concretização dessa cidadania algo desfasado da hodierna realidade do mundo dos impostos, essa diferenciação dos contribuintes poderá ter-se por inconstitucional. É que nem a cidadania fiscal, nem o IRS enquanto concretização dessa cidadania, constituem o suporte do dever fundamental de pagar impostos em termos de esse dever fundamental integrar o "conjunto de direitos e deveres fundamentais de que devem necessariamente gozar, e em termos radicalmente idênticos, todos os indivíduos que formam a comunidade política"[15].

4. Por conseguinte, a nossa discordância relativamente à argumentação de J. C. Vieira de Andrade reside, ao fim e ao cabo, no sentido e alcance da ideia de cidadania fiscal, de um lado, e do IRS para a concretização dessa cidadania, por outro. Naturalmente que não rejeitamos a ideia de cidadania fiscal, mas o seu entendimento não pode deixar de ter em devida conta o quadro em que a mesma se insere e exerce actualmente, quadro que, de algum modo, a vem relativizando. Por seu turno, igualmente não temos quaisquer dúvidas de que o IRS consubstancia o mais importante vector da cidadania fiscal, embora esse imposto esteja presentemente longe de reflectir, em termos absolutos, o estatuto pessoal dos cidadãos no domínio dos impostos. Mas vejamos mais em pormenor.

4.1. Começando pela cidadania fiscal, é do maior interesse deslindar o sentido e o alcance actuais dessa ideia, os quais nos revelam uma

---

[14] Como consta do art. 15.º do Código do IRS e do art. 4.º do Código do IRC. Sobre esse tema, v. por todos, ALBERTO XAVIER, *Direito Tributário Internacional*, 2.ª ed., Almedina, Coimbra, 2007, p. 489 e ss. e 505 e ss.

[15] J. C. VIEIRA DE ANDRADE, «Finanças locais e cidadania fiscal», *ob. cit.*, p. 194.

96 *Estudos de Direito Fiscal*

certa relativização da mesma. O que tem diversas expressões. Uma delas diz respeito a um aspecto que podemos ter por preliminar, a qual se prende com a própria convocação da ideia de cidadania fiscal pela literatura jurídica relativa aos impostos, a partir sobretudo de meados dos anos noventa do século passado. Efectivamente não deixa de ser, a seu modo, algo estranho que essa cidadania, como um dos múltiplos aspectos em que a ideia de cidadania se densifica e desdobra, que se consubstancia, a final de contas, em tantas cidadanias quanto os correspondentes direitos e deveres fundamentais dos cidadãos, se tenha autonomizado ao ponto de se falar dela como se de uma verdadeira cidadania totalmente autónoma se tratasse[16].

É que, muito embora nada tenhamos contra o destaque que essa autonomização consubstancia, na qual se divisa de resto a meritória intenção de polarizar o discurso jurídico em torno dos impostos mais nos contribuintes que suportam o "Estado fiscal" do que na tradicional abstracção, melhor ficção, que o Estado efectivamente é[17], afigura-se-nos, todavia, que a cidadania fiscal não passa de uma expressão que dá guarida a um conceito em larga medida vazio, o qual foi trazido para a ribalta da literatura jurídica fiscal com intuitos de, por um lado, "dourar a pílula" da sujeição aos impostos daqueles que efectivamente os pagam e, de outro lado, "zurzir" a falta de civismo dos "fugitivos fiscais"[18]. Isto sobretudo numa época em que o "nomadismo fiscal" definitivamente se instalou a nível global, o que tem lavado a que a descoberta dos cada vez mais escassos

---

[16] V. quanto à ideia de cidadania, o nosso estudo «Algumas considerações sobre a solidariedade e a cidadania», em *Por uma Liberdade com Responsabilidade – Estudos sobre Direitos e Deveres Fundamentais*, Coimbra Editora, Coimbra, 2007, p. 143 e ss.

[17] O que tem levado ao que vimos designando por *"apartheid* fiscal" – cf. o nosso *Direito Fiscal*, 4.ª ed., Almedina, Coimbra, 2006, p. 503 e ss. Por seu lado, quanto à ideia de cidadania fiscal, v. o nosso estudo «Solidariedade social, cidadania e direito fiscal», em *Por um Estado Fiscal Suportável – Estudos de Direito Fiscal*, Almedina, Coimbra, 2005, p. 113 e ss.

[18] Cidadania que assim constitui basicamente mais uma expressão do que vimos designando por "supergarantismo formal", o qual, em sede do direito dos impostos, teve diversas concretizações entre as quais se contam a aprovação na década de noventa do século passado de específicas codificações sob o nome de *declaração de direitos* ou de *estatuto do contribuinte*, como aconteceu nos EUA com o *Taxpayer Bill of Rights* de 1996, em Espanha com a *Ley de Derechos y Garantias de los Contribuintes* de 1998 e em Itália com o *Estatuto dos Direitos do Contribuinte Italiano* em 2000. V. sobre estas codificações, numa perspectiva crítica, o nosso *Direito Fiscal*, ob. cit., p. 361 e ss.

Cidadania fiscal e "municipalização" do IRS

objectos tributáveis por parte dos Estados se revele frequentemente uma missão infrutífera quando não mesmo praticamente impossível[19].

É certo que se concluíssemos que o conteúdo do dever fundamental de pagar impostos se apresenta constitucionalmente determinado ou determinável por via interpretativa a partir dos pertinentes preceitos constitucionais, no caso a partir sobretudo do mencionado n.º 1 do art. 104.º da Constituição[20], e a sua concretização legal viesse a coincidir exactamente com a exigência do IRS por igual a todos os cidadãos, ou melhor a todos os residentes, a menos que a constituição expressamente dissesse outra coisa[21], então a faculdade concedida aos municípios, relativamente à renúncia ao correspondente IRS, equivaleria a autorizar os municípios a restringir o conteúdo constitucionalmente determinado ou determinável de um dever fundamental. O que, a nosso ver, seria inaceitável, pois que, mesmo não sendo inteiramente transponível para o domínio dos deveres fundamentais a teoria especial dos direitos, liberdades e garantias fundamentais, neste caso mais especificamente a teoria respeitante às exigências tanto formais como materiais das restrições a esses direitos, não temos dúvidas de que aquela concessão seria de todo inadmissível e inaceitável[22].

4.2. Todavia, afigura-se-nos óbvio que a concretização constitucional da cidadania fiscal, através da específica conformação pelo legislador do dever fundamental de pagar impostos, está longe de se apresentar ao nível constitucional em termos estritos e completos, mesmo no que res-

---

[19] Que tem diversas outras expressões entre as quais podemos destacar a que designamos por "duplicação do Estado fiscal" – v. o nosso estudo «Reforma tributária num Estado fiscal suportável», em *Por um Estado Fiscal Suportável – Estudos de Direito Fiscal*, vol. II, Almedina, Coimbra, 2008, p. 96 e ss.

[20] Mas que também decorre dos arts. 12.º, n.º 1, 13.º, 81.º, alínea b) e 103.º, n.os 1 e 3, da Constituição.

[21] Como o diz, ao fim e ao cabo, relativamente às regiões autónomas.

[22] Efectivamente os deveres fundamentais apenas participam do *regime geral* dos direitos e deveres fundamentais e já não do *regime específico* dos direitos fundamentais, seja do regime mais exigente e intenso dos "direitos, liberdades e garantias" (no qual se destaca o regime dos limites e restrições a estes direitos fundamentais), seja do regime bem menos exigente e menos denso dos "direitos e deveres económicos, sociais e culturais". Sobre o regime dos deveres fundamentais, v. o nosso livro *O Dever Fundamental de Pagar Impostos. Contributo para a compreensão constitucional do estado fiscal contemporâneo*, Coimbra, 1998, reimp. de 2008, p. 139 e ss.

98   *Estudos de Direito Fiscal*

peita "à tributação singular dos cidadãos, ou seja, ao IRS, que assim se apresentaria como o valor fundamental e nuclear da *cidadania fiscal*"[23]. Efectivamente, a Constituição, ao prescrever, no n.° 1 do seu art. 104.°, que "o imposto sobre o rendimento pessoal visa a diminuição das desigualdades e será único e progressivo, tendo em conta as necessidades e os rendimentos do agregado familiar", deixa uma relativa margem de liberdade de conformação ao legislador, que este utilizou, de resto, com uma amplitude que presentemente se revela mesmo inconstitucional.

É que o IRS, ao contrário do que *prima facie* possa parecer, não é um "imposto sobre o rendimento pessoal", mas antes algo diverso, um imposto sobre o "rendimento das pessoas singulares", incidindo assim tanto sobre o rendimento pessoal, a cuja tributação se aplicam as exigências do preceito constitucional reproduzido, como sobre o rendimento empresarial dos indivíduos, a cuja tributação se aplica apenas a exigência constitucional constante do n.° 2 desse art. 104.°. Uma visão das coisas que conduziu, como vimos sublinhando, a um efectivo *dualismo* na tributação do rendimento das empresas, concretizado em as empresas individuais serem tributadas em IRS e as empresas societárias serem tributadas em IRC[24]. Uma disciplina legal que, em virtude sobretudo do crescente afastamento do IRC face ao IRS, concretizado na sucessiva baixa da taxa do IRC[25], briga com diversas liberdades fundamentais relativas às empresas e com o próprio princípio da igualdade fiscal[26].

Mas, independentemente de a integração da tributação do rendimento das empresas singulares no IRS configurar ou não uma inconstitucionali-

---

[23] Nas palavras de J. C. VIEIRA DE ANDRADE, «Finanças locais e cidadania fiscal», *ob. cit.*, p. 194.

[24] Uma realidade que também se verifica lá fora – v., por todos, K. TIPKE/J. LANG, *Steuerrecht*, 19.ª ed., Dr. Otto Schmidt, Köln, 2008, p. 417 e s.

[25] A que acresceu o aumento de 40% para 42% da taxa marginal máxima do IRS na LOE/2006 (Lei n.° 60-A/2005, de 30 de Dezembro), uma medida em sentido totalmente oposto ao que vem sendo defendido e ensaiado um pouco por toda a parte, sobretudo tendo presente o bem conhecido fenómeno da *flat tax revolution*. V. sobre esta o nosso estudo «Reforma tributária num Estado fiscal suportável», em *Por um Estado Fiscal Suportável – Estudos de Direito Fiscal*, vol. II cit., p. 94 e ss.

[26] Concretizada, recordemos, nestes termos: "a tributação das empresas incide fundamentalmente sobre o seu rendimento real". V. sobre esta problemática, o nosso estudo «Alguns aspectos da tributação das empresas», em *Por um Estado Fiscal Suportável – Estudos de Direito Fiscal*, ob. cit., p. 357 e ss., esp. p. 394 e ss.

dade, do que não há dúvidas é de que essa integração acaba por atenuar de maneira não despicienda as potencialidades de o IRS concretizar a ideia de cidadania fiscal. É que o IRS susceptível de se apresentar como concretização dessa ideia, ou seja, como valor fundamental e nuclear da cidadania fiscal, não é, como facilmente se compreende, todo o IRS, mas apenas o IRS pessoal. O que põe claramente em causa que todo o IRS, isto é, o IRS a 100%, seja expressão da cidadania fiscal e, por isso mesmo, insusceptível de qualquer diversidade territorial por mínima que seja.

4.3. Por outro lado, também não podemos esquecer que, relativamente à cidadania fiscal, há que ter em devida conta que o vínculo, em que essa cidadania efectivamente se consubstancia. De facto, uma tal cidadania não constitui um vínculo político inteiramente correspondente à "cidadania política" que liga o conjunto dos cidadãos ao respectivo *Estado*. Pois apresenta-se fundamentalmente como um vínculo de natureza económica, o qual suporta assim uma "cidadania económica" que vincula o conjunto dos residentes a um dado *território*. Uma ideia que se impõe, a seu modo, como óbvia pelo facto de o dever fundamental de pagar impostos se não poder reportar à nacionalidade, pois reportar o pagamento dos impostos à nacionalidade dos contribuintes, para além do mais, violaria princípios estruturantes do Estado de Direito, pondo em causa não só o respeito pela dignidade da pessoa humana como a tributação com base na capacidade contributiva dos indivíduos[27].

Daí que facilmente se reconheça que a cidadania fiscal não possa ser entendida em termos tão estritos quanto aqueles que suportam a cidadania política. Sendo certo que mesmo a cidadania política enfrenta hoje em dia dificuldades no respeitante à afirmação e manutenção de uma rigorosa unidade do estatuto pessoal dos cidadãos, em virtude da aceitação cada vez

---

[27] Por isso, se compreende que a nacionalidade tenha sido praticamente banida do universo dos elementos de conexão relevantes em matéria de incidência dos impostos. O que é particularmente visível no domínio do direito fiscal internacional, em que as normas destinadas a atenuar ou eliminar a dupla tributação internacional, sejam convenções de dupla tributação ou normas unilaterais dos Estados, as quais normalmente se pautam pelas disposições correspondentes do Modelo de Convenção Fiscal sobre o Rendimento e o Património da OCDE, quase desconhecem a nacionalidade como elemento de conexão relevante. Quanto ao problema, v., por todos, ALBERTO XAVIER, *Direito Tributário Internacional*, ob. cit., p. 261 e ss. V. também o nosso livro *O Dever Fundamental de Pagar Impostos*, ob. cit., p. 484.

100   *Estudos de Direito Fiscal*

mais aberta seja de situações de dupla ou mesmo múltipla cidadania, seja de fenómenos de sobrecidadania como é indiscutivelmente a cidadania da União Europeia[28]. Pois, ao lado de uma cidadania padrão ou base, que indiscutivelmente suporta um estatuto relativamente unitário igual para todos os cidadãos[29], florescem situações de sobrecidadania, em que tanto nas situações de dupla ou múltipla cidadania como na respeitante a cidadania da União Europeia, se verifica uma verdadeira expansão da cidadania concretizada num acréscimo de direitos e de eventuais deveres associados a esses direitos que, curiosamente, se reportam não tanto à nacionalidade, mas antes à residência das pessoas[30].

5. Passando agora ao IRS, como o imposto que efectivamente concretiza legalmente a ideia de cidadania fiscal, devemos dizer que essa concretização não pode ser entendida em termos demasiado rígidos e absolutos. De facto, para além de a ideia de cidadania fiscal não se concretizar exclusivamente através desse imposto, uma vez que também os outros impostos, cada um deles a seu modo, materializam o dever fundamental de pagar impostos suportando assim essa ideia, afigura-se-nos manifesto

---

[28] Como decorre claramente do n.º 1 do art. 20.º, respeitante à cidadania da União Europeia, do Tratado sobre o Funcionamento da União Europeia, decorrente do Tratado de Lisboa, em que expressamente se prescreve: "é instituída a cidadania da União. É cidadão da União qualquer pessoa que tenha a nacionalidade de um Estado-membro. A cidadania da União acresce à cidadania nacional e não a substitui." Sobre a cidadania da União Europeia, instituída pelo Tratado de Maastricht de 1992, v., por todos, R. M. MOURA RAMOS, «A cidadania da União Europeia», em *Ideias de Europa: Que Fronteiras?*, Quarteto, Coimbra, 2004, p. 43 e ss.

[29] Relativamente unitário, já que, mesmo em relação a essa cidadania padrão ou base, se não verifica uma unidade em termos absolutos, como o prova o facto de os cidadãos residentes nas regiões autónomas disporem de mais um direito de voto do que os cidadãos residentes no Continente, pois, além dos direitos de voto de que dispõem todos os cidadãos, dispõem do direito de voto nas eleições regionais. Isto para não falar no direito de voto que, em termos absolutamente inaceitáveis por versar matéria a que eram inteiramente alheios, a lei lhes concedeu e exerceram no referendo de 1998 sobre a regionalização do Continente.

[30] Sobre o fenómeno da «sobrecidadania» («cidadania múltipla» ou «múltiplos de cidadania») e outros desdobramentos que a cidadania actualmente enfrenta, v. o nosso estudo «Algumas considerações sobre a solidariedade e a cidadania», em *Por uma Liberdade com Responsabilidade – Estudos sobre Direitos e Deveres Fundamentais*, ob. cit., p. 143 e ss.

que o IRS, sobretudo em virtude da sua visível falta de homogeneidade, não se nos apresenta como integral concretização do conteúdo determinado ou determinável a nível constitucional desse dever fundamental.

5.1. Desde logo, ao contrário do que claramente decorre da letra do n.º 1 do art. 104.º da Constituição, esse imposto está longe de poder ser tido como uma lídima expressão da unidade do estatuto pessoal dos cidadãos. É que, desde o início da sua vigência, ocorrida no ano de 1989, o IRS não se configura como um (verdadeiro) imposto único sobre o rendimento pessoal, sendo antes expressão de um sistema de tributação pessoal que a doutrina vem designando por um sistema semi-dual[31]. Efectivamente, no IRS temos, bem vistas as coisas, dois impostos sobre o rendimento das pessoas singulares[32]: um, que respeita integralmente o figurino contido naquele preceito constitucional, constituído fundamentalmente pelos rendimentos do trabalho (de hoje, trabalho dependente, e de ontem, pensões); outro, que concretiza uma tributação totalmente separada, proporcional e fundamentalmente real de certos rendimentos, como acontece claramente com os rendimentos do capital[33].

Uma solução que, embora presentemente se possa justificar de algum modo por razões ligadas ao princípio da praticabilidade, desencadeadas pelo fenómeno da globalização, continua, a nosso ver, a não ter suporte constitucional justamente na medida em que se trate da tributação de rendimentos para os quais essas razões de praticabilidade não valham ou não valham inteiramente. Pois o fenómeno da globalização, ao facilitar extraordinariamente a mobilidade dos factores de produção, com especial destaque para o capital, criou um obstáculo de monta ao poder tributário

---

[31] V., quanto aos diversos sistemas de impostos pessoais sobre o rendimento, XAVIER DE BASTO, *IRS: Incidência Real e Determinação dos Rendimentos Líquidos*, Coimbra Editora, Coimbra, 2007, p. 25 e ss.

[32] Isto sem contar com aqueles rendimentos que se encontram pura simplesmente excluídos de qualquer tributação, a que vamos fazer referência de seguida.

[33] Uma solução que, no início da sua vigência, em virtude da total ausência das referidas razões de praticabilidade, se nos afigurava toda ela inconstitucional por violação do figurino unitário da tributação do rendimento pessoal constante do n.º 1 do (então) art. 107.º da Constituição. Uma questão a cujo conhecimento se furtou o Tribunal Constitucional no seu Ac. n.º 57/95, apoiando-se para tanto num entendimento manifestamente formal do princípio do pedido, como escrevemos no nosso livro *O Dever Fundamental de Pagar Impostos*, ob. cit., p. 594 e ss.

dos Estados sobre os rendimentos proporcionados por esses factores. Pelo que, nessa medida, não pode o nosso Estado, sob pena de se limitar a exercer um poder tributário meramente virtual, satisfazer as exigências constitucionais em referência.

Mas pode e deve tributar esses rendimento se e na medida em que o possa efectivamente fazer. Como é obviamente o caso da tributação dos rendimentos proporcionados pelas mais-valias realizadas com a transmissão onerosa de valores mobiliários, que se encontram excluídas da tributação nos termos do n.° 2 do art. 10.° do Código do IRS[34]. Uma solução manifestamente inconstitucional, uma vez que as mencionadas razões de praticabilidade não impõem essa exclusão de tributação, satisfazendo-se as mesmas com a não sujeição dessas mais-valias a uma tributação pessoal do tipo do IRS, não as submetendo, por conseguinte, ao englobamento e à aplicação da correspondente taxa progressiva. Ou seja, esses rendimentos podem e devem ser tributados, segundo a técnica de retenção na fonte a título definitivo, com base em taxas proporcionais, cujo montante tenha em conta as reais possibilidades de deslocação para o estrangeiro das aplicações financeiras a que respeitam.

5.2. Depois, também o facto de o IRS configurar um imposto sobre o rendimento que não se subsume inteiramente no figurino constitucional constante do n.° 1 do art. 104.° da Constituição, uma vez que é um imposto sobre o rendimento pessoal, de um lado, e um imposto sobre o rendimento empresarial auferido pelas pessoas singulares, por outro, relativiza de algum modo o potencial de concretização, ao menos em termos rigorosos, da ideia de cidadania fiscal. Pois, parece-nos óbvia a diferença de significado em sede da afectação da cidadania fiscal e da unidade do estatuto pessoal dos contribuintes que existirá na atribuição de poderes tributários aos municípios relativamente à tributação do rendimento, consoante se

---

[34] Pois, segundo esse preceito legal, as mais-valias ou se encontram sempre excluídas da tributação, como no caso das mais-valias realizadas através da transmissão de obrigações e outros títulos de dívida, ou estão excluídas da tributação desde que os correspondentes títulos sejam detidos por mais de 12 meses, como no caso das mais-valias realizadas através da transmissão de acções. Embora, no caso das acções detidas por não mais de 12 meses, as mais-valias se encontrem sujeitas a uma taxa especial muito baixa que é, nos termos do art. 72.°, n.° 4, do Código do IRS, de 10%. Para uma crítica consequente desse tratamento particularmente favorável de todo injustificável, v., por último, XAVIER DE BASTO, *IRS: Incidência Real e Determinação dos Rendimentos Líquidos*, ob. cit., p. 400 e ss.

trate da tributação do rendimento pessoal ou da tributação do rendimento empresarial[35].

De resto, a própria divisão da tributação do rendimento entre o IRS e o IRC está longe de ter por suporte uma base rigorosa, apresentando-se de algum modo artificial, como o demonstra, de um lado, o fenómeno da transparência fiscal e, de outro, a sujeição a IRC das empresas singulares que tenham adoptado a forma de sociedade unipessoal[36]. E isto para não irmos mais longe, pois, como é sabido, há quem estenda essa falta de rigor ao próprio conceito de rendimento, considerando-o mesmo um conceito construído sobre a areia[37].

Pois bem, enquanto a tributação do rendimento pessoal se prende mais com o *Estado* e, por conseguinte, com o vínculo das pessoas enquanto contribuintes à respectiva comunidade estadual, a tributação do rendimento empresarial encontra-se mais ligada ao *mercado* e à consentânea necessidade de este não ser perturbado através de distorções por via tributária, como, a seu modo, o impõe o direito comunitário[38]. Ou seja, enquanto a primeira reclama unidade e igualdade do estatuto pessoal dos contribuintes, a segunda exige sobretudo neutralidade relativamente aos efeitos económicos dos impostos no mundo das empresas, sejam estas empresas singulares ou empresas societárias[39].

---

[35] Sobre o princípio da neutralidade como aspecto da liberdade de iniciativa económica e de empresa no domínio dos impostos, ou seja, da liberdade de gestão fiscal, v. o nosso estudo «Alguns aspectos da tributação das empresas», em *Por um Estado Fiscal Suportável – Estudos de Direito Fiscal*, ob. cit., p. 378 e ss.

[36] Cf. o nosso estudo «Alguns aspectos da tributação das empresas», em *Por um Estado Fiscal Suportável – Estudos de Direito Fiscal*, ob. cit., p. 370 e ss.

[37] V., por todos, JOHN PREBBLE, *Income Taxation: a Structure built on Sand*, Instituto de Estudios Fiscales, Documento n.º 14/05, Madrid.

[38] O que não admira, já que foi para esse nível que "emigrou" a nossa "constituição económica". Nível a que, sublinhe-se, continua a ter um carácter bastante dirigente, não obstante agora dominado pela quase obsessão de defesa da concorrência. Por isso, se a "constituição dirigente" portuguesa "morreu", como chegou a proclamar Gomes Canotilho, não exageremos quanto à sua morte, pois ela apenas morreu enquanto constituição "nacional" e na medida em que se encontrava animada pelo espírito "socialista" de "salvação histórica", como veio a reconhecer o próprio Gomes Canotilho – v. GOMES CANOTILHO, «Estado adjectivado e teoria da constituição», *Revista da Academia Brasileira de Direito Constitucional*, n.º 3, 2003, p. 453 e ss. (469 e s.).

[39] Para além de, como dissemos noutro local, a nosso ver, a Constituição Portuguesa não impor uma tributação do rendimento das empresas. O que impõe, isso sim, é que, caso

Por conseguinte, a atribuição legislativa de poder tributário aos municípios relativamente ao IRS, com o recorte que este imposto tem no nosso sistema de tributação do rendimento, não pode ser apreciada, a partir dos contribuintes cuja capacidade contributiva atinge, em termos idênticos aos que seriam de observar caso visasse apenas o rendimento gerado na esfera pessoal dos indivíduos. O que significa que, atenta a específica concretização legal apresentada pelo IRS, a sua ligação ao estatuto pessoal dos cidadãos contribuintes, designadamente no sentido de impor uma unidade a esse estatuto, não pode pautar-se por um esquema rígido de exigência de uma correspondente igualdade radical. Antes há-de poder comportar, por assim dizer, alguma geometria variável.

Pois, relativamente à tributação do rendimento das empresas individuais, que em muitos municípios, sobretudo nos menos industrializados ou situados no interior, não deixarão de ter um peso significativo, sobretudo por ausência de um número significativo de médias e grandes empresas, que, por via de regra, adoptarão a forma societária, a exigência de uma radical igualdade dos contribuintes empresariais individuais pode ter-se por cerceadora do poder tributário inerente á própria autonomia municipal. É que nessa autonomia se enquadra, como conatural, o poder de os municípios incentivarem, inclusive por via da atribuição de benefícios fiscais, os contribuintes, designadamente as empresas, a permanecerem ou a deslocarem a sua sede para o respectivo território municipal ou a aí manterem ou localizarem estabelecimentos estáveis. O que é geralmente reconhecido e consta, em termos bastante generosos, do n.º 2 do art. 11.º e do art. 12.º da actual lei das finanças locais, como já constava, a nosso ver com considerável amplitude, do n.º 4 do art. 4.º da anterior lei[40].

5.3. Finalmente, no sentido de a solução em causa, que repetimos é questionável do ponto de vista da sua bondade jurídica, política e técnica, não nos chocar em sede da sua constitucionalidade/inconstitucionalidade, vão algumas considerações complementares. Com efeito, os municípios já

---

o legislador decida tributar o rendimento das empresas, então deve pautar essa tributação pelo princípio da tributação pelo rendimento real – cf. o nosso estudo «Alguns aspectos da tributação das empresas», em *Por um Estado Fiscal Suportável – Estudos de Direito Fiscal*, ob. cit., p. 359 e s.

[40] A Lei das Finanças Locais de 1998 (Lei n.º 42/1998, de 6 de Agosto) – cf. o nosso livro *A Autonomia Financeira das Autarquias Locais*, ob. cit., p. 38 e s.

podiam diferenciar, de algum modo, os contribuintes singulares residentes no seu território face aos contribuintes singulares residentes no território dos outros municípios, quer através da cobrança da derrama, quer da fixação da taxa do IMI urbano. Pois, muito embora nem a derrama nem o IMI urbano constituam, ao menos em teoria, impostos de natureza pessoal como o IRS, o certo é que, do ponto de vista substancial, o plano em que o escrutínio respeitante à observância do princípio da igualdade deve realizar-se, o poder tributário municipal, concretizado em sede desses "impostos municipais"[41], não deixa de ter, em alguma medida, uma expressão de diferenciação pessoal, atendendo ao tipo de necessidades pessoais que os bens ou actividades sobre que incidem tais impostos satisfazem[42].

Pois, quanto à derrama, que incide sobre o lucro tributável do IRC, quando respeita às PME's societárias, mormente a sociedades familiares[43], não se pode afirmar sem mais que a dimensão pessoal esteja de todo ausente. Por seu lado, quanto ao IMI, bem podemos dizer que, na medida em que incide sobre a habitação própria do agregado familiar, como é o mais frequente atendendo ao quase secular bloqueio do mercado de arrendamento e ao forte incentivo nas últimas décadas à compra de habitação própria, a sua diferenciação territorial tem evidentes implicações em sede de diferenciação pessoal[44].

---

[41] Sobre o sentido do carácter municipal desses impostos, v. o nosso *Direito Fiscal*, ob. cit., p. 57 e ss. e 256 e s.

[42] V. nesse sentido, MANUEL PORTO, «Participação e responsabilização», *ob. cit.*, p. 128 e s., que faz apelo a uma igualdade que se reflicta não só no plano jurídico, através da legislação ordinária, mas também no plano da sua concretização, através das correspondentes políticas seguidas. Um apelo que não é de estranhar dada a visível inadequação das normas jurídicas para a solução de muitos dos actuais problemas jurídicos como os relacionados com a distribuição de bens escassos, como o são seguramente as receitas municipais – v., a propósito, embora tendo em conta a natural escassez dos bens ambientais, MARIA DA GLÓRIA GARCIA, *O Lugar do Direito na Protecção do Ambiente*, Almedina, Coimbra, 2007, p. 462 e ss.

[43] Que abarca um universo bem mais amplo do que podemos designar por sociedades familiares em sentido estrito, as sociedades de simples administração de bens detidas por um grupo familiar, as quais, nos termos do art. 6.º do Código do IRS, se encontram sujeitas ao regime da transparência fiscal, sendo, por conseguinte, tributados os respectivos sócios em sede do IRS.

[44] V. também MANUEL PORTO, «Participação e responsabilização», *ob. cit.*, p. 129 e 131.

106 *Estudos de Direito Fiscal*

A que acresce ainda a circunstância de, nos municípios menos favorecidos, o acesso e a efectiva utilização por parte dos munícipes dos serviços públicos prestados e disponibilizados pelo Estado, não estar, por via de regra, à altura do acesso e utilização proporcionados aos munícipes dos grandes centros urbanos ou situados na orla costeira. O que acaba por ter como consequência estabelecer-se, por essa via, uma maior ligação daqueles munícipes à correspondente autarquia municipal, o que não pode deixar de ter expressão em sede da cidadania, cuja realização passa assim em maior medida pela actuação municipal.

Para além disso, é de sublinhar que, bem vistas as coisas, os municípios sempre poderão chegar ao mesmo resultado da solução legal em análise sem interferirem com a técnica do IRS, uma vez que, a nosso ver, não estão legalmente impedidos de optar por receber a totalidade da transferência correspondente ao IRS e proceder, depois, através da via da despesa, isto é, através de uma despesa activa, à atribuição de um incentivo, mormente para atrair novos residentes, sobretudo empresas individuais, igual a uma percentagem até 5% da colecta do correspondente IRS liquidado no ano anterior. Ou seja, o resultado que a lei permite, nos termos em que o faz, não deixa de ser, ao fim e ao cabo, um resultado a que os municípios, no limite, sempre poderão chegar por outra via[45].

5.4. E não se diga, para terminar, que as soluções do tipo da que vimos analisando se inscrevem no fenómeno, que vem sendo denunciado por diversas vias e em diferentes tons, da dissolução da *estadualidade* moderna. Um fenómeno visível sobretudo no quadro da regionalização de alguns Estados europeus concretizada na segunda metade do século XX, em que as regiões ou comunidades autónomas, aproveitando o conhecido discurso do permanente "aprofundamento da autonomia", vêm reclamando e obtendo uma autonomia que parece não conhecer limites, uma vez que tem por base a jamais realizada (e, provavelmente, realizável) "autonomia progressiva".

Com efeito, como escrevemos há alguns anos, nos Estados regionais (como a Itália ou a Espanha) ou parcialmente regionalizados (como o nosso) parece não haver limites para a deslocação de atribuições e competências do Estado para as regiões ou comunidades autónomas, ultrapas-

---

[45] V. a propósito, o nosso livro *A Autonomia Financeira das Autarquias Locais*, ob. cit. p. 59 e s.

Cidadania fiscal e "municipalização" do IRS   107

sando não raro as atribuições e competências correntes ou ordinárias dos próprios Estados federados[46]. O que, de algum modo, até nem surpreende se tivermos em conta a diversidade de processos que estão por detrás do federalismo (ao menos do perfeito ou próprio) e do regionalismo: naquele, temos um movimento ascendente ou a montante dos Estados, desencadeado num tempo de construção e de defesa do Estado (moderno) e com o objectivo, por via de regra, de obter um equilíbrio entre os Estados e o novo centro constituído pela federação ou união; no regionalismo, por seu lado, deparamo-nos com um processo descendente ou a jusante do Estado, próprio dum momento em que o Estado (moderno) revela já evidentes sinais de crise[47]. Assim, enquanto o federalismo se integra na construção e na luta pelo Estado (moderno) num momento em que o seu entendimento liberal favorecia o seu fortalecimento através de um movimento de centripetação, o regionalismo integra basicamente um processo de reivindicação de poderes de Estados formalmente ainda unitários num momento em que a sua compreensão e dimensão sociais favorecem os movimentos de centrifugação.

Um fenómeno que nós vimos denunciando há mais de um década, para a descrição do qual nos socorremos, de resto, da expressão "salamização do Estado". Expressão com a qual pretendemos referir-nos à deslocação de muitas das clássicas atribuições e competências do Estado para estruturas territoriais, seja a montante, como vem acontecendo com o fenómeno da integração económica e política dos Estados em organizações supranacionais, com claro destaque para a concretizada pela União Europeia, seja a jusante, como se verifica com as comunidades ou regiões autónomas e, se bem que em muito menor medida, com os municípios[48]. Uma ideia que vimos recentemente afirmada sob uma outra fórmula, segundo a qual a estadualidade moderna se encontra actualmente na encru-

---

[46] V. o nosso escrito «A Região Administrativa Especial de Macau: federalismo ou regionalismo?», Boletim da Faculdade de Direito de Coimbra, Vol. 77, 2001, p. 433 e ss. (440 e ss.).

[47] Em que as estruturas regionais se revelam mais preocupadas com a conquista progressiva de parcelas do poder do Estado do que apostadas num equilíbrio entre o Estado e as regiões ou comunidades autónomas adequado à melhor realização dos interesses comunitários.

[48] V. o nosso estudo, publicado em 1998, «Algumas reflexões críticas sobre os direitos fundamentais», agora no livro Por uma Liberdade com Responsabilidade – Estudos sobre Direitos e Deveres Fundamentais, ob. cit., p. 87 e ss. (95 e ss.).

zilhada da "dissolução" *upstream* e do "reforço" das estruturas territoriais *downstream*[49].

É que, não nos podemos esquecer, a "municipalização" do IRS, que vimos analisando, de modo algum concretiza o mencionado fenómeno, uma vez que não consubstancia qualquer efectiva deslocação de atribuições e competências do Estado para os municípios, limitando-se a permitir a estes exercerem uma competência que, por se traduzir num "adicionamento negativo" nos termos que referimos, não afecta a esfera de atribuições e competências do Estado. Na verdade para este é totalmente indiferente que os municípios renunciem ao não à participação no IRS. Pois o exercício dessa competência municipal acaba por reflectir-se apenas na esfera dos contribuintes de IRS. O que esse poder de renúncia implica, isso sim, é uma maior responsabilização dos municípios perante os seus munícipes[50].

6. Em conclusão, a diferenciação territorial de tratamento dos contribuintes, que pode originar a atribuição aos municípios do poder de renunciar até 5% do IRS localizado no respectivo território, não afecta a cidadania fiscal em termos que possam ter-se por inconstitucionais. De um lado, não afecta a cidadania fiscal no que há-de ter-se pelo seu núcleo ou conteúdo essencial, nem em termos que possam considerar-se desproporcionados, tendo em conta outros valores ou bens constitucionais, como o decorrente da preocupação constitucional com uma igualdade material a alcançar também através do recorte legal e do efectivo funcionamento do sistema fiscal no seu conjunto e, bem assim, da garantia de uma real autonomia municipal baseada na correspondente responsabilização dos municípios a efectivar através do poder de decidir sobre a angariação das correspondentes receitas fiscais. De outro lado, não podemos esquecer o papel, a seu modo limitado, do IRS para a concretização da ideia de cidadania fiscal, pois, atendendo à estrutura que ostenta e ao quadro em que o correspondente poder tributário tem de ser exercido, não se configura como um imposto sobre os cidadãos.

---

[49] Assim SUZANA TAVARES DA SILVA, «A estadualidade pós-moderna ou o risco da desconstrução do Estado?», *Boletim da Faculdade de Direito de Coimbra*, Vol. 83, 2007, p. 987 e ss.

[50] Cf. o nosso livro *A Autonomia Financeira das Autarquias Locais*, ob. cit. p. 59 e s.

Por isso mesmo, a pequena "municipalização" de um imposto de âmbito nacional e de natureza pessoal como o IRS, traduzida na atribuição aos municípios da faculdade de estes, querendo, renunciarem até 5% da receita desse imposto, diminuindo assim o montante a receber a título de transferências do Estado, não obstante estar longe de se revelar a melhor solução jurídica, política e técnica, não se nos afigura inconstitucional, como decidiu, e a nosso ver bem, o Tribunal Constitucional.

3. REFLEXÕES SOBRE QUEM PAGA A CONTA DO ESTADO SOCIAL *

Sumário

I. Os custos do estado social
  1. Todos os direitos têm custos públicos
  2. Os impostos como suporte do estado: o estado fiscal
    2.1. A exclusão de um estado patrimonial
    2.2. A exclusão de um estado empresarial
    2.3. A falsa alternativa de um estado taxador
      2.3.1. Em sede do estado em geral
      2.3.2. Em sede da protecção ambiental
      2.3.3. Em sede da actual regulação

II. O sistema fiscal do século XX
  1. O século XX político e jurídico
  2. A construção do sistema fiscal do estado social
  3. A evolução do sistema fiscal em Portugal
    3.1. A ilusão prematura da modernidade
    3.2. O realismo de Salazar
    3.3. O bom senso na reforma de Teixeira Ribeiro
    3.4. O programa de reforma fiscal da Constituição de 1976
    3.5. A reforma fiscal do estado social

III. O estado fiscal no século XXI
  1. A sustentabilidade do estado social em concorrência fiscal
  2. A (nova) estrutura dos sistemas fiscais
    2.1. Os impostos aduaneiros

---

* Este texto foi escrito a partir da nossa intervenção no I Seminário da Associação de Professores de Direito Público, que teve lugar na Faculdade de Direito de Coimbra, nos dias 18 e 19 de Janeiro de 2008.

2.2. A tributação do rendimento pessoal
2.3. Os princípios clássicos da tributação
2.4. A necessidade de simplificação
2.5. A *flat tax revolution*
2.6. Um estado fiscal em duplicado?

I. OS CUSTOS DO ESTADO SOCIAL

Perguntar por quem suporta os custos do estado social é indagar sobre quem efectivamente arca com os custos por termos um estado social, ou seja um estado que para além de assegurar os clássicos direitos, liberdades e garantias fundamentais, realiza também um núcleo essencial dos chamados direitos e deveres económicos, sociais e culturais ou, na versão da União Europeia, assegura o bem conhecido "modelo social europeu". Pois bem, como se afigura óbvio, os custos *stricto sensu* do estado, isto é, os seus custos financeiros, implicam a existência de um estado fiscal, concretizando-se portanto para os cidadãos no cumprimento do dever fundamental de pagar impostos. Pois é preciso não esquecer que, ao contrário do que por vezes se vê afirmado, todos os direitos têm custos e custos públicos[1].

1. Todos os direitos têm custos públicos

Pois bem, centrando-nos nos custos financeiros dos direitos, a primeira verificação, que devemos desde já assinalar a tal respeito, é esta: os direitos, todos os direitos, porque não são dádiva divina nem frutos da natureza, porque não são auto-realizáveis nem podem ser realisticamente protegidos num estado falido ou incapacitado, implicam a coopera-

---

[1] Isto para não falar dos demais custos que os cidadãos suportam com a existência e o funcionamento da comunidade estadual, os quais se reconduzem aos deveres fundamentais de defesa da pátria e de sufrágio – v. o nosso estudo «A face oculta dos direitos fundamentais: os deveres e os custos dos direitos», agora em *Por uma Liberdade com Responsabilidade – Estudos sobre Direitos e Deveres Fundamentais*, Coimbra Editora, Coimbra, 2007, p. 163 e ss.

Reflexões sobre quem paga a conta do estado social 113

ção social e a responsabilidade individual. Daí decorre que a melhor abordagem para os direitos seja vê-los como liberdades privadas com custos públicos[2].

Na verdade, todos os direitos têm custos comunitários, ou seja, custos financeiros públicos. Têm portanto custos públicos não só os modernos direitos sociais, aos quais toda a gente facilmente aponta esses custos, mas também têm custos públicos os clássicos direitos e liberdades, em relação aos quais, por via de regra, tais custos tendem a ficar na sombra ou mesmo no esquecimento. Por conseguinte, não há direitos gratuitos, direitos de borla, uma vez que todos eles se nos apresentam como bens públicos em sentido estrito[3].

Não tem, por isso, o menor suporte a ideia, assente numa ficção de pendor libertário ou anarquista, de que a realização e protecção dos assim chamados direitos negativos, polarizados no direito de propriedade e na liberdade contratual, teriam apenas custos privados, sendo assim imunes a custos comunitários. Ou, dito de outro modo, não tem a menor base real a separação tradicional entre, de um lado, os direitos negativos, que seriam alheios a custos comunitários e, de outro lado, os direitos positivos, que desencadeariam sobretudo custos comunitários.

Com efeito, do ponto de vista do seu suporte financeiro, bem podemos dizer que os clássicos direitos e liberdades, os ditos direitos negativos, são, afinal de contas, tão positivos como os outros, como os ditos direitos positivos. Pois, a menos que tais direitos e liberdades não passem de promessas piedosas, a sua realização e a sua protecção pelas autoridades públicas exigem avultados recursos financeiros[4].

Mas, se todos os direitos têm custos financeiros públicos, cabe então perguntar pela razão ou pelas razões de tão duradoura ficção. Uma pergunta cuja resposta parece passar pela distinção de custos em que assentam uns e outros, pois enquanto os direitos sociais têm por suporte fundamentalmente custos financeiros públicos directos visíveis a olho nu, os

---

[2] V., sobre o problema dos custos dos direitos, STHEPHEN HOLMES/CASS R. SUNSTEIN, *The Cost of Rights. Why Liberty Depends on Taxes*, W. W. Norton & Company, New York. London, 2000.

[3] Cf. STHEPHEN HOLMES/CASS R. SUNSTEIN, *The Cost of Rights*, ob. cit., p. 20 e s.

[4] Promessas piedosas têm permanecido em larga medida os direitos e liberdades garantidos pelas declarações e convenções internacionais dos direitos humanos. Cf. STHEPHEN HOLMES/CASS R. SUNSTEIN, *The Cost of Rights*, ob. cit., p. 18 e ss.

114   *Estudos de Direito Fiscal*

clássicos direitos e liberdades assentam sobretudo em custos financeiros públicos indirectos cuja visibilidade é muito diminuta ou mesmo nula.

Na verdade, os custos dos direitos sociais concretizam-se em despesas públicas com imediata expressão na esfera de cada um dos seus titulares, uma esfera que assim se amplia na exacta medida dessas despesas. Uma individualização que torna tais custos particularmente visíveis tanto do ponto der vista de quem os suporta, isto é, do ponto de vista do estado, ou melhor dos contribuintes, como do ponto de vista de quem deles beneficia, isto é, do ponto de vista dos titulares dos direitos sociais.

Já os custos dos clássicos direitos e liberdades se materializam em despesas do estado com a sua realização e protecção, ou seja, em despesas com os serviços públicos adstritos basicamente à produção de bens públicos em sentido estrito. Despesas essas que, não obstante aproveitarem aos cidadãos na razão directa das possibilidades de exercício desses direitos e liberdades, porque não se concretizam em custos individualizáveis junto de cada titular, mas em custos gerais ligados à sua realização e protecção, têm ficado na penumbra ou mesmo no esquecimento.

Ou seja, pelo facto de os custos directos, dos custos visíveis, desses direitos e liberdades estarem a cargo dos respectivos titulares ou das formações sociais em que se inserem, constituindo portanto custos privados ou sociais, facilmente se chegou à ficção da inexistência de custos financeiros públicos em relação a tais direitos[5].

Uma visão das coisas que não tem, por conseguinte, o menor suporte na realidade. Por isso, todos os direitos têm custos financeiros públicos, sejam custos indirectos nos clássicos direitos e liberdades, sejam custos directos nos direitos sociais. O que significa que todos os direitos têm custos financeiros públicos e sobretudo que os clássicos direitos e liberdades não têm apenas custos privados ou sociais, como uma visão menos atenta da realidade pretendeu fazer crer[6]. Mais, ao contrário do que a rejeitada distinção pretende fazer crer, os clássicos direitos e liberdades não

---

[5] Aliás, relativamente à (in)visibilidade dos custos directos e dos custos indirectos dos direitos bem podemos dizer que se passa algo de semelhante à (in)sensibilidade dos contribuintes face aos impostos directos e aos impostos indirectos. Pois, enquanto os impostos directos facilmente são sentidos, os impostos indirectos, em virtude da anestesia fiscal que revelam, são menos sentidos.

[6] Cf. STHEPHEN HOLMES/CASS R. SUNSTEIN, *The Cost of Rights*, ob. cit., esp. p. 221 e ss.

só assentam em avultados custos públicos, como assentam em custos públicos com efeitos visivelmente regressivos, porquanto os seus custos são proporcionais às reais e efectivas possibilidades de exercício dos referidos direitos e liberdades.

Pelo que todos os direitos têm por suporte meios financeiros públicos ou, noutras palavras, atenta a natureza do estado contemporâneo, todos os direitos têm por suporte fundamentalmente a figura dos impostos. Uma afirmação que reclama algumas considerações.

2. Os impostos como suporte do estado: o estado fiscal

Ora bem, se todos os direitos, sejam os clássicos direitos, liberdades e garantias, sejam os mais modernos direitos económicos, sociais e culturais, têm custos públicos, e reconduzindo-se esses custos aos impostos, então vejamos em que termos é que estes constituem o suporte financeiro do estado. Pois é visível, não carecendo por isso de grandes explicações, que o estado se financia actualmente através de impostos ou, em termos mais rigorosos, basicamente ou predominantemente através de impostos ou tributos unilaterais[7].

Por isso mesmo, os estados actuais, do ponto de vista do seu financiamento, apresentam-se quase todos como estados fiscais. Mas, como é óbvio, nem sempre foi assim. O que implica dizermos alguma coisa sobre o *estado fiscal*[8]. Daí as considerações que se seguem.

2.1. *A exclusão de um estado patrimonial*

Em rigor, devemos dizer que, num passado relativamente longínquo, até já foi mais ou menos como é hoje. Efectivamente, temos hoje dados históricos que vão no sentido de que, por exemplo, o Império Romano foi um bom estado fiscal. A esse facto atribuem, de resto, alguns autores,

---

[7] Em rigor, através de impostos de hoje e impostos de amanhã, uma vez que o recurso ao crédito público outra coisa não significa senão impostos futuros.

[8] V. sobre este nosso livro *O Dever Fundamental de Pagar Impostos. Contributo para a compreensão constitucional do estado fiscal contemporâneo*, Almedina, Coimbra, 1998, p. 191 e ss.

116   *Estudos de Direito Fiscal*

entre os quais se destaca *Charles Adams*, o sucesso desse Império que, não nos podemos esquecer, durou diversos séculos e significou um tremendo progresso civilizacional, do qual continuamos a beneficiar ainda hoje, sobretudo no domínio do direito.

Todavia, durante a Idade Média e, depois, durante todo o período em que se desenrola o processo relativamente lento e moroso do centralismo e absolutismo do poder monárquico, que haveria de constituir o suporte daquilo a que *Machiavel* designou por *lo stato*, o estado moderno, o financiamento do estado tinha basicamente um suporte patrimonial. Pelo que, desse ponto de vista, tínhamos um *estado patrimonial*, em que o Estado, ou melhor a Coroa, era titular de um conjunto significativo de rendimentos provenientes do seu património e direitos realengos. Rendimentos que, à medida em que se começa a afirmar a nova realidade constituída pelo estado, integram também os provenientes da actividade económica ou actividade empresarial que começou a assumir. Daí que os impostos, que durante a Idade Média foram preferentemente designados por contribuições, não tivessem o papel e o significado que têm no que designamos por estado fiscal.

Aliás o próprio Estado Português foi financiado dessa maneira: primeiramente com base nos rendimentos provenientes da propriedade imobiliária e dos direitos realengos da Coroa e, depois da expansão ultramarina, também com base nos direitos de concessão da exploração do comércio e dos territórios coloniais. Não era, portanto, um estado que tinha o seu suporte principal em impostos, embora estes também existissem, se bem que com um peso e significado diversos dos que têm hoje[9].

Podemos, porém, dizer que esse tipo de estado, o estado patrimonial, está hoje ultrapassado. Trata-se, pois, de um estado que não existe mais. Efectivamente, o suporte financeiro do estado não é mais dominado pelas receitas patrimoniais ou por receitas patrimoniais e empresariais, tendo tais receitas um carácter manifestamente residual ou mesmo marginal.

---

[9] O que não quer dizer que esses impostos não fossem considerados pesados, até muito pesados, por quem os suportava, que eram apenas os integrantes do terceiro estado ou o povo, encontrando-se o clero e a nobreza excluídos da tributação com base na ideia de que estes já contribuíam para o bem comum enquanto *oratores* e *bellatores*, respectivamente.

2.2. *A exclusão de um estado empresarial*

Mas, ao lado do que designamos por estado patrimonial, houve outras experiências históricas. Temos o que podemos designar por *estado empresarial*, em que o estado se assume como agente económico, que produz e distribui primariamente bens e serviços, como foi (ou é, na medida em que ainda subsiste) o estado socialista. Pois, embora os acontecimentos que afectaram esta forma de estado se tenham verificado no século e milénio passados, somos suficientemente velhos para já termos assistido ao colapso duma tal forma de estado, após a queda do Muro de Berlim.

Uma forma de estado que, devemos assinalar, relativamente a economias atrasadas, como era indiscutivelmente a russa quando caiu a monarquia czarista em 1917, não deixou de ter algum êxito, pois conseguiu industrializar países, muito embora, depois, não tenha conseguido dar o salto para sociedades de bem-estar, como prometera. Um êxito em relação ao qual não podemos deixar de dizer e de sublinhar que o mesmo foi conseguido com custos humanos tremendos[10].

Não admira, por isso, que o *estado fiscal* tenha triunfado em toda a linha, alastrando aos antigos países socialistas dominados e doutrinados pela então União Soviética. Daí que hoje tenhamos por toda parte um estado fiscal. Um estado que é financiado predominantemente através de tributos unilaterais, isto é, através de impostos.

2.3. *A falsa alternativa de um estado taxador*

Porém, a exclusão de um estado patrimonial ou empresarial, como os existentes no passado, não impõe como única solução um estado fiscal, um estado financiado exclusiva ou predominantemente por impostos. Pois, podemos perguntar se não é possível conceber um estado que seja financiado predominantemente através de tributos bilaterais, isto é, através da figura das taxas. Um estado em que, em vez de serem todos os cidadãos a pagar e suportar o conjunto dos serviços públicos, ser cada um a pagar a sua parte, a pagar a parte dos serviços públicos de que beneficia ou cujos custos causa. O que levaria a um estado predominantemente assente na figura tributária

---

[10] Uma afirmação que não é posta em causa pelo facto de todos os processos históricos de industrialização terem tidos os seus altos custos em sede dos direitos humanos.

das taxas, o qual, devido à tradicional falta de um adjectivo correspondente ao substantivo taxas, vimos designando por *estado tributário*[11], muito embora recentemente tenha sido sugerida para o designar a expressão *estado taxador*, a qual acabámos, de resto, por utilizar na epígrafe deste ponto[12].

Uma ideia que vem, aliás, entusiasmando alguns autores, não para a aplicar ao conjunto dos impostos e ao conjunto das despesas do estado, mas no respeitante a certos sectores ou segmentos da mais recente actuação do estado, como é o relativo à tutela ou protecção do ambiente e, a seu modo, o domínio da actual regulação económica e social. De facto, no chamado domínio da protecção ambiental, há quem defenda que as despesas ambientais podem e devem ser financiadas através de tributos bilaterais, através portanto de eco-taxas, em vez de eco-impostos. Por seu lado, em sede do financiamento das múltiplas agências de regulação, que o actual estado regulador vem engendrando, procura-se a todo o custo apelar a tributos ou contribuições que, ao menos aparentemente, não se configurem como impostos.

Mas, respondendo mais especificamente a essa questão, devemos adiantar que, nem em sede do financiamento geral do estado, nem em sede do específico financiamento da protecção do ambiente ou da regulação económica e social, a figura das taxas está em condições de se apresentar como suporte financeiro principal do estado nos tempos que correm.

2.3.1. *Em sede do estado em geral*

Assim, será viável o estado, em geral, ser financiado principalmente por tributos bilaterais, por taxas, em vez de o ser por tributos unilaterais ou impostos? Respondemos facilmente a esta questão dizendo que não, porque há todo um conjunto de bens, os bens públicos, cujos custos não podem ser repartidos pelos utentes, antes têm de ser suportados pelo conjunto dos cidadãos, por todos os contribuintes.

Entre esses bens temos, de um lado, um conjunto de bens, correspondentes às funções clássicas do estado, às funções do estado *tout court*,

---

[11] V., por todos, o nosso livro *O Dever Fundamental de Pagar Impostos*, ob. cit., p. 199 e ss.

[12] V. nesse sentido, SÉRGIO VASQUES, *O Princípio da Equivalência como Critério de Igualdade Tributária*, Almedina, Coimbra, 2008, p. 15 e ss. Uma expressão que assim corresponderá à de *Gebührenstaat* utilizada na Alemanha.

Reflexões sobre quem paga a conta do estado social 119

como os bens públicos constituídos pela defesa nacional, pela política externa, pela política económica, pela política financeira, pela segurança e protecção policiais, etc., os quais, porque se trata de bens públicos por natureza, bens insusceptíveis de divisão nos seus custos pelos que deles beneficiam, não podem ser financiados por tributos bilaterais ou taxas, antes têm de ser suportados por tributos unilaterais ou impostos. Portanto esses bens públicos, porque se apresentam como *bens públicos por natureza*, não podem ser financiados senão por impostos.

Para além disso, no estado social, que as actuais constituições consagram, há um conjunto de bens públicos, que embora os seus custos possam ser repartidos pelos correspondentes utentes, como os relativos à saúde, à educação, à habitação, à segurança social, ou seja, os relativos aos direitos que designamos por direitos sociais, o certo é que, por exigência das próprias constituições, esses direitos devem ser estendidos a todos os cidadãos, mesmo àqueles que não têm condições de os realizar através do funcionamento do mercado. Portanto àqueles aos quais o mercado não oferece condições de saúde, educação, habitação, previdência social, etc.

Todo um conjunto de bens, que não constituem bens públicos por natureza como os integrantes daquele primeiro grupo, mas apresentam-se antes como *bens públicos por imposição constitucional*. De facto é, por força de uma estrita exigência constitucional, que os custos com esses bens têm de ser suportados por todos os contribuintes, e não apenas por quem é seu destinatário[13].

2.3.2. *Em sede da protecção ambiental*

Mas, se em geral, como acabamos de ver, está excluído um estado principalmente financiado através de taxas, será viável ao menos um estado tributário no domínio do direito ao ambiente, um estado financiado através de taxas ambientais?

À primeira vista, parece que sim. Há até um princípio estruturante do direito ambiental que parece ir claramente nesse sentido, que é o *princípio*

---

[13] Cf. os nosso textos *O Dever Fundamental de Pagar Impostos*, ob. cit., p. 210 e ss., e «A face oculta dos direitos fundamentais: os deveres e os custos dos direitos», agora em *Por uma Liberdade com Responsabilidade – Estudos sobre Direitos e Deveres Fundamentais*, ob. cit., p. 186 e ss.

do poluidor-pagador. Então, à primeira vista, parece que um tal caminho poderia ser facilmente trilhado, concretizando a ideia de cada um suportar, pagar a poluição que produz, financiando-se as correspondentes despesas públicas através de eco-taxas, em vez de eco-impostos.

Mas essa é uma maneira apenas superficial de ver a realidade. E notem que não estou falando de todo o direito ambiental, mas apenas do seu segmento mais visível, que é o segmento das emissões poluentes. O problema é que à realização desse princípio do poluidor-pagador se deparam alguns obstáculos praticamente inultrapassáveis.

Desde logo, cabe-nos perguntar: quem é o poluidor? Muitas vezes não se sabe. A poluição é difusa ou mesmo muito difusa. Portanto, como vamos conseguir que seja o poluidor a pagar, se não sabemos, à partida, quem é o responsável pelas emissões poluentes.

É certo que, em muitos casos, sabemos, ou podemos saber sem dificuldade de maior, quem é o responsável pelas emissões poluentes. Todavia, mesmo num tal caso, é muito difícil proceder ao *teste da proporcionalidade* em que assentam todos os tributos bilaterais ou taxas, isto é, estabelecer a proporção entre as emissões e os correspondentes custos, a fim de os imputar a cada um dos poluidores através de taxas ambientais. Efectivamente, verificam-se as maiores dificuldades na concretização da ideia de proporcionalidade entre a prestação e a correspondente contraprestação específica, ou seja, na medição ou mensuração da taxa a pagar em função da poluição provocada.

Pelo que, mesmo nesse sector mais restrito do direito do ambiente, em que, pelo menos *prima facie*, parecia fácil socorremo-nos da figura das taxas, chegamos à conclusão de que não é viável que o estado seja suportado maioritariamente por tributos bilaterais ou taxas, em vez de tributos unilaterais ou impostos.

Pelo que, tendo em conta o que vimos de dizer, o suporte financeiro do estado não dispõe em hoje em dia de verdadeira e real alternativa à concretizada no estado fiscal, ou seja, o suporte financeiro do estado não pode ser outro senão o proporcionado pelos impostos.

2.3.3. *Em sede da actual regulação*

O que, devemos acrescentar, não quer dizer que a figura tributária das taxas ou de outras contribuições financeiras a favor de entidades públicas, para utilizarmos a expressão mais que criticável introduzida na nossa

Constituição com a Revisão Constitucional de 1997, a qual foi depois repetida nos arts. 3.° e 4.° da Lei Geral Tributária (LGT) de 1999[14], não venham procurando ganhar o seu espaço, designadamente no quadro do que vimos designando por *estado regulático*. O qual, devemos sublinhá--lo, para os cidadãos, ou melhor para os contribuintes, não se revela um grande progresso, uma vez que a conta que temos de pagar, ou seja, a carga fiscal que temos de suportar, não dá quaisquer sinais de abrandar e, menos ainda, de diminuir, tendo, bem pelo contrário, vindo a aumentar constantemente nos últimos anos[15].

Com efeito, as múltiplas e diversificadas agências de regulação que este vem engendrando, muitas delas de discutível justificação (que não seja a de manter o estado economicamente intervencionista agora por vias diversas das do passado), tendem a ser financiadas fundamentalmente por tributos designados por taxas, muito embora a maioria delas não passe de verdadeiros impostos, de verdadeiros impostos de repartição cuja particularidade maior reside no facto de se apresentarem como impostos com receita consignada à respectiva agência reguladora sectorial ou geral. Pois, na sua criação, tem-se seguido invariavelmente sempre o mesmo processo, qual seja o de calcularem antecipadamente os custos financeiros que a criação e estruturação de determinada agência reguladora originam para, depois, repartirem integralmente esses custo pelos conjuntos dos regulados, independentemente de um qualquer teste de proporcionalidade entre o serviço prestado pela agência reguladora e o benefício proporcionado ao ou custo provocado pelo respectivo regulado[16].

Uma solução que se inscreve, devemos dizê-lo sem temores nem complexos, de um lado, no fenómeno do crescente esgotamento da figura dos tributos unilaterais ou impostos como meio de financiamento destas novas formas de actuação económica e social do estado e, de outro lado, na dificuldade visível em esse financiamento se poder obter através da figura dos tributos bilaterais ou taxas, uma vez que se verifica uma verda-

---

[14] Cujo regime remete para lei especial (n.° 3 do art. 3.°), considerando de resto as clássicas contribuições especiais impostos (n.° 3 do art. 4.°) – v. o que dizemos *infra* na nota 43.

[15] O que patenteia, de um tal ponto de vista, um estado tão ou mais opressivo do que o seu antecessor que, afinal de contas, se pretende desmantelar – v. o nosso livro, *A Autonomia Financeira das Autarquias Locais*, Almedina, Coimbra, 2007, p. 75 e ss. (83).

[16] V. o que dizemos *infra*, no ponto III. 2.6.

deira impossibilidade prática relativamente à realização do correspondente teste da proporcionalidade[17].

Pois bem, olhando para o suporte financeiro do estado contemporâneo, o que vemos é um estado fiscal, um estado que tem nos impostos o seu principal suporte financeiro. O que, atenta a razão de ser do estado, que é a realização da pessoa humana, a realização da pessoa no respeito pela sua eminente dignidade humana, o estado fiscal não pode deixar de se configurar como um instrumento dessa realização. Porventura o instrumento que historicamente se revelou e continua a revelar como o mais adequado à materialização desse desiderato.

II. O SISTEMA FISCAL DO SÉCULO XX

Descrita a realidade em que se consubstancia o estado fiscal, impõe--se agora questionarmo-nos sobre como organizar o conjunto dos impostos ou, em termos mais amplos dos tributos, nos tempos que correm. Trata--se, como é fácil de ver, do problema de qual será a evolução previsível e desejável para os sistemas tributários, em relação aos quais podemos perguntar como é que estes sistemas foram evoluindo durante o século XX, que foram basicamente sistemas fiscais, bem como das perspectivas que se perfilam para a evolução dos mesmos no século XXI, em que ao lado dos impostos parecem ganhar terreno os tributos bilaterais.

Todavia, antes de analisarmos a evolução e as perspectivas de evolução dos sistemas fiscais, permitam-me uma consideração prévia sobre a questão de saber o que entendemos por século XX, enquanto suporte duma certa compreensão em termos políticos e jurídicos do mundo, uma vez que o mesmo está longe de coincidir com o que cronologicamente foi o século XX.

1. O século XX político e jurídico

Ora bem, a este respeito, temos para nós que o século XX foi um século muito curto, cronologicamente falando. Embora tenha sido muito

---

[17] V. neste sentido e por todos, CARLOS BAPTISTA LOBO, «Reflexões sobre a (necessária) equivalência económica das taxas», *Estudos Jurídicos e Económicos em Homenagem ao Prof. Doutor António de Sousa Franco*, Coimbra Editora, 2006, p. 409 e ss.

Reflexões sobre quem paga a conta do estado social 123

longo do ponto de vista dos acontecimentos dramáticos que nele tiveram lugar, o século XX foi, contudo, do ponto de vista da duração dos quadros de compreensão política e jurídica da sociedade e do estado, da duração das concepções políticas e jurídicas em que apoiou, um século relativamente curto, pois começou em 1919, mais precisamente com a Constituição de Weimar, e terminou rigorosamente no ano de 1989, com a queda do muro de Berlim e a consequente implosão da União Soviética. Afinal um século de 70 anos, durante o qual houve tempo para destruir e reconstruir a Europa e construir o actual estado social que, é bom lembrar e sublinhar, permitiu a maior prosperidade e bem-estar alguma vez antes alcançados pela humanidade.

Efectivamente, foi no século XX que os estados construíram e consolidaram o actual estado social, tendo, num tal quadro, criado e desenvolvido sistemas fiscais que continuam a ser o paradigma do progresso do estado moderno. Um estado social que, em rigor, começou a ser erguido no fim da Primeira Guerra Mundial. Pois, como se sabe, os estados, por força do próprio conflito, tiveram que intervir e intervir fortemente na economia, a qual, em certa medida, foi mesmo objecto de uma verdadeira militarização.

Assim, quando se chegou ao fim do conflito, em 1918, pôs-se o problema de saber o que fazer: voltar ao estado liberal anterior ou continuar com o intervencionismo de guerra, o qual, entretanto, deixara de fazer qualquer sentido. Ora, nenhuma das soluções era viável. Retornar ao estado liberal anterior era muito difícil, pois havia muitas actividades que o estado assumira, que não podia mais abandonar. Por sua vez, continuar como estavam, era continuar desnecessariamente uma economia de guerra quando o que era preciso era uma economia de paz voltada para o crescimento e desenvolvimento económicos ao serviço do bem-estar dos cidadãos.

Além disso, faltava um suporte teórico para a intervenção económica do estado fora do cenário de guerra, um suporte que só viria a surgir em 1936, com a publicação por *J. M. Keynes* do seu célebre livro *General Theory of Empoyment, Interest and Money*. Daí a hesitação entre o regresso ao liberalismo anterior e a manutenção do intervencionismo económico que havia sido imposto pela guerra, sendo certo que este era facilmente associado pelo pensamento liberal a regimes autoritários ou ditatoriais. O que não deixou, a seu modo, de se verificar, pois os estados, que optaram por manter o intervencionismo, assumiram, em sede económica, uma feição dirigista e, em sede política, um carácter autoritário ou totali-

124   *Estudos de Direito Fiscal*

tário, como aconteceu em diversos países europeus nos anos vinte e trinta do século passado[18].

Foi, todavia, depois da Segunda Guerra Mundial, que se conseguiu assumir positivamente o intervencionismo económico do estado, compatibilizando-o com o estado de direito e com o estado democrático. O que conduziu ao estado social de direito ou, para nos referirmos à União Europeia, ao chamado *modelo social europeu*, que tanto êxito teve, embora presentemente comece a revelar sinais de crise.

2. A construção do sistema fiscal do estado social

Mas, como é que as coisas se passaram em sede do direito fiscal ou, por outras palavras, no domínio do conjunto dos impostos? Naturalmente que o sistema fiscal, como não podia deixar de ser, foi chamado a contribuir para a realização deste novo modelo de estado, contribuindo para a referida intervenção na economia. Aceitou-se, portanto, que o sistema de impostos, o sistema fiscal, pudesse ser colocado pelo estado ao serviço da intervenção económica e social, contribuindo, dessa forma, para moldar a própria comunidade. O que foi feito por diversas vias.

Por um lado, o sistema fiscal evoluiu para um sistema que comportasse esse intervencionismo económico e social. O que conduziu a uma tributação mais diversificada e intensa de modo a obter as receitas acrescidas que o estado intervencionista exigia, tendo, por conseguinte, aumentado significativamente o nível da fiscalidade ou da carga fiscal.

Por outro lado, o sistema fiscal, quer no seu conjunto, quer sobretudo através dos impostos sobre o rendimento, é convocado para ser suporte de uma empenhada redistribuição do rendimento. O que significou a defesa da evolução dos sistemas fiscais no sentido de deslocar a carga fiscal dos impostos indirectos, sobretudo dos impostos sobre o consumo, para os impostos sobre o rendimento e, dentro destes, para os impostos de natureza pessoal caracterizados sobretudo por serem impostos de taxa ou alíquota progressiva. Por isso, nas reformas fiscais levadas a cabo nesse período, pretendeu-se sempre que o sistema fiscal assentasse cada vez mais em

---

[18] Cf. o nosso livro *Contratos Fiscais (reflexões acerca da sua admissibilidade)*, Coimbra Editora, Coimbra, 1994, p. 148 e ss.

impostos directos e impostos de natureza pessoal, diminuindo, em contra-partida, progressivamente o tradicional peso dos impostos indirectos.

Enfim, para os impostos indirectos, os impostos sobre o consumo, que todavia não podiam ser de todo eliminados e substituídos por impostos directos, impostos sobre rendimento ou o património, defendia-se que os mesmos fossem substituídos por um imposto geral sobre o consumo de bens e prestações de serviços, acabando assim com os múltiplos impostos especiais que tradicionalmente oneravam o consumo. O que praticamente foi conseguido na Comunidade Económica Europeia, actual União Europeia, em que, por razões que se prendem com existência e o funcionamento do próprio mercado interno, foi instituída a harmonização da tributação do consumo, tendo sido imposta aos Estados membros a adopção do Imposto sobre o Valor Acrescentado (IVA), e a harmonização da legislação dos impostos especiais sobre o consumo que subsistiram, os impostos sobre consumos específicos como são o imposto sobre o tabaco, o imposto sobre o álcool e as bebida alcoólicas e o imposto sobre os óleos minerais.

De resto, o IVA, pelas características que tem, veio a revelar-se uma verdadeira estrela, uma verdadeira história de sucesso, o que é extremamente raro sobretudo em matéria de impostos. De facto, inventado em 1954 pelo francês *Maurice Lauré*, foi adoptado primeiramente em França e, depois, na então Comunidade Económica Europeia e em mais de cem países, com diverso grau de desenvolvimento económico[19].

A razão do seu sucesso prende-se com as suas características. De um lado, com a neutralidade económica, pois não prejudica a actividade económica, como em geral acontece com os outros tipos de tributação do consumo. De outro lado, com o facto de assentar numa técnica tributária que obsta à fraude, já que tanto os vendedores como os compradores de bens

---

[19] Sobre a história da adopção do IVA, v. o próprio M. LAURÉ, *Science Fiscale*, Puf, 1993, p. 248 e ss. É de assinalar que, no quadro da discussão da reforma da tributação do consumo travada em França no início dos anos cinquenta do século passado, estiveram em disputa duas propostas de tributação geral do consumo, pois ao lado da concretizada no imposto tipo IVA de Maurice Lauré, esteve a apresentada por Eugène Schueller, fundador da l'Oréal, baseada num imposto geral sobre o consumo de energia, imposto que, acrescente-se, não tinha na altura por base qualquer preocupação de natureza ambiental. V. também TÚLIO ROSEMBUJ, *Los Tributos y la Protección del Médio Ambiente*, Marcial Pons, Madrid, 1995, p. 109 e s.

126 *Estudos de Direito Fiscal*

têm todo o interesse em facturar o IVA nas vendas e compras que efectuam, a fim de poderem deduzir o IVA que suportaram[20].

Por sua vez, em sede dos impostos directos, os impostos sobre o rendimento, estes deviam ser objecto de uma personalização tão grande quanto possível. Um desiderato que se obteria através do alargamento da base tributável e de taxas ou alíquotas progressivas. Pois uma evolução no sentido dessa personalização seria um importante factor de justiça.

E de facto, os sistemas fiscais foram evoluindo nesse quadro até à década de oitenta do século passado, o que levou praticamente a um contínuo aumento do nível da fiscalidade ou da carga fiscal. Aumento esse que foi o preço a pagar para termos um estado fiscal social, um estado fiscal comprometido com determinado tipo de sociedade, uma sociedade em que se garantem não só os clássicos direitos de liberdade, mas também os mais modernos direitos sociais.

3. A evolução do sistema fiscal em Portugal

Mas vejamos, de uma maneira naturalmente muito sumária, como as coisas evoluíram nesse domínio no nosso país.

3.1. *A ilusão prematura da modernidade*

Pois bem, relativamente a Portugal, podemos dizer que a ideia de um sistema fiscal com cariz redistributivo teve uma expressão precoce, na reforma fiscal levada a cabo em 1922[21]. Uma reforma fiscal que tentou ali-

---

[20] Pois todo o IVA deve ser suportado pelos consumidores finais, apresentando-se os sujeitos passivos do IVA como meros intermediários na cobrança do imposto. Por isso estão obrigados apenas a entregar ao Estado diferença positiva entre o IVA que facturaram e cobraram nas vendas (*outputs*) e o IVA que lhes foi facturado e que suportaram nas aquisições (*inputs*). Em contrapartida têm direito à compensação ou reembolso do IVA que suportaram nas aquisições e não foi recuperado nas vendas.

[21] Uma precocidade revelada já noutras fases da nossa história, como bem o demonstra a criação em 1641 do primeiro imposto moderno, a décima militar, o primeiro imposto geral sobre o rendimento de que há notícia. Cf. o nosso *Direito Fiscal*, 4.ª ed., Almedina Coimbra, 2007, p. 469 e ss. e J. G. Xavier de Basto, *IR: Incidência Real e Determinação dos Rendimentos Líquidos*, Coimbra Editora, Coimbra, 2007, p. 13 e ss.

nhar por uma tributação pessoal do rendimento baseada em taxas ou alíquotas progressivas.

Todavia, os autores dessa reforma esqueceram-se que a nossa estrutura económica, própria de um país rural e atrasado, não comportava na altura tão arrojada reforma. Pois, em virtude da inexistência de um assalariado próprio de um país industrializado, os destinatários de um tal imposto sobre o rendimento eram maioritariamente os funcionários públicos. Por isso, esse imposto sobre o rendimento não se encontrava minimamente apto a proporcionar uma qualquer receita significativa.

3.2. *O realismo de Salazar*

Depois, veio o *Professor Oliveira Salazar*, o qual, numa reforma aprovada em 1929, veio pôr termo às utopias alimentadas em 1922, estabelecendo, com grande realismo, uma tributação do rendimento assente numa tributação cedular, normal e com taxa ou alíquota proporcional. Uma reforma que nos legou um sistema fiscal que, na época, funcionou razoavelmente até à década de sessenta, em que foi aprovada a reforma fiscal gradualmente concretizada entre os anos de 1958 e 1966.

O que se ficou a dever, basicamente, ao facto de o sistema fiscal, assim pensado e construído, ter acabado por corresponder ao grau de desenvolvimento económico e social que Portugal tinha na altura. Pois demonstrou, para além do mais, uma razoável dose de bom senso de que jamais se pode prescindir. Justamente por isso, compreende-se que o sistema fiscal tenha começado a revelar-se desadequado ao sistema económico e social quando este, sobretudo a partir dos finais dos anos cinquenta, começou a experimentar um certo grau de desenvolvimento decorrente de uma pequena abertura da economia portuguesa a que, por certo, não foi alheio a nossa participação em organizações económicas internacionais como a OCDE e a EFTA.

3.3. *O bom senso na reforma de Teixeira Ribeiro*

Por isso, na reforma fiscal gradualmente concretizada entre os anos de 1958 e 1966, que foi uma reforma global e profunda do sistema fiscal, com particular destaque para a tributação do rendimento, procurou adaptar o sistema fiscal português ao grau de desenvolvimento económico intermédio que a nossa economia então vinha experimentando. Por isso, nessa reforma, a cuja Comissão presidiu o *Professor Teixeira Ribeiro* (que estava longe, bastante longe mesmo, de ser um apoiante do regime político de Salazar), tentou-se um razoável equilíbrio, combinando, em sede da tributação do rendimento, a tributação pessoal com a tributação real e a tributação cedular com a tributação complementar e, em sede mais geral, um equilíbrio da tributação do consumo com a tributação do rendimento.

Um sistema fiscal que, não obstante o retrocesso que a implementação dessa reforma acabou por experimentar no terreno[22], funcionou, apesar de tudo, moderadamente bem até à Revolução de 25 de Abril de 1974, como um sistema fiscal intermédio, próprio de um país em vias de desenvolvimento, situado entre os sistemas mais avançados dos países desenvolvidos e os sistemas mais atrasados dos países não desenvolvidos. Todavia, com processo revolucionário que se seguiu, o sistema fiscal em causa, como o sistema económico em que se inseria, entrou praticamente em colapso, muito embora a sua reforma só nos anos oitenta venha a ser levada a cabo.

3.4. *O programa de reforma fiscal da Constituição de 1976*

Todavia, na Constituição aprovada em 1976 figurava um relativamente ambicioso programa de reforma fiscal, o qual propunha para Portugal um sistema fiscal cuja estrutura se aproximasse da dos sistemas fiscais então vigentes na generalidade dos países desenvolvidos. Programa esse que, com a reforma fiscal levada a cabo posteriormente (em 1985/86, 1988/89 e 2003/04), passou estar concretizado na lei, deixando de ser um programa de reforma fiscal para ser o quadro constitucional do sistema fiscal.

Pois bem, a nossa Constituição recorta o desenho do sistema fiscal português em dois momentos. Num primeiro momento, quando fixa as finalidades do sistema fiscal, estabelecendo no art. 103.º, n.º 1, que o sistema fiscal tem, em primeiro lugar, uma finalidade financeira, pois "visa a satisfação das necessidades financeiras do Estado e outras entidades públi-

---

[22] Denunciada de resto pelo próprio *Professor Teixeira Ribeiro* num artigo expressivamente intitulado a contra-reforma fiscal – J. J. Teixeira Ribeiro, «A contra-reforma fiscal», *Boletim de Ciências Económicas*, XI, 1968, p. 115 e ss.

Reflexões sobre quem paga a conta do estado social

cas" e, em segundo lugar, uma finalidade de carácter extrafiscal, já que visa também "uma repartição justa dos rendimentos e da riqueza".

E, num segundo momento, quando recorta, mais em pormenor, os exactos contornos do nosso sistema fiscal no art. 104.°, em que se prevê 1) um imposto único e progressivo sobre o rendimento pessoal[23], 2) a tributação pelo lucro real como regra da tributação do rendimento das empresas, 3) uma tributação do património que contribua para a igualdade dos cidadãos, ou melhor, para a atenuação das desigualdades, e 4) uma tributação do consumo adaptada ao desenvolvimento económico e à justiça social.

3.5. *A reforma fiscal do estado social*

Foi porém, com a reforma fiscal da década de oitenta, mais precisamente de 1985/86 para a tributação do consumo (criação do Imposto sobre o Valor Acrescentado = IVA), e de 1988/89 para a tributação do rendimento (criação do Imposto sobre o Rendimento das Pessoas Singulares = IRS, e do Imposto sobre o Rendimento das Pessoas Colectivas = IRC), a qual foi adoptada já sob o signo da nossa adesão à Comunidade Económica Europeia, que se verificou em 1986, que apanhámos o comboio dos sistemas fiscais desenvolvidos da Europa Ocidental.

Mas, como é fácil de ver, apanhámos esse comboio justamente nos últimos anos em que esse comboio circulava. De facto, depois da queda do Muro de Berlim, as relações económicas começam a ser pensadas de outra maneira, ou seja, nos termos reclamados por uma economia tendencialmente aberta a nível mundial, suportada no conhecido fenómeno da globalização económica que atinge todos os domínios da acção estadual, incluindo também o dos impostos. De resto, é de sublinhar, como já referimos, Portugal chegou atrasado à instituição de um sistema fiscal correspondente ao estado social. O que sucedeu de resto, ou está ainda a suceder, com os países menos desenvolvidos. Pois só em 1988-89 adoptámos uma tributação do rendimento consentânea com esse tipo de estado. Portanto, num momento em que nos estados mais desenvolvidos se começava a questionar esse tipo de sistema fiscal.

---

[23] Características estas que jamais se concretizaram, uma vez que a tributação dos rendimentos de capitais tiveram sempre em sede do IRS uma tributação separada e proporcional – cf. *infra*, ponto III. 2.3.

130 Estudos de Direito Fiscal

Por isso mesmo, o sentido da evolução dos sistemas fiscais, que vinha sendo trilhado desde o segundo conflito mundial, que se julgava no caminho do sentido da história, começa a ser seriamente questionado e mesmo a inverter-se. Com efeito, aos fenómenos da internacionalização e integração económicas, iniciados efectivamente de imediato à Segunda Guerra Mundial e que alcançaram um significativo progresso durante o século passado, veio juntar-se o fenómeno bem conhecido da globalização suporte de uma integração económica (e mesmo política) verdadeiramente forçada que atinge todos os domínios da acção estadual, a que não ficou imune o próprio campo dos impostos.

III. O ESTADO FISCAL NO SÉCULO XXI

Por quanto vimos de dizer é de nos interrogarmos sobre que tipo de estado fiscal será pensável para o século XXI. Mais especificamente que tipo de estado fiscal se apresenta apto à sustentabilidade do actual estado social. Com efeito, diversos factores, como a internacionalização, integração e globalização económicas, a manifesta complexidade fiscal dos estados europeus e a transferência da administração ou gestão dos impostos para as empresas, se conjugam num sentido que tornam difícil essa sustentabilidade. Algumas considerações muito rápidas a este propósito.

1. A sustentabilidade do estado social em concorrência fiscal

Pois bem, os fenómenos da internacionalização, integração e globalização económica, que vêm engendrando a nível mundial uma liberdade de circulação para os capitais, para os bens e até, embora em menor grau, para as pessoas[24], começou a engendrar uma verdadeira concorrência entre os estados em diversos domínios, entre os quais se inclui o domínio da tributação. Por conseguinte, os estados estão a perder parte da sua soberania fiscal, não podendo mais, no quadro de uma economia aberta, instituir ou manter os impostos que bem entenderem.

---

[24] Sendo visível a diferença entre a mobilidade do capital e o do trabalho, uma vez que este, a menos quando seja altamente qualificado, tem fraca mobilidade.

Daí que para atrair as empresas estrangeiras ou os investimentos estrangeiros, os estados ofereçam cada vez mais uma tributação atractiva, uma tributação menor. O que tem lavado a reduzir sobretudo a tributação das empresas. Assim, num tal quadro, ao contrário do que sucedeu até ao fim do século XX, em que o problema fiscal era o do excessivo peso dos impostos, ou seja, o do *limite superior* da tributação, começa agora a encarar-se a hipótese inversa, a da eventual insuficiência das receitas fiscais para o estado poder desempenhar as suas funções, sejam as funções do estado social, sejam mesmo as funções do estado *tout court*[25].

Por isso, o problema da sustentabilidade do estado social está na ordem do dia. Certamente que se a concorrência com países como, por exemplo, a China ou a Índia for praticamente total, o que acontece já em alguns domínios presentemente, em que naqueles países se paga várias vezes menos pela hora de trabalho do que nos Estados Unidos ou na Europa, é evidente que será insustentável não apenas o estado social, mas até o próprio estado.

Pelo que nos interrogamos sobre se não será necessário o estabelecimento de alguma regulação no plano internacional, isto é, não tenhamos medo das palavras, de algum proteccionismo, reportado não a cada estado, como ocorria no passado, mas a cada bloco que a integração económica e política vão engendrando, como são a União Europeia, o NAFTA, o Mercosul, etc. Na verdade, só num tal quadro se nos afigura ser possível salvar o estado social ou, na versão comunitária, o *modelo social europeu*, uma forma de estado moderno que, ainda assim, terá de ser objecto de alguma cura de emagrecimento.

Assim a manutenção do estado social, mesmo nessa versão mais modesta, implica para o sistema fiscal, mais especificamente para o sistema de tributação do rendimento pessoal, que efectivamente o suporta, importantes limitações quanto ao desenvolvimento que hoje em dia vem sendo proposto. Designadamente não pode dispensar a existência de impostos com taxas ou alíquotas progressivas que permitam a redistribuição do rendimento em que o estado social assenta. Daí que a subsistência deste mo-

---

[25] Para além de muitas outras consequências, entre as quais se conta a de pôr à prova a tributação com base no princípio da capacidade contributiva – v., a este respeito, João Ricardo Catarino, «Globalização e capacidade fiscal contributiva», *Cultura – Revista de História e Teoria das Ideias*, vol. 16/17, 2003, p. 473 e ss., e Götz Blankenburg, *Globalisierung und Besteuerung. Krise des Leistungsfähigkeisprinzip?*, Hamburg, 2004.

132 Estudos de Direito Fiscal

delo de estado não se apresente compatível com a proposta, presentemente na mesa e já adoptada por diversos países, de uma reforma da tributação do rendimento segundo o modelo protagonizado pelo bem conhecido movimento da *flat tax revolution*[26].

2. A (nova) estrutura dos sistemas fiscais

Olhando agora para a estrutura que a necessidade de reforma do sistema fiscal reclama, alinhemos algumas notas, naturalmente, muito genéricas. Vejamos então.

2.1. *Os impostos aduaneiros*

Pois bem, começando pelos direitos aduaneiros, é de referir que esses impostos tiveram, em geral, muita importância no passado[27]. Todavia, hoje em dia, não têm, praticamente, qualquer significado. Desde logo, os direitos aduaneiros para os 27 Estados membros da União Europeia passaram, no quadro da união aduaneira que formam, a ser impostos próprios da União, os quais integram a conhecida Pauta Aduaneira Comum.

Por isso, embora cobrados por cada uma das administrações aduaneiras dos 27 Estados membros, constitui uma receita da União Europeia. Uma receita que, devemos acrescentar, não tem praticamente significado no conjunto das receitas da União. O que bem se compreende no quadro de economia aberta em que actualmente vivemos, o qual levou a que tais impostos não sejam mais vistos como instrumentos de política fiscal, que continua a pertencer aos Estados membros, mas antes como instrumentos de política comercial da União[28].

---

[26] Cf. o que dizemos *infra*, no ponto III. 2.5.

[27] O que continua a acontecer nos países menos desenvolvidos. Em Portugal, podemos dizer que os impostos aduaneiros tiveram grande importância praticamente até meados do século passado.

[28] V. nesse sentido o nosso *Direito Fiscal*, ob. cit., p. 80 e ss. Sobre alguns aspectos da política fiscal v. o nosso estudo «Política fiscal, desenvolvimento sustentável e luta contra a pobreza», *Ciência e Técnica Fiscal*, 419, Janeiro-Junho de 2007, p. 89 e ss.

2.2. *A tributação do rendimento pessoal*

Por seu lado, no respeitante à tributação do rendimento pessoal, esta está enfrentando grandes problemas. De facto, hoje em dia, a tributação progressiva do rendimento pessoal é praticamente uma tributação progressiva apenas do rendimento dos trabalhadores por conta de outrem. Na verdade, aquela ideia, que se foi consolidando no estado fiscal social, de tributar o rendimento global, proveniente do trabalho e do capital, e de tributar o rendimento de todos os residentes, com taxas ou alíquotas altas e progressivas, de modo a obter uma forte redistribuição do rendimento, não é mais do que uma piedosa intenção, uma verdadeira ficção. Na verdade, pretender tributar os juros, os *royalties*, os dividendos e outros rendimentos provenientes do capital com taxas ou alíquotas progressivas, é convidar à deslocalização dos capitais. E o mesmo vale, a seu modo, para os trabalhadores e profissionais altamente qualificados, os quais também se podem deslocalizar facilmente. É que, tanto num caso como no outro, estamos justamente perante um verdadeiro mercado mundial.

Daí que, sobretudo em sede da tributação do rendimento, venhamos assistindo à emergência de um verdadeiro fenómeno de *apartheid* fiscal, engendrado a uma escala efectivamente global entre os detentores de factores de produção ou suportes de actividades com elevada mobilidade e aqueloutros que proporcionam factores de produção ou se dedicam a actividades com nula ou muito escassa mobilidade. Ou seja, por outras palavras entre os "fugitivos" fiscais, que praticamente não pagam impostos, e os "cativos" fiscais, que acabam por arcar com os impostos deles e dos outros, sendo estes basicamente os trabalhadores, que assim assumem o amargo papel dos "estúpidos" que sobram para pagar os impostos[29].

Por isso e em termos mais gerais, podemos dizer que não é mais possível tentar tributar pesadamente o rendimento dos muito ricos ou mesmo dos ricos, uma vez que, perante tributações pesadas vão-se embora, votando assim com os pés, na célebre expressão de *Charles Tibeout*. Daí que os autores comecem a olhar com simpatia, de novo, para a tributação do consumo, tradicionalmente mal vista pelo seu carácter regressivo. É que, se os muito ricos ou mesmo ricos escapam facilmente à tributação do rendimento, não pagando pelo que ganham, então, ao menos,

---

[29] Sobre esse carácter de impostos sobre "estúpidos", v. K. TIPKE/J. LANG, *Steuerrecht*, 18.ª ed., Köln, 2005, p. 16 e s., 188 e s., 217, 268 e s. e 372.

134   *Estudos de Direito Fiscal*

que paguem pelo que consomem, sendo certo que sempre consomem mais do que os pobres.

2.3. *Os princípios clássicos da tributação*

Um outro problema que se coloca aqui diz respeito aos princípios clássicos da tributação, como os princípios da legalidade fiscal, da igualdade fiscal, da não retroactividade dos impostos, etc., que são princípios que se foram afirmando e consolidando enquanto limites da Administração Fiscal, quando esta tinha por missão lançar, liquidar e cobrar a generalidade dos impostos.

Mas, como vimos, isto não é mais assim, uma vez que quem administra ou gere a generalidade dos impostos, hoje em dia, são as empresas. Pelo que, limitando-nos apenas a considerar aqui o princípio da legalidade fiscal, é de perguntar: ainda fará sentido um tal princípio com o entendimento que dele conhecemos? É que são as empresas que fazem todo o trabalho de lançamento, liquidação e cobrança da generalidade dos impostos, afectando a essa tarefa importantes meios humanos e materiais. Por isso, pergunto se as empresas não deveriam ter um papel muito importante na definição de regime de administração dos impostos, pois são elas as destinatárias das normas que integram esse regime.

É curioso, porém, registar que as empresas não têm apresentado grandes reivindicações neste domínio. Pelo que respeita a Portugal, com alguma surpresa nossa, não temos visto os sectores empresariais fazerem reivindicações no sentido de as empresas participarem activamente do desenho do modelo jurídico de administração dos impostos. Pelo contrário, as suas reivindicações vão quase sempre no sentido da baixa das taxas ou alíquotas do imposto sobre as sociedades ou de mais incentivos fiscais. Ora, é de perguntar, se elas não ganhariam mais, não poupariam mais, se conseguissem uma maior eficiência na administração dos impostos e, por conseguinte, incorressem em menos custos no desempenho dessa tarefa.

2.4. *A necessidade de simplificação*

Todavia, o que presentemente se apresenta como mais visível no que respeita aos sistemas fiscais e à sua reforma, está numa palavra, numa palavra de ordem, que é: simplificar, simplificar, simplificar... Sobretudo

Reflexões sobre quem paga a conta do estado social

simplificar a tributação das empresas, para que elas paguem menos e de uma maneira mais fácil, pois a concorrência económica, que se desenvolve à escala global, não se compadece com sistemas fiscais ultracomplexos como são os actuais[30].

O que implica não apenas reduzir e simplificar significativamente a tributação das empresas, mas também simplificar, e muito, a tarefa que estas desempenham como administradoras ou gestoras do sistema fiscal. Assim, a tributação com base na contabilidade organizada, deve ser reservada apenas para as grandes empresas. Por outro lado, há que eliminar umas e simplificar outras das muitas obrigações acessórias que impendem sobre as empresas enquanto administradoras ou gestoras de impostos alheios[31].

Depois, deve ser simplificado a tributação do rendimento pessoal. Tanto mais que a complexidade dessa tributação está intimamente ligada à sua personalização, a qual, como vimos, enfrenta hoje as maiores dificuldades. Efectivamente, não vemos qualquer razão para uma complexidade do sistema fiscal própria da personalização deste, quando essa personalização se reporta hoje em dia, ao fim e ao cabo, apenas à tributação do rendimento dos trabalhadores por conta de outrem.

---

[30] Uma necessidade bem conhecida da doutrina – v., por todos, MINISTÉRIO DAS FINANÇAS, *Estruturar o Sistema Fiscal Desenvolvido*, Almedina, Coimbra, 1998, p. 125 e s., e *Simplificação do Sistema Fiscal Português*, Relatório do Grupo de Trabalho, Cadernos de Ciência e Técnica Fiscal, Centro de Estudos Fiscais, 2007, p. 13 e ss. Quanto à simplificação do ordenamento fiscal como exigência constitucional, v. J. ISENSEE, «Vom Beruf unserer Zeit für Steuervereinfachung», *Steuer und Witschaft*, 24 (1994), p. 3 e ss., reproduzido em «Sulla vocazione del nostro tempo per la simplificazione fiscale», *Rivista di Diritto Finanziario e Scienza delle Finanze*, LV (1996), p. 294 e ss.; A. M. CUBERO TRUYO, *La Simplificación del Ordenamiento Tributario (desde la Perspectiva Constitucional)*, Madrid, 1997; e o nosso texto «Avaliação indirecta e manifestações de fortuna na luta contra a evasão fiscal», a publicar nos *Estudos em Homenagem ao Prof. Doutor Manuel Henrique Mesquita*, pontos 9 e 10.

[31] Simplificação que, no que respeita à definição/determinação da sua matéria colectável ou tributável, devia ser se estamos perante micro-empresas, a tributar com base num rendimento normal, perante pequenas e médias empresas, a tributar com base num rendimento real a apurar fundamentalmente através de elementos de natureza objectiva, ou perante grandes empresas, a tributar com base no rendimento real revelado pela contabilidade organizada – v. o nosso estudo «Alguns aspectos da tributação das empresas», em *Por um Estado Fiscal Suportável – Estudos de Direito Fiscal*, Almedina, Coimbra, 2005, p. 403 e ss.

136 *Estudos de Direito Fiscal*

Pois que, como referimos mais acima, a actual tributação do rendimento apresenta-se como uma *tributação dual* ou *dualista*, uma vez que, em rigor, no imposto sobre o rendimento pessoal, temos dois impostos completamente diferentes. Um, que tem tendencialmente as características de imposto pessoal exigidas pelo n.º 1 do art. 104.º da Constituição, traduzidas designadamente na taxa ou alíquota progressiva e nas deduções pessoais à colecta, incidente basicamente sobre o rendimento do trabalho dependente de hoje, correspondente à categoria A do IRS, e sobre o rendimento do trabalho dependente de ontem, as pensões integradas na categoria H do IRS. Outro, que se apresenta claramente como um imposto real, já que tem uma taxa ou alíquota proporcional e não tem em consideração a situação pessoal do contribuinte, incidente fundamentalmente sobre os rendimentos do capital[32].

Um fenómeno que, devemos acrescentar, embora sem ser assim designado, não deixa de se assemelhar, quanto aos seus resultados, a experiências como a adoptada nos países nórdicos, conhecida pela designação de *dual income tax*, em que os rendimentos de capital (incluindo ganhos de capital) são objecto de uma tributação separada e proporcional[33].

2.5. A *"flat tax revolution"*

Neste quadro de reforma dos sistemas fiscais no sentido da sua significativa simplificação, não podemos deixar de aludir ao fenómeno da *flat tax revolution*, traduzido na substituição dos actuais impostos sobre o rendimento por um imposto proporcional, simples e com uma taxa ou alíquota relativamente baixa. Uma ideia que tem sido seguida com razoável êxito nos países anteriormente integrantes da União Soviética.

Assim, os países bálticos, no início da década dos anos 90 do século passado, adoptaram impostos sobre o rendimento e impostos sobre as sociedades com taxas ou alíquotas proporcionais iguais para todos, entre

---

[32] Classificando o nosso IRS como integrando um sistema de tributação "semi-dual", v. J. G. Xavier de Basto, *IRS: Incidência Real e Determinação dos Rendimentos Líquidos*, ob. cit., p. 31 e ss.

[33] Sobre a experiência da *dual income tax*, v. M. H. Freitas Pereira, *Fiscalidade*, 2.ª ed., Almedina, Coimbra, 2007, p. 90 e s., e J. G. Xavier de Basto, *IRS: Incidência Real e Determinação dos Rendimentos Líquidos*, ob. cit., p. 25 e ss.

Reflexões sobre quem paga a conta do estado social   137

20% e 30%. Todavia, os países que fizeram a sua reforma fiscal já nesta década, como a Rússia e a Ucrânia, adoptaram taxas ou alíquotas ainda mais baixas, taxas ou alíquotas de 15% ou mesmo mais baixas. Uma solução que vem sendo adoptada também pelos demais países do Leste Europeu e estudada e discutida pela doutrina jusfiscalista de diversos outros países.

Pelo que é de perguntar se uma tal ideia poderá ser concretizada também em outros países, nomeadamente em Portugal. Portugal em que, devemos referir, a taxa ou alíquota máxima do imposto sobre o rendimento pessoal, que era de 40% desde a criação do IRS passou na LOE/2006 para 42%. Uma alteração que vai claramente no sentido inverso ao da história, pois por toda a parte se assiste à sua diminuição. E, sobretudo, revela um retrocesso, pois fomos progressistas quando, na reforma da tributação do rendimento de 1988-89, optámos por uma taxa ou alíquota marginal máxima de 40%, uma taxa ou alíquota máxima relativamente baixa comparada com a da generalidade dos países desenvolvidos que tinha taxas ou alíquotas máximas bem mais altas. Mas agora, quando por toda a parte estão a diminuir as taxas ou alíquotas, esse aumento, que vai proporcionar um acréscimo de receita sem significado, não pode deixar de ser interpretado como uma mera decisão política, como um mero sinal político dum governo socialista. Mas, o sistema fiscal é coisa demasiado séria para servir como mero sinal político[34].

Respondendo, todavia, à questão que formulámos, devemos sublinhar que Portugal não tem condições para entrar no referido movimento da *flat tax revolution* e estabelecer uma taxa ou alíquota igual para todos de 15% ou mesmo de 20%. O estado correria o risco de ir à falência, se não o estado *tout court*, pelo menos o estado social. Aliás, a defesa deste, que está consagrado na Constituição, concretizado inclusivamente pela exigência da tributação progressiva do rendimento pessoal, obsta, logo à partida, que seja adoptada uma taxa ou alíquota proporcional nesse imposto sobre o rendimento. Pelo que a sua introdução, caso se optasse por ela, apenas seria viável depois de uma revisão constitucional que eliminasse do texto constitucional essa exigência. Para além de ser presente-

---

[34] No sentido da redução do número de escalões e de taxas ou alíquotas do IRS, v. a recomendação constante do relatório *Simplificação do Sistema Fiscal Português*, ob. cit., p. 216.

138   *Estudos de Direito Fiscal*

mente visível que, mesmo com as actuais taxas ou alíquotas, o estado enfrenta bastantes dificuldades financeiras.

Por outro lado, é preciso não esquecer que a *flat tax* tem sido adoptada em países que, por antes terem sido estados empresariais ou estados muito escassamente fiscais, não dispunham de um verdadeiro sistema de tributação do rendimento. Daí que a sua introdução, como um limiar relativamente baixo de tributação, não tenha sido difícil nem tenha levantado problemas de maior, pois tratou-se de substituir um sistema fiscal praticamente inexistente por um verdadeiro sistema fiscal. Num tal contexto não se andou para trás, como se teme que aconteça se esse sistema de tributação do rendimento for introduzido nos estados sociais consolidados na segunda metade do século XX. Por isso, tanto Portugal como a generalidade dos estados que, com maior ou menor sucesso, desenvolveram estados sociais não estão em condições de aderirem ao desafio que a *flat tax revolution* representa, pelo menos nos tempos mais próximos[35].

Muito embora seja de assinalar que também não podem nem têm ficado imunes às importantes consequências decorrentes da concorrência fiscal que o fenómeno da globalização vem impondo, uma vez que relativamente aos rendimentos facilmente deslocalizáveis, como são a generalidade dos rendimentos de capitais e os rendimentos do trabalho e dos serviços altamente qualificados cujo mercado é verdadeiramente mundial, não podem os estados tributá-los com altas taxas ou alíquotas como são as atingidas em impostos de natureza pessoal como o nosso IRS. Não admira assim que, como vimos, os estados estejam a voltar-se para a tributação do consumo ou mesmo, como vem acontecendo recentemente entre nós, para a apresentação duma tal tributação como consubstanciando figuras diversas do imposto, erguendo, por essa via, um verdadeiro estado fiscal paralelo, em duplicação portanto do existente[36].

---

[35] Para a análise e avaliação das propostas que vêm sendo feitas no quadro do movimento da *flat tax revolution*, v. por todos, J. J. AMARAL TOMAZ, «A redescoberta do imposto proporcional *(flat tax)*», em *Homenagem a José Guilherme Xavier de Basto*, Coimbra Editora, 2006, p. 351 e ss.

[36] Para uma reforma fiscal que, não sendo totalmente alheia a esse movimento (da *flat tax*), pugna por um sistema fiscal menos pesado, v. PAUL KIRCHHOF, «Die staatsrechtliche Bedeutung der Steuerreform», *Jahrbuch des Öffentlichen Rechts*, 54, 2006, p. 1 e ss.

2.6. Um estado fiscal em duplicado?

Daí que, muito sinceramente, nos interroguemos sobre se, no nosso país, não se está a engendrar uma duplicação do estado fiscal, em que embora como cidadãos ou residentes[37] apenas beneficiemos de um estado, financeiramente tenhamos que suportar dois estados: um, o estado fiscal propriamente dito, expressão do contrato social suporte do estado-comunidade, que é financiado pela figura dos impostos e se encontra sujeito ao escrutínio democrático consubstanciado no funcionamento dos princípios da "constituição fiscal", especialmente do princípio da legalidade fiscal; outro, um *estado fiscal paralelo* mascarado de não fiscal que é financiado por impostos especiais, mormente sobre consumos específicos, com receitas consignadas, muito embora designados por taxas ou contribuições para assim escaparem à constituição financeira e fiscal e, do mesmo jeito, furtarem-se ao escrutínio económico materializado na comparabilidade internacional da efectiva carga fiscal ou nível de fiscalidade que suportamos.

Muito embora seja de sublinhar que, atento o nível relativamente baixo do nosso PIB *per capita*, a carga fiscal ou o nível da fiscalidade que suportamos já se apresenta particularmente elevada mesmo tendo em conta apenas o referido estado fiscal em singelo.

Pois, relativamente ao primeiro dos aspectos mencionados, basta referir a crescente subtracção à constituição financeira, escapando assim às exigências das normas constitucionais e legais relativas ao orçamento do estado e à contabilidade pública, de cada vez mais significativas despesas públicas, a pretexto de as mesmas passarem a ser imputadas a entidades de natureza privada seja esta resultante da transformação de entidades públicas em sociedades de capitais exclusivamente públicos, seja engendradas no quadro de parcerias público-privadas ou de outros esquemas de aparente privatização de despesas. O que tem tido como consequência o recurso a esquemas de financiamento que, invariavelmente, se traduzem quer em impostos futuros, que as futuras gerações hão-se suportar, quer na duplicação para os actuais contribuintes do sistema fiscal através da

---

[37] Uma vez que, como vimos dizendo, é hoje evidente que o decisivo, em sede da ligação dos contribuintes ao seu país, é mais o vínculo de cariz económico traduzido na residência do que o vínculo político expresso na cidadania ou nacionalidade ou, por outras palavras, é mais uma cidadania de natureza económica do que uma cidadania política – cf. o nosso estudo «Alguns aspectos da tributação das empresas», *ob. cit.*, p. 358, nota 1.

140 *Estudos de Direito Fiscal*

simulação nominal de verdadeiros impostos com o recurso a outras figuras tributárias.

A este respeito, seja-nos permitido referir aqui três situações de taxas ou contribuições em relação às quais temos as maiores dúvidas se não se configuram como verdadeiros impostos com outro nome, os quais, pelas razões que foram mencionadas, desorbitaram assim do estado fiscal. São elas, por um lado e em geral, as taxas de regulação e supervisão com receita consignada às entidades reguladoras com destaque para a taxa de regulação e supervisão para a ERC[38] e, de outro lado, a taxa sobre as lâmpadas de baixa eficiência energética[39] e a contribuição para o serviço rodoviário[40].

O que nos parece muito claro em relação à taxa sobre as lâmpadas de baixa eficiência energética e à contribuição para o serviço rodoviário, pois, a nosso ver, não passam em ambos os casos de impostos especiais sobre o consumo. Pois a taxa sobre as lâmpadas de baixa eficiência energética incide sobre a aquisição dessas lâmpadas, sendo cobrada aos produtores e importadores e demais agentes económicos que, com fins profissionais, as introduzam no território nacional[41], e a contribuição para o serviço rodoviário incide sobre a gasolina e o gasóleo sujeitos ao imposto sobre produtos petrolíferos, sendo devida pelos sujeitos passivos deste imposto e estando a sua receita consignada às Estradas de Portugal, EP[42].

---

[38] Cf. a Lei n.º 53/2005, de 8 de Novembro, que criou a Entidade Reguladora para a Comunicação (ERC), em substituição da anterior Alta Autoridade para a Comunicação Social, o Decreto-Lei n.º 103/2006, de 7 de Junho, que aprovou o Regime de Taxas da ERC, e a Portaria n.º 136/2007, de 29 de Janeiro, que fixou os montantes a pagar pelas taxas devidas à ERC, nos termos do referido Regime de Taxas da ERC.

[39] Criada pelo Decreto-Lei n.º 108/2007, de 12 de Abril.

[40] Criada pela Lei n.º 55/2005, de 31 de Agosto.

[41] V o art. 2.º do Decreto-Lei n.º 108/2007.

[42] Outros exemplos de taxas que, ao fim e ao cabo, constituem impostos são a "taxa de gestão de resíduos", que tem por base o art. 58.º do Decreto-Lei n.º 178/2006, de 5 de Setembro (Regime Geral de Gestão de Resíduos), e a Portaria n.º 1407/2006, de 18 de Dezembro, e a "taxa de controlo da qualidade da água", que tem por base o art. 23.º do Decreto-Lei n.º 362/98, de 18 de Novembro (Estatuto do Instituto Regulador de Águas e Resíduos), na redacção do Decreto-Lei n.º 151/2002, de 23 de Maio, e a Portaria n.º 966//2006, publicada na II Série do *Diário da República*, de 8 de Junho. Efectivamente ambas essas taxas configuram impostos, os quais se revelam inconstitucionais, desde logo por terem na base decretos-lei que não foram objecto de qualquer autorização legislativa.

Reflexões sobre quem paga a conta do estado social

Uma conclusão que não é abalada pelo facto de a taxa sobre as lâmpadas de baixa eficiência energética ter um claro intuito de protecção ambiental presente, de resto, na consignação da sua receita em 80% ao Fundo Português do Carbono e em 20% ao Fundo de Eficiência Energética[43]. Pois esse seu carácter extrafiscal, muito embora possa ter consequências em sede dos princípios da legalidade fiscal e da igualdade fiscal, não o transforma de tributo unilateral ou imposto em tributo bilateral ou taxa[44].

Ideias que, a seu modo não deixam de valer também relativamente às referidas taxas de regulação e supervisão, em relação às quais nos parece importante, para efeitos de as considerarmos impostos ou taxas[45], ter em conta, de um lado, a quem cabe essa actividade de regulação e supervisão económica, se ao mercado se ao estado e, de outro lado, como suportar financeiramente os custos dessa actividade quando ela é assumida pelo estado[46].

Ora, quanto a quem cabe essa actividade de regulação e supervisão, se ao mercado se ao estado ou, por outras palavras, se à autoregulação se à heteroregulação estadual, é de sublinhar que vimos assistindo entre

---

[43] V. o art. 5.º do Decreto-Lei n.º 108/2007.

[44] Cf. o nosso livro *O Dever Fundamental de Pagar Impostos*, ob. cit., p. 654 e ss.

[45] Ou mesmo a categoria constituída pelas "demais contribuições financeiras a favor de entidades públicas" introduzida na Constituição pela Revisão Constitucional de 1997, no que passou a ser com esta Revisão o art. 165.º, n.º 1, al. *i*), da Constituição. Uma figura intermédia que uma visão estritamente dicotómica dos tributos tem deixado no esquecimento, muito embora essa visão não deixe de ser fomentada pela própria Constituição que, não obstante ter introduzido essa figura, reconhece apenas dois regimes jurídico-constitucionais – o dos impostos e o das taxas e demais contribuições. Uma ideia com expressão também na Lei Geral Tributária (LGT), pois, nos termos do n.º 3 do seu art. 3.º remete para lei especial o "regime geral das taxas e demais contribuições" e, segundo o n.º 3 do seu art. 4.º, considera impostos as contribuições que tradicionalmente têm protagonizado essa figura intermédia, as "contribuições especiais", sejam as "contribuições de melhoria", sejam as "contribuições por maiores despesas". No sentido de integrar nessa nova categoria as "taxas" paras as entidades reguladoras correspondentes às antigas "taxas para os organismos de coordenação económica", v. J. M. CARDOSO DA COSTA, «Sobre o princípio da legalidade das "taxas" (e das "demais contribuições financeiras"», *Estudos em Homenagem ao Professor Doutor Marcello Caetano no Centenário do seu Nascimento*, Coimbra Editora, 2006, p. 789 e ss.

[46] Sobre o problema da repartição da regulação entre o estado e o mercado, v., tendo em conta a os serviços de interesse económico geral, J. NUNO CALVÃO DA SILVA, *Mercado e Estado. Serviços de Interesse Geral*, Almedina, Coimbra, 2008.

142   *Estudos de Direito Fiscal*

nós ao fenómeno de uma verdadeira hipertrofia da regulação económica pelo estado, aproveitando nesse sentido e, em alguma medida acelerando mesmo, os ventos que vêm de Bruxelas[47]. E, num estado regulador e supervisor assim ampliado, que sugere mesmo um certo "dirigismo regulador"[48], compreende-se que se tenha tornado problemática a exigência de mais impostos para financiar essa actividade, sobretudo no actual ambiente de concorrência fiscal internacional a limitar significativamente a soberania fiscal dos estados. Daí a tentação para o estado disfarçar a necessidade de mais impostos, recorrendo às mais variadas receitas parafiscais[49] que, ao menos aparentemente, não se apresentem como impostos.

Por isso mesmo, no processo de fixação do quantitativo das ditas taxas de regulação e supervisão, como ocorre no respeitante à taxa de regulação e supervisão destinada à ERC, o que se verifica é que, num primeiro momento, se prevê e fixa a despesa pública a suportar, no caso do específico sector da regulação da comunicação social, e, num segundo momento, se estabelece a correspondente receita praticamente igual à mencionada despesa. Uma tal técnica de definição e determinação do tributo que, quando o número dos seus destinatários é limitado, como é caso dos regulados no sector em causa, assegura, à partida, o montante da receita necessário para fazer face à despesa cujo seu montante é distribuído pelos correspondentes destinatários, operando assim com uma taxa ou alíquota do tributo que seja adequada ao mencionado desiderato. O que, como é

---

[47] O que, devemos assinalar, não surpreende, pois a União Europeia, do ponto de vista da política económica, constitui sobretudo um *regulatory state*, uma vez que, dado o exíguo orçamento comunitário, são muito limitados os seus poderes no plano da redistribuição da riqueza e da estabilização macro-económica.

[48] No que, de algum modo, faz lembrar o "estado dirigista" dos anos vinte e trinta do século passado. Quanto a hipertrofia reguladora que nos vem da União Europeia, v. as reflexões de PAULO DE PITTA E CUNHA, «A União Europeia e a concepção do estado regulador», *Revista da Faculdade de Direito da Universidade de Lisboa*, vol. XLVI, 2005, n.º 2, p. 1083 e ss., e J. NUNO CALVÃO DA SILVA, *Mercado e Estado. Serviços de Interesse Geral*, ob. cit., esp. p. 134 e ss. e 202 e ss.

[49] Uma designação que não diz respeito à estrutura do correspondente facto tributário, isto é, à sua unilateralidade ou bilateralidade, a nota objectiva que releva para saber se estamos perante um imposto ou uma taxa, mas antes à nota subjectiva relativa ao titular activo da correspondente relação jurídica e à nota teleológica concernente ao destino das respectivas receitas. V. o nosso livro *O Dever Fundamental de Pagar Impostos*, ob. cit., p. 257.

Reflexões sobre quem paga a conta do estado social 143

óbvio, sugere um *modus operandi* em tudo idêntico ao dos clássicos impostos de repartição.

Passando agora à *carga fiscal* ou *nível de fiscalidade* que suportamos, não há dúvidas de que ela se revela bastante elevada mesmo para um estado fiscal em singelo[50]. Pois é bom que não nos esqueçamos que, ao contrário do que frequentemente vemos afirmado com base sobretudo em informação fornecida em geral pelas organizações internacionais, com destaque para a OCDE, a nossa carga fiscal não é tão baixa quanto possa parecer. É certo que ela se apresenta relativamente baixa face aos outros países, mormente face aos que nos estão mais próximos, uma vez que, por exemplo, tendo em conta os dados relativos ao ano de 2005, a mesma se situou na casa dos 36%, correspondendo assim a pouco mais de 90% da média europeia[51].

Mas é óbvio que o peso efectivo, o real significado da carga fiscal não pode ser cabalmente avaliado socorrendo-nos unicamente de tão simples quanto linear suporte. Pois é imprescindível ter em conta o correspondente PIB *per capita*, o qual nesse mesmo ano se situou entre nós na casa dos 64% da média europeia. Pelo que, comparando o peso da carga fiscal com o nível de rendimentos revelado pelo PIB *per capita*, chegamos a uma carga fiscal para o ano de 2005 correspondente na realidade a 140% da média europeia[52]. Ou seja, para um PIB *per capita* igual à média europeia, a carga fiscal portuguesa apresenta-se não abaixo, mas acima da média europeia, já que se eleva em 40% acima da carga fiscal da média europeia.

Por isso, para uma análise adequada da comunidade estadual a que pertencemos, no quadro do correspondente contrato social base do nosso estado de direito democrático, avaliando e ponderando as correspondentes prestações recíprocas, ou seja, de um lado, o que pagamos ao estado e, de outro lado, o que recebemos dele, não podemos deixar de contabilizar tudo

---

[50] À semelhança do que ocorre frequentemente, falamos aqui de carga fiscal ou nível de fiscalidade considerando tais expressões sinónimas, muito embora tenhamos consciência das diferenças que as separam – v., por todos, M. H. FREITAS PEREIRA, *Fiscalidade*, ob. cit., p. 321 e ss., e ALBANO SANTOS, *Teoria Fiscal*, Instituto Superior de Ciências Sociais e Políticas, Lisboa, 2003, p 448 e ss.

[51] Lembramos que, por simplificação, trabalhamos com percentagens arredondadas por baixo e tendo em conta a União Europeia a 15 (portanto UE-15 = 100).

[52] Pois que 90%/64% = 140%.

o que pagamos, tanto em sede de fiscalidade como das múltiplas parafiscalidades que vão germinando um pouco por todo o lado neste estado de verdadeiro "dirigismo regulático". Na verdade, não podemos estar dispostos a ser *cidadãos* face ao estado e *súbditos* dos múltiplos senhores que os desdobramentos verticais (a montante e a jusante) e horizontais desse mesmo estado vêm engendrando, cujos poderes e gastos não votamos e cuja necessidade da correspondente actividade raramente se percebe.

Efectivamente, compreende-se e aceita-se facilmente que, atendendo à reforma do financiamento das despesas incorridas com as novas realidades da protecção ambiental e da regulação económica e social, se possa assistir a uma certa deslocação do estado fiscal para o estado tributário ou "estado taxador". Uma situação que até pode aceitar-se. O que, porém, já não pode ser aceitável é que, fingindo essa deslocação, se esteja praticando uma verdadeira e inadmissível acumulação do estado fiscal com o estado tributário ou "estado taxador", duplicando, ao fim e ao cabo, o estado fiscal[53]. Em suma, condição para que seja admissível uma modificação nesse sentido, uma modificação no sentido de deslocar parte da carga do estado fiscal para o "estado taxador", é que o correspondente resultado final seja, por assim dizer, de soma zero.

Por isso mesmo, se o estado fiscal, em alguma medida, for forçado a enveredar por esse caminho de duplicação, então que o faça de maneira clara e transparente de modo a que os seus destinatários, isto é, os contribuintes, o possam questionar e combater, mormente exigindo sem concessões o respeito da velha máxima suporte do autoconsentimento dos impostos: *no taxation without representation*.

---

[53] Uma preocupação que, parece-nos, não terá sido devidamente ponderada por SÉRGIO VASQUES, *O Princípio da Equivalência como Critério de Igualdade Tributária*, ob. cit., p. 15 e ss.

4. RESPONSABILIDADE CIVIL DA ADMINISTRAÇÃO FISCAL *

Sumário

I. Introdução
1. Uma interrogação algo provocatória
2. O actual contexto de gestão e responsabilização públicas
3. Uma lei da responsabilidade civil pública, apesar de tudo, moderada

II. Responsabilidade civil da Administração Fiscal
1. A diversidade de relações do direito dos impostos
   1.1. A relação constitucional
   1.2. A relação administrativa
   1.3. A relação obrigacional
   1.4. A localização da responsabilidade na relação administrativa
2. A responsabilidade civil da Administração Fiscal
   2.1. A configuração tradicional do problema
   2.2. O problema no quadro do actual sistema fiscal
   2.3. As actuais especificidades da responsabilidade civil da Administração Fiscal
      2.3.1. No plano substantivo
      2.3.2. No plano judiciário e processual

---

* Texto elaborado para os *Estudos em Homenagem ao Prof. Doutor Jorge de Figueiredo Dias*, a partir do da nossa intervenção no Colóquio *O novo Regime de Responsabilidade Civil do Estado e demais Entidades Públicas*, que teve lugar no dia 21 de Maio de 2008, na Faculdade de Direito de Coimbra.

146   *Estudos de Direito Fiscal*

I. INTRODUÇÃO

Antes de mais os meus agradecimentos pelo convite, que me fizeram para estar neste colóquio sobre a responsabilidade civil extracontratual das entidades públicas, agendado que foi justamente para esta altura em virtude da recente entrada em vigor do novo regime dessa responsabilidade[1]. Pois bem o tema, a que subordinei estas mais que modestas considerações, tem a ver com o facto de não ter tido disponibilidade para tratar do tema, que inicialmente me fora proposto, tendo, de resto, alimentado a ilusão de que assim me dispensariam do meu contributo. Mas, como estão a ver, não consegui ser dispensado.

Em consequência disso, aqui estou para falar da responsabilidade civil extracontratual da Administração Fiscal. Um tema que se reporta a um domínio que, em rigor, já está contido nas intervenções anteriores, uma vez que essa responsabilidade não deixa de ser um segmento, aliás sem particularidades de maior, da responsabilidade por actos legislativos, por actos judiciais e por actuações de natureza administrativa dos órgãos do Estado e demais entidades públicas em sede do direito dos impostos. Pois a responsabilidade civil extracontratual da Administração Fiscal mais não é do que um segmento da responsabilidade civil extracontratual das entidades públicas.

Assim e em certa medida, poderia concluir que não haveria mais nada a dizer, mais nada a acrescentar, ao muito que já aqui foi dito sobre a responsabilidade civil extracontratual das entidades públicas. Mas é óbvio que, ao convidarem-me para intervir neste colóquio, não foi certamente para dizer isto, para dizer que a responsabilidade civil extracontratual da Administração Fiscal mais não é do que um segmento da responsabilidade civil extracontratual das entidades públicas. Por isso mesmo, tenho que dizer alguma coisa mais.

---

[1] Aprovado pela Lei n.º 67/2007, de 31 de Dezembro, que o contém, em anexo, sob a designação de Regime da Responsabilidade Civil Extracontratual do Estado e demais Entidades Públicas (doravante mencionado pela sigla RRCEC). V., quanto a este Regime, CARLOS A. FERNANDES CADILHA, *Regime da Responsabilidade Civil Extracontratual do Estado e demais Entidades Públicas Anotado*, Coimbra Editora, 2008.

Responsabilidade civil da Administração Fiscal

1. Uma interrogação algo provocatória

E, para começar, uma interrogação que envolve, em alguma medida, tanto de provocação como de perplexidade. Com efeito, afigura-se da maior importância questionarmo-nos sobre o sentido e alcance mais profundos da responsabilidade civil extracontratual do Estado e demais entidades públicas, sentido e alcance que têm a ver com o seu *significado financeiro*, ou seja, com o significado em termos de custos para os cidadãos, ou melhor para os contribuintes, decorrentes da efectivação dessa responsabilidade.

Iniciamos assim as nossas considerações por uma interrogação que, afinal de contas, se desdobra em três, que é esta: não constituirá a recente reforma da responsabilidade civil extracontratual das entidades públicas mais uma forma, das muitas que quase todos os dias vão surgindo, de "saque aos contribuintes", concretizando uma "distribuição invertida" dos rendimentos e da riqueza, através de uma verdadeira "convergência social" do nosso país com a América Latina?

Que qualquer responsabilização das entidades públicas se traduz, por via de regra, num acto de despesa pública, julgo ninguém ter dúvidas. E que qualquer alargamento dessa responsabilização significa inevitavelmente o aumento dessa mesma despesa pública, também penso ser óbvio. Pelo que o reconhecimento dessa responsabilização e, sobretudo, o alargamento que, hoje em dia, um pouco por toda a parte, se vem reclamando e estabelecendo, não pode deixar de ter presente e de se confrontar com esse problema, isto é, com o problema de distribuição de bens em relação aos quais se tem cada vez mais a consciência de que quase todos os bens se revelam bens escassos, como o são indiscutivelmente as receitas públicas[2].

Um problema que, como se começa a reconhecer, está longe, muito longe mesmo, de obter uma solução minimamente adequada, sobretudo no

---

[2] Refira-se, a este propósito, que, muito embora a escassez de bens e a sua afectação (não só em termos intrageracionais, mas sobretudo em termos intergeracionais), coloquem problemas quase dramáticos à sociedade contemporânea, o seu tratamento jurídico mantém-se, sem explicação, praticamente ausente – v., todavia, GUSTAVO AMARAL, *Direito, Escassez & Escolha. Em Busca de Critérios Jurídicos para Lidar com a Escassez de Recursos e as Decisões Trágicas*, Renovar, Rio de Janeiro, 2001, e, entre nós, a profunda análise de JOÃO CARLOS LOUREIRO, «Adeus ao Estado social? O insustentável peso do não ter», *Boletim da Faculdade de Direito de Coimbra*, Vol. LXXXIII, 2007, p. 99 e ss.

quadro que vem grassando de um voluntarismo ingénuo ou, na medida em que seja realmente assumido, prepotente e totalmente desfasado da realidade. Quadro que tem levado a acreditar piamente que nada há de difícil ou complexo na actividade estadual que se não resolva com uma lei, com mais uma lei, fazendo apelo à omnipotência de uma abstracção, ou melhor de uma ficção, como efectivamente o são o Estado e as demais entidades públicas[3].

Na verdade, qualquer lei de responsabilidade civil extracontratual das entidades públicas é, antes de mais, um acto de distribuição de recursos públicos por natureza escassos, cada vez mais escassos. Por isso é bom que se tenha consciência disso, sobretudo num país em que todos os indicadores nos dizem que essa distribuição se vem fazendo, desde que se iniciou a presente década, no sentido oposto ao estabelecido e exigido pela nossa Constituição, que é a distribuição própria de um "Estado social" ou, na versão da União Europeia, em que estamos integrados, de um Estado que se pretende manter fiel ao "modelo social europeu" construído e desenvolvido, fundamentalmente, na segunda metade do século XX. Para além de o nosso Estado, cujo peso do sector público, que anda acima dos 45% do PIB, estar praticamente no limite do financeiramente suportável[4].

2. O actual contexto de gestão e responsabilização públicas

Uma interrogação que parece fazer ainda maior sentido se tivermos em conta o contexto em que o alargamento da responsabilidade civil extracontratual do Estado e demais entidades públicas se vem verificando.

---

[3] O que, ao fim e ao cabo, tem subjacente a ideia de que a solução dos prementes problemas do Estado actual é predominantemente ou mesmo exclusivamente jurídica, no que parece prestar tributo ao fenómeno que, nas palavras que ouvimos ao Professor José Francisco de Faria Costa, se configura como um verdadeiro "totalitarismo do direito". Um fenómeno que, à maneira dos conhecidos três estádios de Auguste Comte, terá sucedido no século XXI ao "totalitarismo da política" próprio do século XX, do mesmo modo que este terá sucedido ao anterior "totalitarismo da religião" do século XIX.

[4] Para uma análise desse problema, v. IVES GANDRA MARTINS, *A Queda dos Mitos Económicos*, Thomson, S. Paulo, 2005, que tem em conta particularmente o Estado brasileiro, e o já referido estudo de JOÃO CARLOS LOUREIRO, «Adeus ao Estado social? O insustentável peso do não ter», que centra a sua análise na questão da sustentabilidade do Estado social.

Efectivamente, fará sentido esse alargamento num quadro de gestão pública, que o mesmo é dizer de dinheiros públicos (*rectius*, de impostos), cada vez mais pautado pelo pensamento inerente ao *new public management*, que vem, de algum modo, deslocando o parâmetro de actuação do Estado e demais entidades públicas da ideia de *legalidade* para a ideia de *desempenho*?[5]

Um quadro em que, acrescente-se, tende a pontificar a ideia de *accountability* que enfatiza a obrigação de as entidades públicas prestarem contas e de responderem por elas, explicando-as e justificando-as? Um princípio que, ao contrário do que por vezes se vê insinuado, não se reporta apenas a exigências próprias do direito da contabilidade, neste caso da contabilidade pública, em que naturalmente desempenha um papel da maior importância, antes tem um sentido muito mais amplo e, por isso mesmo, bem mais exigente. Com efeito, ela abrange uma ideia de responsabilização fundamentalmente pelos *resultados* de toda a acção pública que, para além de se não conter nos estritos quadros do direito, assumindo também uma evidente dimensão ética, tem, entre diversas outras, uma importante vertente democrática concretizada numa clara exigência de prestação de contas dos eleitos perante os eleitores[6].

Estamos assim perante um contexto cada vez mais conformado por essas duas ideias, o qual, se estamos a ver bem as coisas, em vez de contribuir para a dilatação da responsabilidade civil extracontratual do Estado e demais entidades públicas, a que se vem assistindo, antes legitima o estabelecimento de cautelas face a essa ampliação[7]. Com efeito, embora des-

---

[5] V. sobre as possibilidades de adopção pela Administração Pública Portuguesa do *new public management*, Vasco Moura Ramos, *Da Compatibilidade do New Public Management com os Princípios Constitucionais*, Polic., Dissertação de Mestrado, Faculdade de Direito de Coimbra, 2002.

[6] Cf. Andreas Schedler, «Conceptualizing Accountability», em Andreas Schedler, Larry Diamond e Marc P. Plattner, *The Self-Restraining State: Power and Accountability in New Democracies*, Lynne Rienner Publishers, 1999, p. 13 e ss.

[7] Como acontece, de resto, noutros domínios como o relativo às modalidades ou formas de actuação da Administração Pública, em que as ideias de *new public management* e de *acccountability* têm vindo a constituir suporte das mais diversas "actuações informais", dentro das quais sobressaem os cada vez mais numerosos "acordos informais" – v., quanto a estes, como decorrência natural da mencionada configuração da actual actuação administrativa, Suzana Tavares da Silva, «A nova dogmática do direito administrativo: o caso da administração por compromissos», em em vias de publicação em *Estudos de Contratação Pública*, Cedipre, Coimbra Editora.

sas técnicas de "nova gestão pública" e de "responsabilização ampla", como sugere claramente esta última expressão, pareça decorrer o alargamento da referida responsabilidade das entidades públicas, o certo é que a prevenção e repressão da "má gestão" protagonizada por estas não pode, à luz de tais técnicas, satisfazer-se exclusivamente com a convocação dessa responsabilidade civil, como o seu actual alargamento, de algum modo, parece pressupor. É que, para além de ser expressão da mencionada crença na omnipotência do direito do Estado, esse alargamento revela-se unidireccional, implicando, por isso mesmo, uma cada vez maior "transferência" da referida responsabilidade para os contribuintes[8].

Uma ideia que tem eloquente manifestação no alargamento dessa responsabilidade civil aos danos causados no exercício da função legislativa e da função política. Com efeito, na medida em que a responsabilidade civil das entidades públicas se expande no sentido de contemplar os danos decorrentes do exercício dessas funções, incluindo os decorrentes do não exercício das mesmas[9], é de nos interrogarmos se esse alargamento é aceitável. É que essa responsabilidade não tem outro significado que não seja o de transferir o encargo em causa do corpo eleitoral para os contribuintes. Mas a responsabilidade pelos danos causados, por acção ou por omissão, dos órgãos legislativos e políticos não devem, ao menos num certo entendimento, nos Estados democráticos, ser imputados a todos os eleitores, na medida em que os mesmos se ficam a dever à eleição de "maus legisladores" e de "maus políticos"? Uma pergunta cuja resposta positiva parece impor-se sobretudo quando, relativamente a essa responsabilidade, não se prevê o exercício qualquer direito de regresso que, de algum modo, possa operar o ressarcimento dos contribuintes[10].

---

[8] Omnipotência essa que se revela contraproducente num momento em que são cada vez mais frequentes os domínios da actuação estadual em que a solução jurídica está longe de se revelar adequada, como é o caso paradigmático do direito do ambiente – v., a este propósito, MARIA DA GLÓRIA GARCIA, *O Lugar do Direito na Protecção do Ambiente*, Almedina, Coimbra, 2007, p. 462 e ss.

[9] Como ocorre com os danos decorrentes da omissão legislativa entre nós, uma vez que, quanto aos danos decorrentes do exercício da função política, o nosso legislador não os contemplou, embora constasse do projecto – v. a seguir no texto e na nota 12.

[10] Como acontece entre nós relativamente ao direito de regresso contra os titulares dos órgãos legislativos, mesmo quando tenha havido dolo ou culpa grave.

Responsabilidade civil da Administração Fiscal

3. Uma lei da responsabilidade civil pública, apesar de tudo, moderada

Muito embora, fazendo um certo contraponto, devamos dizer e sublinhar, que a nova lei de responsabilidade civil extracontratual das entidades públicas, que acaba de ser adoptada, pode ser tida, a seu modo, como moderada, tendo em conta a tendência do politicamente correcto que se verifica nesse domínio, que vem exigindo e consagrando soluções verdadeiramente superlativas.

Moderação que tem diversas expressões, como de resto já foram salientadas pelos intervenientes que me precederam, entre as quais podemos mencionar: 1) a responsabilidade civil por danos do exercício da função administrativa baseada no risco reporta-se apenas a danos decorrentes de actividades, coisas ou serviços administrativos especialmente perigosos, sendo excluída em caso de força maior e reduzida ou mesmo excluída quando se verifique concorrência de culpa do lesado; 2) a responsabilidade civil por danos do exercício da função jurisdicional, para além da responsabilidade por sentença penal condenatória injusta e de privação injustificada da liberdade, apenas terá lugar por danos decorrentes de decisões jurisdicionais manifestamente inconstitucionais ou ilegais ou injustificadas por erro grosseiro; 3) em sede de danos da função legislativa, a responsabilidade só terá lugar em caso de danos anormais e, relativamente aos decorrentes da omissão de previdências legislativas necessárias à exequibilidade de normas constitucionais, quando essa omissão tenha sido verificada pelo Tribunal Constitucional; 4) a indemnização por imposição de encargos ou provocação de danos especiais e anormais atenderá à afectação do conteúdo essencial do direito ou interesse legalmente violado ou sacrificado[11]; 5) não foi contemplada a hipótese da responsabilidade por danos decorrentes do exercício da função política[12].

---

[11] V., respectivamente, o n.º 1 do art. 11.º, o art. 13.º, os n.ºs 1 e 5 do art. 15.º, e o art. 16.º da RRCEC.

[12] Muito embora, por mero lapso, que se explica pelo facto de no projecto se ter chegado a contemplar a hipótese de responsabilidade civil por danos decorrentes do exercício da função política, tanto na epígrafe do capítulo IV, como do artigo 15.º (que integra e esgota esse capítulo), se fale da "responsabilidade civil por danos decorrentes do exercício da função político-legislativa". Quanto à solução da lei, devemos acrescentar que está em

152 *Estudos de Direito Fiscal*

Por isso, tendo em conta estas manifestações de alguma moderação, a preocupação subjacente àquela pergunta não se revelará excessiva, exagerada? Tanto mais que, entre as alterações trazidas pela nova lei de responsabilidade das entidades públicas, uma das mais visíveis e importantes é constituída justamente pelo efectivo estabelecimento do direito de regresso, cujo exercício passou a ser obrigatório.

Um direito que assim deve ser exercido, de um lado, por danos decorrentes do exercício da função administrativa, contra os titulares dos órgãos, funcionários ou agentes do Estado e demais entidades públicas que tenham actuado com dolo ou com diligência ou zelo manifestamente inferiores aqueles a que se encontravam obrigados em razão do cargo e, de outro lado, por danos decorrentes do exercício da função jurisdicional, contra os magistrados judiciais e do Ministério Público que tenham actuado com dolo ou culpa grave. Por conseguinte, na exacta medida em que esse direito de regresso venha a ser efectivado, sobretudo agora que o seu exercício é obrigatório, terá lugar uma diminuição das situações se em que a responsabilidade se concretizará em efectivos custos públicos, em efectivos encargos para os contribuintes[13].

Certamente que tanto aquelas cautelas como a obrigatoriedade do exercício do direito de regresso e o alargamento deste, atenuam, em alguma medida, as consequências referidas e subjacentes àquela pergunta que fizemos. Mas é óbvio que, de maneira nenhuma, as elimina. Pois é preciso ter em consideração as limitações que, em todo o caso, subsistem no exercício do referido direito de regresso.

É que o referido direito de regresso não foi estabelecido com o carácter geral que devia ter, pois o mesmo não vale, como já referimos, face aos órgãos legislativos. Pelo que, pelos danos provocados pelo legislador, responderão sempre e em termos definitivos os contribuintes, uma vez que em relação à responsabilidade por danos decorrentes do exercício da função legislativa jamais haverá lugar a qualquer direito de regresso mesmo

---

consonância, de resto, com o disposto na alínea *g*) do n.º 1 do art. 4.º do actual ETAF que, na redacção da Lei n.º 107-D/2003, de 31 de Dezembro, deixou de se referir à responsabilidade decorrente do exercício da função política.

[13] Todavia, como também já foi afirmado, tem sido notícia que as entidades públicas se preparam para transferir a responsabilidade dos titulares dos seus órgãos, funcionários ou agentes para empresas seguradoras, cujos prémios em alguns casos, ao que parece, serão suportados por dinheiros públicos, portanto pelos contribuintes.

Responsabilidade civil da Administração Fiscal 153

que os titulares do órgão legislativo, ao causar os referidos danos, tenham agido com dolo ou com culpa grave.

O que não pode deixar de ser tido com uma importante limitação à responsabilização que a lei em análise, ao que parece, visaria prosseguir, sobretudo se tivermos em conta o seu profundo significado e alcance, uma vez que, não podemos esquecer, a não previsão desse direito de regresso, excluindo-se os deputados da Assembleia da República e das assembleias legislativas regionais e os membros do Conselho de Ministros de qualquer responsabilidade ainda que tenham actuado com dolo ou culpa grave. Pelo que pelos danos anormais causados pelos órgãos legislativos, mesmo que com dolo ou com culpa grave dos seus titulares, respondem e respondem só os contribuintes. Para além de a aprovação dessa solução legal ter sido, em larga medida, como é fácil de ver, uma verdadeira decisão em causa própria da Assembleia da República.

Por isso mesmo, se a exigência de impostos desencadeia a actuação de um estrito princípio da legalidade de actuação dos órgãos do Estado, como é indiscutivelmente o princípio constitucional da legalidade fiscal, assente na ideia consolidada, desde há muitos séculos, de autotributação ou autoconsentimento dos impostos, bom é que idêntica ideia esteja na base da legislação que constitui o suporte da actuação desses mesmos órgãos que implique despesa pública[14].

II. RESPONSABILIDADE CIVIL DA ADMINISTRAÇÃO FISCAL

Mas vejamos, em termos muito gerais, como o problema da responsabilidade civil extracontratual da Administração Fiscal se tem colocado e se pode colocar. O que implica sobretudo saber se a lei da responsabilidade civil extracontratual do Estado e demais entidades públicas se aplica aos danos decorrentes do exercício das funções esta-

---

[14] Para a chamada de atenção para a exigência de uma vigilância do parlamento sobre o "poder de gastar" que se equipare à vigilância parlamentar exercida sobre o "poder de tributar", que no Estado de direito liberal acabavam, a seu modo, por coincidir, v. o nosso estudo «A constituição fiscal de 1976, sua evolução e seus desafios», em *Por um Estado Fiscal Suportável – Estudos de Direito Fiscal*, Almedina, Coimbra, 2005, p. 121 e ss. (142 e ss.).

duais no domínio do direito dos impostos sem mais ou se há lugar a especificidades.

Uma pergunta em relação à qual podemos adiantar, desde já, que nos parece claro que, se e na medida em que não haja normas específicas de direito fiscal que contemplem a situação, se aplica o regime daquela lei geral. O que não admira, pois é preciso não esquecer que o direito fiscal se configura, enquanto ramo de direito público e para o que aqui nos interessa, como direito administrativo[15]. Sendo justamente ao nível desse ramo do direito que, se houver algumas especificidades, elas terão lugar, muito embora as relações do direito fiscal se não fiquem por esse nível. Senão vejamos.

1. A diversidade de relações do direito dos impostos

Na verdade, afigura-se-nos ser da maior importância assinalar que as relações em que o direito dos impostos se desdobra são, no essencial, de três níveis, a saber: 1) de nível constitucional com concretização numa aparente relação Estado – contribuintes (que integra o *Steuerverfassungsrecht*); 2) de nível administrativo com materialização na relação Administração Fiscal – contribuintes (ou sujeitos passivos) (que integra o *Steuerverwaltungsrecht*); 3) de nível obrigacional, em que temos uma relação credor (Fazenda Pública) – devedores (ou sujeitos passivos) (que integra o *Steuerschuldrecht*).

Uma palavra sobre cada um destes tipos de relações.

1.1. *A relação constitucional*

Relativamente ao primeiro tipo de relações, é de começar por assinalar que, mais do que perante uma relação Estado – contribuintes, estamos na realidade, perante uma relação de cada contribuinte com os restantes contribuintes, ou seja, com os restantes cidadãos (ou melhor, residentes)[16].

---

[15] V. o nosso *Direito Fiscal*, 4.ª ed., Almedina, Coimbra, 2006, p. 73 e ss.

[16] Pois, como diz K. TIPKE, a igualdade em sede do direito fiscal, reporta-se aos contribuintes nas suas relações entre si, isto é, reporta-se aos contribuintes enquanto membros da comunidade solidária que suporta o encargo constituído pelos impostos.

Responsabilidade civil da Administração Fiscal

Daí que estejamos, a esse nível, perante um dever fundamental, o *dever fundamental de pagar impostos*, o qual, bem vistas as coisas, é um dever que tem associados alguns direitos fundamentais.

Pois, embora como qualquer dever, constitua directamente uma posição passiva do contribuinte face ao Estado, reflexamente configura-se como uma posição activa do contribuinte traduzida também em direitos fundamentais que, de algum modo, cercam esse dever fundamental. Pelo que bem podemos dizer que estamos aí perante um *dever cercado de direitos*, em que temos: 1) o *direito de não pagar impostos* a não ser aqueles que hajam sido criados nos termos da Constituição, não tenham natureza retroactiva e cuja liquidação e cobrança se façam nos termos da lei (n.º 3 do art. 103.º da Constituição); 2) o *direito de exigir* que todos os outros membros da comunidade também contribuam para a comunidade, o que implica para o Estado que todos os membros da comunidade sejam constituídos em destinatários desse dever (uma tarefa do legislador) e, bem assim, que todos eles sejam efectivamente obrigados ao cumprimento do mesmo (uma tarefa da Administração Fiscal); 3) o *direito à eficiência da despesa pública*, o que significa que o dever fundamental de pagar impostos apenas se conterá nos limites constitucionais se a despesa assegurar um adequado retorno à sociedade, em quantidade e qualidade de serviços públicos, do montante dos impostos.

Ideias das quais decorrem importantes consequências, mormente em sede dos meios operativos de garantia dos contribuintes, com destaque para os meios procedimentais e processuais, como o reconhecimento de legitimidade activa aos contribuintes para impugnarem administrativa e judicialmente os actos de não tributação ou de tributação menor ilegais, integrem-se estes no procedimento tributário geral (no procedimento de liquidação de um imposto) ou em procedimentos especiais como o concretizado, por exemplo, no reconhecimento de benefícios fiscais. O que se consubstancia na atribuição de uma *acção popular* a favor dos contribuintes, mais especificamente dos contribuintes que se apresentem como contribuintes efectivos no imposto a que a impugnação diga respeito[17].

---

[17] O que traduz uma particular exigência em sede da legitimidade activa dessa acção popular – v. o nosso estudo «Estado fiscal, cidadania fiscal e alguns dos seus problemas», em *Por um Estado Fiscal Suportável – Estudos de Direito Fiscal*, ob. cit., p. 41 e ss.

1.2. *A relação administrativa*

Quanto ao segundo tipo de relações, como é fácil de constatar, estamos perante uma típica relação de direito administrativo entre a Administração Fiscal e os contribuintes ou sujeitos passivos, em que aquela se apresenta munida de poderes de autoridade a concretizar na edição de actos administrativos, sejam os actos de liquidação de impostos (*stricto sensu*), pelos quais se identifica no caso concreto o respectivo contribuinte e se determina o montante do correspondente imposto a pagar, sejam os actos em matéria tributária, entre os quais se destacam os actos administrativos relativos a questões tributárias, como são, entre outros, os actos de levantamento administrativo do sigilo bancário, de inspecção tributária, de informação vinculativa e de avaliação prévia, de aplicação de normas de prevenção da fraude e evasão fiscais, de elisão de presunções, de concessão de benefícios fiscais, de inclusão de contribuintes nas listas de devedores ao Fisco e à Segurança Social, etc.[18]

Um tipo de relações que se mantém, naturalmente, na fase executiva do acto tributário em sentido estrito, ou seja, em sede do processo de execução fiscal, o qual, como é sabido, decorre na sua maior parte na Administração Fiscal. Pois também nessa fase administrativa do processo de execução fiscal a Administração, na sua veste de "órgão da execução fiscal"[19], continua munida dos seus poderes de autoridade, praticando actos de natureza administrativa, aliás da maior importância, como são, entre outros, a nomeação dos bens à penhora, a penhora, a venda dos bens e a reversão da execução contra os responsáveis fiscais, embora todos estes actos se encontrem inseridos no mencionado processo de execução, no qual podem ser objecto da correspondente impugnação judicial[20].

Trata-se assim de típicas relações de *supra/infra-ordenação* que fazem do direito dos impostos, quanto ao aspecto agora em consideração, um ramo especial do direito administrativo. O que tem como con-

---

[18] V. sobre esses actos e os correspondentes procedimentos, o nosso *Direito Fiscal*, ob. cit., p. 342 e ss., e 374 e ss.

[19] Quanto ao sentido e alcance dessa expressão, v., por todos, JORGE DE SOUSA, *Código de Procedimento e de Processo Tributário Anotado e Comentado*, 5.ª ed., Área Editores, Vislis, Vol I, Lisboa, 2006, anots. aos arts. 148.° e 149.°

[20] Tudo actos de natureza administrativa que, no entendimento do Tribunal Constitucional, não brigam com a reserva da função jurisdicional – v., entre outros, os Acs. 154/2002 e 160/2007.

sequência, entre outras, não se nos afigurar inteiramente correcto falar de "direito" da Administração Fiscal a tal propósito, como o faz frequentemente o legislador. É que a Administração Fiscal não dispõe de um direito subjectivo de liquidação dos impostos ou de exercício das demais competências tributárias que a lei lhe confere, pois estamos perante *poderes funcionais* que, justamente por isso, são simultaneamente poderes e deveres.

1.3. *A relação obrigacional*

Enfim, no concernente ao nível obrigacional, temos relações de natureza *paritária*, pois, como relação de crédito que é a relação de imposto, o seu sujeito activo ou credor, a Fazenda Pública, não se encontra munido de qualquer poder de autoridade. Pois a posição especialmente favorável de que o referido credor beneficia, traduzida, de um lado, nas garantias especiais de que o crédito tributário goza e, de outro lado, no processo de execução fiscal de que dispõe para obter o cumprimento coercivo da obrigação fiscal, não modificam em nada a natureza paritária dessa relação[21].

De resto, desse seu carácter paritário se retiram importantes consequências seja no respeitante à compreensão de institutos do tipo da "sub-rogação nos direitos da Fazenda Pública", seja no sentido de os juros de mora devidos aos contribuintes não deverem ser diversos em montante e em condições de exigência dos juros de mora a favor da Fazenda Pública. Assim, no que respeita ao instituto da sub-rogação, compreende-se que, nos termos dos arts. 41.° da LGT e 91.° e 92.° do CPPT, o sub-rogado disponha justamente dos mesmos direitos que assistiam à Fazenda Pública antes de se operar a transmissão pelo lado activo da obrigação fiscal concretizada na sub-rogação, seja no concernente às específicas garantias do crédito, seja quanto ao direito à instauração ou prosseguimento da correspondente execução fiscal[22]. Execução que, na medida em que é levada a cabo pela Administração Fiscal, cabe a esta a prática dos correspondentes

---

[21] Como também não modifica essa natureza paritária a circunstância de estarmos perante uma relação obrigacional pública, porquanto as normas que a disciplinam integram o direito público.

[22] Cf. o nosso *Direito Fiscal*, ob. cit., p. 285 e ss.

158   *Estudos de Direito Fiscal*

actos de execução, os quais, para além de serem expressão de autoridade, se apresentam face ao sub-rogado como actos legalmente devidos[23].

Por seu turno, no respeitante aos juros de mora devidos aos contribuintes[24], não assiste razão ao STA que, não obstante ter proferido alguns acórdãos no sentido que julgamos correcto[25], vem sufragando uma posição que conduz a uma inaceitável diversidade de tratamento dos contribuintes face à Fazenda Pública. Pois aplica aos juros moratórios a favor da Fazenda Pública o disposto no n.º 3 do art. 44.º da LGT, que conduz a juros de 12% (ou, em certos casos, de 6%) ao ano, os quais incidem também sobre os juros compensatórios, enquanto no respeitante aos juros moratórios a favor dos contribuintes se pauta pelo disposto no n.º 1 do art. 559.º do Código Civil, o que conduz a juros de 4% ao ano, os quais, por sua vez, não incidem sobre os juros indemnizatórios[26].

O que conduz a uma solução legal que, ao limitar a referida responsabilidade civil, de um lado, e ao limitá-la apenas relativamente aos danos suportados pelos contribuintes, de outro lado, viola, a nosso ver, tanto o princípio constitucional da responsabilidade civil das entidades públicas, titulares dos seus órgãos, funcionários e agentes, como o princípio constitucional da igualdade. E quanto à violação deste último princípio, não se argumente, para justificar a diversidade de tratamento, com a ideia da

---

[23] Por isso mesmo, cabendo ao sub-rogado a iniciativa processual e todos os demais direitos que antes da sub-rogação pertenciam à Fazenda Pública, no caso de a Administração Fiscal depois de ser solicitada a instaurar ou a prosseguir a execução fiscal, não responder à solicitação ou recusar dar seguimento ao pedido, assiste ao sub-rogado o direito de pedir ao tribunal tributário competente para a execução fiscal a condenação à prática de acto legalmente devido, como são os actos próprios do órgão de execução, instaurando o adequado processo de intimação previsto no art. 147.º do CPPT. Cf. JORGE DE SOUSA, *Código de Procedimento e de Processo Tributário Anotado e Comentado*, Vol. I cit., anots. aos arts. 91.º e 92.º. V. também o que dizemos *infra*, no ponto 2.3.2.

[24] Contados desde o termo do prazo de execução espontânea da sentença anulatória do acto tributário até ao efectivo e integral reembolso do imposto ilegalmente pago, uma vez que, da data do pagamento do imposto até ao termo do prazo da execução espontânea da sentença anulatória do acto tributário, são devidos ao contribuinte juros indemnizatórios.

[25] V. os Acórdãos de 3 de Outubro de 2007 – Proc. n.º 431/07, e de 17 de Outubro de 2007 – Proc. 0447/07.

[26] V., entre outros, o Acórdão do Pleno de 24 de Outubro de 2007 – Rec. n.º 1095/ /05, e o Acórdão de 31 de Janeiro de 2008 – Proc. n.º 0839/07. Cf. o que dizemos mais adiante no ponto 2.3.1.

Responsabilidade civil da Administração Fiscal 159

natural prevalência do interesse público na atempada arrecadação das receitas fiscais face aos interesses dos contribuintes[27], porque essa prevalência foi devidamente acautelada pelo ordenamento jurídico fiscal tanto ao nível da relação fiscal de direito constitucional como ao nível da relação fiscal de direito administrativo[28]. Por isso, exigir, a título dessa prevalência, também a diversidade de tratamento em sede de juros moratórios, parece-nos manifestamente excessivo e sem o menor apoio constitucional.

De resto, do mencionado carácter paritário da relação obrigacional fiscal temos nós deduzido a ideia, que vimos defendendo *de iure condendo*, no sentido de o exercício do direito de regresso dos responsáveis tributários que, após a correspondente reversão da execução fiscal, tenham, voluntária ou coercivamente, satisfeito o crédito tributário, possa beneficiar do processo de execução fiscal como deste processo beneficiam os sub-rogados nos direito da Fazenda Pública. Efectivamente, o relevante interesse público na correcta e atempada cobrança dos impostos, não deixa aqui de ter, a seu modo, um significado idêntico ao desempenhado no instituto da sub-rogação[29].

Por quanto vimos de dizer, compreende-se que, para designarmos o titular activo dessa relação de natureza obrigacional, ou seja, o credor, a nossa preferência vá para a expressão Fazenda Pública em vez de, como por via de regra o faz a lei actual, da expressão Administração Fiscal[30].

---

[27] Como o faz o STA no citado Acórdão do Pleno de 24 de Outubro de 2007 – Rec. n.º 1095/05.

[28] Para não falarmos da sua concretização, a seu modo, também no carácter especialmente garantido que a obrigação de imposto ostenta – v. o nosso *Direito Fiscal*, ob. cit., p. 243 e 255 e s.

[29] V. os nossos livros, *O Dever Fundamental de Pagar Impostos. Contributo para a compreensão constitucional do estado fiscal contemporâneo*, Coimbra, 1998, reimp. de 2008, p. 489, e *Direito Fiscal*, ob. cit., p. 286 e s. Refira-se que a proposta do texto nada tem a ver com a hipótese de o responsável tributário, antes de lhe ter sido exigido o pagamento da dívida, poder requerer a sub-rogação, uma situação que, como esclarece JORGE DE SOUSA, *Código de Procedimento e de Processo Tributário Anotado e Comentado*, Vol. I cit., anot. 15 ao art. 91.º, poderá interessar ao responsável solidário, mas não ao responsável subsidiário.

[30] A começar logo pelo n.º 2 do art. 41.º da LGT, em que se prescreve que "o terceiro que proceda ao pagamento das dívidas após o termo do prazo do pagamento voluntário fica sub-rogado nos direitos da administração tributária...". Por isso, a linguagem da lei no sistema anterior (CPCI, cujo art. 25.º falava de sub-rogação nos direitos da Fazenda

160 Estudos de Direito Fiscal

De facto esta expressão deve ser reservada para referir o sujeito activo das relações de nível administrativo, em que desempenha uma função bem diversa daquela que tem nas relações agora em consideração.

Refira-se, ainda a este propósito, que é da maior importância uma adequada consideração e delimitação desses três níveis de funções estaduais e dos seus limites constitucionais e legais. É que, como será fácil de admitir, é muito grande a tentação para os órgãos do Estado (o mesmo vale para os órgãos das regiões autónomas), que se apresentam no domínio dos impostos simultaneamente como legislador, como administrador e como credor, aproveitar essa circunstância para ultrapassar os limites correspondentes ao exercício de cada uma dessas funções através do recurso ao exercício de uma outra ou outras funções, designadamente actuando como legislador fiscal para ultrapassar limites com que se depara como administrador tributário, ou agindo como legislador ou como administrador tributário para ultrapassar limites que tem como credor tributário[31].

1.4. *A localização da responsabilidade na relação administrativa*

Mas, revertendo à temática desta intervenção, do que vimos de dizer, como será fácil de verificar, a haver especificidades no concernente à responsabilidade civil extracontratual das entidades públicas no quadro do direito dos impostos, ou seja, no respeitante à responsabilidade por danos decorrentes da actuação do Estado e demais entidades públicas no domínio das relações tributárias, elas localizar-se-ão nas relações de natureza administrativa, ou seja, em sede da responsabilidade civil administrativa[32].

Nacional, e CPT, cujo art. 111.° falava de sub-rogação nos direitos da Fazenda Pública), apresentava-se mais correcta.

[31] Consideração e delimitação que, como é fácil de ver, não constituem tarefa fácil, em virtude sobretudo de não haver uma separação absolutamente estanque do domínio que cada uma dessas funções estaduais abarca.

[32] V. as intervenções de CARLOS A. FERNANDES CADILHA e MARGARIDA CORTEZ em *Responsabilidade Civil Extra-Contrataual do Estado. Trabalhos Preparatórios da Reforma*, Ministério da Justiça, Coimbra Editora, Coimbra, 2002, p. 217 e ss.; e MARCELO REBELO DE SOUSA e ANDRÉ SALGADO DE MATOS, *Responsabilidade Civil Administrativa. Direito Administrativo Geral*, Tomo III, Dom Quixote, Lisboa, 2008. Para a situação anterior à actual lei, v. MARIA DA GLÓRIA GARCIA, *A Responsabilidade Civil do Estado e demais Pessoas Colectivas Públicas*, Conselho Económico e Social, Lisboa, 1997.

Pois, no concernente às relações de nível constitucional, cuja concretização passa necessariamente pela intervenção do legislador, o qual, por força do princípio constitucional da legalidade fiscal, tem de ser mesmo um legislador qualificado, os danos, que venham a ter lugar a esse nível, serão imputáveis ao exercício da função legislativa. Por isso, a responsabilidade que aí venha a surgir não originará quaisquer especificidades, uma vez que a responsabilidade por danos decorrentes do exercício da função legislativa comporta um tratamento inteiramente unitário, independentemente portanto do sector ou ramo de direito em que venha a ter lugar[33].

Uma ideia que, de igual modo, vale integralmente para a responsabilidade por danos decorrentes do exercício da função jurisdicional. Efectivamente, também essa responsabilidade não comportará quaisquer especificidades em sede do direito fiscal, já que os danos decorrentes das sentenças e demais actos jurisdicionais dos tribunais tributários não têm qualquer especificidade face aos dos demais tribunais, mormente face aos dos tribunais administrativos integrados como os tribunais tributários na mesma ordem jurisdicional – a jurisdição administrativa e fiscal[34].

Aliás, no sentido de que não há lugar a quaisquer especificidades relativamente à responsabilidade civil por danos decorrentes do exercício das funções legislativa e jurisdicional, vai o n.º 1 do art. 2.º da Lei n.º 67//2007, quando prescreve que "o disposto na presente lei salvaguarda os regimes especiais de responsabilidade civil por danos decorrentes do exercício da função administrativa", não prevendo assim qualquer salvaguarda de regimes especiais no respeitante à responsabilidade civil legislativa e à responsabilidade civil jurisdicional. Uma ideia que não é posta em causa pelo facto de os litígios respeitantes à responsabilidade por danos decor-

---

[33] Para a responsabilidade civil por danos decorrentes do exercício da função legislativa v., por todos, RUI MEDEIROS, *Ensaio sobre a Responsabilidade Civil do Estado por Actos Legislativos*, Almedina, Coimbra, 1992; MARIA LÚCIA AMARAL, *Responsabilidade do Estado e Dever de Indemnizar do Legislador*, Coimbra Editora, Coimbra, 1998, e as intervenções de JORGE MIRANDA, RUI MEDEIROS e MARIA LÚCIA AMARAL, em *Responsabilidade Civil Extra-contratual do Estado. Trabalhos Preparatórios da Reforma*, ob. cit., p. 185 e ss.

[34] Para a responsabilidade civil por danos decorrentes do exercício da função jurisdicional, v., por todos, LUÍS CATARINO, *A Responsabilidade do Estado pela Administração da Justiça: o Erro Judiciário e o Funcionamento Anormal*, Almedina, Coimbra, 1999, e a intervenção do mesmo autor em *Responsabilidade Civil Extra-Contratual do Estado. Trabalhos Preparatórios da Reforma*, ob. cit., p. 267 e ss.

rentes do exercício da função legislativa e da função jurisdicional integrarem a competência dos tribunais administrativos, como decorre da alínea *g*) do n.º 1 do art. 4.º do ETAF, no que concretiza, como é reconhecido, uma verdadeira ampliação do domínio natural da justiça administrativa[35].

Uma ampliação que comporta, todavia, no respeitante à responsabilidade pelos danos decorrentes do exercício da função jurisdicional, uma excepção, isto é, a excepção prevista na alínea *a*) do n.º 3 desse artigo quanto à responsabilidade por danos decorrentes do exercício da função jurisdicional relativa a erro judiciário cometido por tribunais não pertencentes à ordem da jurisdição administrativa e fiscal, bem como ao exercício do correspondente direito de regresso, uma vez que, nesse caso, as correspondentes acções serão da competência dos tribunais da respectiva ordem jurisdicional. Uma solução que, embora se compreenda, devemos assinalar, nada tem de necessário[36].

Por conseguinte, regimes especiais serão admissíveis apenas em sede da responsabilidade civil por danos decorrentes do exercício da função administrativa. Donde decorre que alínea *g*) do n.º 1 do art. 4.º do ETAF, ao abrir a porta a regimes especiais, por maioria de razão há-de admitir especificidades de regime como, ao fim e ao cabo, é o que se verifica no respeitante à responsabilidade civil por danos provocados pela Administração Fiscal.

2. A responsabilidade civil da Administração Fiscal

Visto que, a haver especificidades em sede do direito dos impostos, da responsabilidade civil extracontratual das entidades públicas, ou seja da Administração Fiscal, elas reportar-se-ão à responsabilidade por danos decorrentes do exercício da função administrativa, importa então averiguar se há especificidades e, em caso de resposta afirmativa, que especificidades são essas. Especificidades que, a nosso ver, podem colocar-se a

---

[35] Cf. J. C. Vieira de Andrade, *A Justiça Administrativa*, 9.ª ed., Almedina, Coimbra, 2007, p. 115 e s.

[36] Menos compreensível se revela a subtracção à justiça administrativa dos litígios respeitantes aos actos materialmente administrativos do Presidente do STJ e do Conselho Superior da Magistratura e do seu Presidente constante das alíneas *b*) e *c*) do n.º 3 do art. 4.º do ETAF.

Responsabilidade civil da Administração Fiscal 163

dois níveis, a saber: ao nível do direito substantivo da responsabilidade e, ao nível dos tribunais competentes para as correspondentes acções e do correspondente processo a seguir. A estes aspectos vamos dedicar as linhas que se seguem.

2.1. *A configuração tradicional do problema*

Antes, porém, de procurarmos alinhar algumas considerações avulsas a este respeito, afigura-se-nos do maior interesse averiguar a razão que terá estado por detrás da circunstância de, até ao presente, não se ter posto o problema da responsabilidade civil extracontratual das Administração Fiscal ou, noutra versão, da responsabilidade pelos danos decorrentes da acção administrativa em sede do direito fiscal. Pois bem, a tal propósito, parece não ser descabido recordar a forma tradicional de actuação da Administração Fiscal e do tipo de danos que podia causar.

Pois bem, no sistema que podemos considerar clássico de administração ou gestão dos impostos, reportado a um sistema fiscal relativamente simples que era objecto de uma verdadeira gestão pública, concretizada no lançamento, liquidação e cobrança dos impostos pela Administração Fiscal[37], não fazia grande sentido falar de responsabilidade civil extracontratual desta. É que os eventuais danos, que a Administração Fiscal podia causar, traduziam-se invariavelmente em liquidações ilegais de impostos, cuja impugnação administrativa ou judicial com êxito conduzia, em princípio, a um ressarcimento satisfatório através da restituição do imposto ilegalmente liquidado e cobrado e sobretudo com o pagamento dos correspondentes juros ao contribuinte, antes designados por "juros de indemnização" e, presentemente, por "juros indemnizatórios"[38].

---

[37] V. sobre essa forma de gestão dos impostos o nosso estudo «Reforma tributária num Estado fiscal suportável», em *Por um Estado Fiscal Suportável – Estudos de Direito Fiscal*, Volume II, Almedina, Coimbra, 2008, p. 67 e ss. (76 e ss.).

[38] Isto é, até ao Código de Processo Tributário, que entrou em vigor em 1 de Julho de 1991, e, a partir desse Código – v. RÚBEN A. CARVALHO e F. RODRIGUES PARDAL, *Código de Processo das Contribuições e Impostos Anotado e Comentado*, vol. I, 2.ª ed., Almedina, Coimbra, 1969, p. 159; ALFREDO J. SOUSA e J. SILVA PAIXÃO, *Código de Processo Tributário Anotado e Comentado*, 4.ª ed. Almedina, Coimbra, 1998, anots. ao art. 24.º; e ANTÓNIO LIMA GUERREIRO e J. S. DIAS MARQUES, *Código de Processo Tributário Comentado*, Fisco, 1991, coments. ao art. 24.º.

164 *Estudos de Direito Fiscal*

Em princípio, não haveria lugar a outros danos decorrentes da actuação administrativa, uma vez que essa actuação se limitava ao procedimento tributário geral ou comum, isto é, ao procedimento de liquidação e cobrança dos impostos. Pois os diversos procedimentos tributários especiais, que presentemente ocupam a acção Administração Fiscal, alguns deles particularmente gravosos para os contribuintes, como os relativos ao levantamento administrativo do sigilo bancário, de inspecção tributária, de aplicação de normas de prevenção da fraude e evasão fiscais, de inclusão de contribuintes nas listas de devedores ao Fisco e à Segurança Social, etc., praticamente não existiam. Para além de que, mesmo quanto aos que existissem, o problema verdadeiramente não se colocar, em virtude de a competência e o processo para julgar os correspondentes litígios pertencer então à jurisdição administrativa e não à jurisdição fiscal[39].

2.2. *O problema no quadro do actual sistema fiscal*

Mas as coisas mudaram completamente de figura quando o sistema fiscal português, em cumprimento do programa de reforma fiscal constante da Constituição, foi objecto de uma profunda reforma nos anos oitenta do século passado com a entrada em vigor do IVA, em 1986, e do IRS e IRC, em 1989. Impostos em relação aos quais, no que respeita à sua administração ou gestão, assistimos a uma verdadeira "privatização", suportada numa complexa rede de obrigações acessórias que oneram muito significativamente as empresas, que passaram a lançar, liquidar e cobrar a generalidade dos impostos, seja com base na autoliquidação dos impostos de que são contribuintes, seja através da técnica de retenção na fonte de impostos de terceiros[40].

O que conduziu a que a Administração Fiscal passasse de uma *administração activa* para uma *administração de controlo*, sendo o seu actual papel nesse domínio fundamentalmente o de supervisionar e fiscalizar a

---

[39] Pois os litígios relativos a esses procedimentos apenas com a aprovação do ETAF, em 1984, passaram a ser da competência dos tribunais tributários.

[40] Uma privatização que não pode deixar de ser considerada *sui generis*, uma vez que se enquadra na actual trilogia do Estado pós-moderno conhecida pela expressão "liberalização, privatização e desregulação".

actuação de liquidação e cobrança dos impostos por parte dos particulares, sobretudo das empresas. Daí a existência de todo um conjunto de procedimentos tributários especiais em relação aos quais obviamente a actuação ilegal da Administração Fiscal pode originar danos muito significativos aos contribuintes e demais sujeitos tributários passivos. Danos que jamais poderão ser objecto de um ressarcimento minimamente adequado pela via tradicional de que falámos[41].

Por isso, faz todo o sentido, hoje em dia, falar da responsabilidade civil extracontratual da Administração Fiscal e convocar a lei geral que disciplina essa responsabilidade, como contendo o respectivo direito substantivo, sendo a mesma aplicável nos mesmos termos que é aplicada à Administração em geral. Não havendo, por conseguinte, quaisquer limitações, a não ser aquelas que eventualmente decorram da natureza das relações tributárias e que tenham uma específica disciplina em diplomas legais fiscais.

2.3. *As actuais especificidades da responsabilidade civil da Administração Fiscal*

Vejamos, então, que especificidades têm lugar na responsabilidade civil extracontratual da Administração Fiscal tanto no plano do direito substantivo contido na lei, que serviu de pretexto a este colóquio, como no plano do direito adjectivo ou processual cuja disciplina encontramos, por um lado, no ETAF e, por outro lado, no CPPT.

2.3.1. *No plano substantivo*

Começando pelo plano substantivo, devemos dizer que não encontramos no direito fiscal normas que estabeleçam especificidades no respeitante à responsabilidade civil extracontratual da Administração Fiscal[42],

---

[41] Para uma consideração mais desenvolvida do que vimos de dizer, v. Vasco B. Guimarães, *A Responsabilidade Civil da Administração Fiscal*, Vislis, Lisboa, 2007, esp. p. 213 e ss.

[42] O que não é nada de novo, uma vez que já assim se deviam entender as coisas no domínio do anterior regime da responsabilidade civil da Administração Pública constante do Decreto-Lei n.° 48 051, de 21 de Novembro de 1967.

166   *Estudos de Direito Fiscal*

a não ser, salvo melhor investigação, as normas relativas ao pagamento de juros indemnizatórios e dos juros moratórios a favor dos contribuintes, de um lado, e as relativas à "garantia em caso de prestação indevida" constantes do art. 53.° da LGT, de outro lado.

Pois bem, no caso de liquidação e cobrança ilegais de um imposto, o ressarcimento dos danos do contribuinte passa pelo pagamento por parte da Administração Fiscal de dos juros indemnizatórios, nuns casos, e de juros moratórios a favor do contribuinte, noutros casos. Juros esses que, todavia, não são iguais aos juros que os contribuintes pagam à Administração Fiscal: os juros compensatórios devidos "quando, por facto imputável ao sujeito passivo, for retardada a liquidação de parte ou da totalidade do imposto devido ou a entrega de imposto a pagar antecipadamente, ou retido ou a reter no âmbito da substituição tributária" (art. 35.°, n.os 1 e 10, da LGT)[43]; e os juros moratórios "devidos quando o sujeito passivo não pague o imposto no prazo legal", sendo a sua taxa a definida para as dívidas ao Estado e outras entidades públicas (art. 44.°, n.os 1 e 3, da LGT)[44].

Efectivamente, a taxa dos juros devidos aos contribuintes é, presentemente, sempre de 4% ao ano: a dos juros indemnizatórios porque a sua taxa, nos termos do art. 43.° da LGT, é igual à taxa dos juros compensatórios; e a dos juros de mora porque, na ausência de uma disposição a estabelecer uma qualquer taxa especial para os mesmos, como a existente para os juros moratórios a favor do Estado, se entende que é igual à taxa dos juros legais civis[45].

Mas também em sede da responsabilidade da Administração Fiscal pelos danos causados em virtude da garantia prestada[46] em caso de pres-

---

[43] Sendo a sua taxa equivalente à taxa dos juros legais fixada nos termos do n.° 1 do art. 559.° do Código Civil, a qual, segundo a Portaria n.° 291/2003, de 8 de Abril, é presentemente de 4% ao ano.

[44] A qual, nos termos do n.° 1 do art. 3.° do Decreto-Lei n.° 73/99, de 3 de Março, é presentemente e para as situações regra de 1% ao mês (12% ao ano), sendo de 0,5% ao mês (6% ao ano), no caso de dívidas cobertas por garantias reais constituídas por iniciativa da entidade credora ou por ela aceites e para as dívidas cobertas por garantia bancária.

[45] V. JORGE DE SOUSA, *Código de Procedimento e de Processo Tributário Anotado e Comentado*, Vol. I cit., anot. 9 ao art. 61.°.

[46] Garantia essa que, com a revogação do art. 183.°-A do CPPT pelo art. 94.° da LOE/2007 (Lei n.° 53-A/2006, de 29 de Dezembro), deixou de caducar como até aí suce-

Responsabilidade civil da Administração Fiscal   167

tação indevida, nos termos em que se encontra regulada no art. 53.º da LGT, a indemnização dos devedores tributários se revela, a nosso ver, bastante limitada[47]. Efectivamente, segundo o disposto nos n.ᵒˢ 1 e 2 desse artigo, "o devedor que, para suspender a execução ofereça garantia bancária ou equivalente será indemnizado total ou parcialmente pelos prejuízos resultantes da sua prestação, caso a tenha mantido por período superior a três anos em proporção do vencimento em recurso administrativo, impugnação ou oposição à execução que tenham por objecto a dívida garantida", sendo que o prazo referido "não se aplica quando se verifique, em reclamação graciosa ou impugnação judicial, que houve erro imputável aos serviços na liquidação do tributo". Pelo que, se não se provar, em reclamação graciosa ou impugnação judicial, erro imputável aos serviços na liquidação do correspondente imposto, o devedor deste apenas será indemnizado se e na medida em que a garantia se tenha mantido por mais de três anos[48].

Por outro lado, segundo se determina no n.º 3 desse preceito da LGT, a indemnização em causa "tem como limite máximo o montante resultante da aplicação ao valor garantido da taxa de juros indemnizatórios". Ou seja, essa indemnização não pode ultrapassar 4% do valor garantido.

Pelo que estamos assim perante limitações da responsabilidade que, em geral, podem conduzir a uma indemnização insuficiente, ou mesmo manifestamente insuficiente para o ressarcimento dos efectivos danos sofridos pelo devedor fiscal com a prestação de garantia em caso de prestação tributária indevida. Uma situação que deve ser tida por constitucionalmente inaceitável na medida em que isso se venha a verificar, seja porque se não adequa aos princípios e normas constitucionais relativos à responsabilidade do Estado e demais entidades públicas pelos danos que causam, seja porque consagra uma discriminação de todo infundada dos lesados pela Administração Fiscal face aos lesados pela restante Administração Pública.

---

dia, o que, todavia, voltará a acontecer a partir de 1 de Janeiro de 2009, por força da recente Lei n.º 40/2008, de 11 de Agosto, que veio repor aquela caducidade, se bem que em termos bem mais limitados, pois prevê essa caducidade apenas para o caso de reclamação.

[47] No mesmo sentido, v. o n.º 6 do art. 183.º-A do CPPT, preceito esse entretanto revogado como vimos de referir na nota anterior, o qual não foi retomado no novo art. 183.º-A introduzido pela Lei n.º 40/2008.

[48] Refira-se que esse prazo resulta da redacção dada a esse preceito pela LOE/2003 (Lei n.º 32-B/2002, de 30 de Dezembro), pois anteriormente era de dois anos.

Especificidades importantes são de antever, estamos em crer, no que ao exercício do *direito de regresso* respeita. Não no que concerne ao direito de regresso contra os titulares de órgãos, funcionários e agentes da Administração Fiscal, que não terá especificidades face aos titulares de órgãos, funcionários e agentes da Administração Pública em geral, mas relativamente aos particulares, sobretudo as empresas, quando com dolo ou culpa grave provocam danos ao actuarem no quadro da actual "privatização" da administração ou gestão dos impostos.

Com efeito, o exercício desse direito de regresso não poderá deixar de se confrontar, de um lado, com o facto de essa actividade pública ser exercida pelos particulares sem qualquer remuneração e, por outro, com a circunstância de a actuação em causa ser, por via de regra, assumida ou "homologada" tacitamente pela Administração Fiscal[49].

2.3.2. *No plano judiciário e processual*

Já em sede quer do direito judiciário tributário, isto é, dos tribunais competentes para conhecer das acções de responsabilidade civil por danos decorrentes da actuação da Administração Fiscal, quer do direito processual tributário relativo portanto ao processo a seguir no julgamento dessas acções, nos parece haver algumas especificidades traduzidas, de um lado, na competência dos tribunais fiscais para conhecer dessas acções e, de outro lado, na forma de processo a seguir.

Assim e quanto à competência dos tribunais fiscais, esta impõe-se pelas razões de especialização que estão na base da exigência constitucional de uma jurisdição administrativa e fiscal diversa da jurisdição comum. Pelo que, impondo a Constituição a existência dentro da jurisdição administrativa e fiscal de duas subjurisdições (a subjurisdição administrativa e a subjurisdição fiscal), afigura-se-nos que não seria conforme a esse imperativo constitucional atribuir a competência para o julgamento das acções de responsabilidade em causa aos tribunais da subjurisdição administrativa. A menos que a lei venha dizer o contrário, conquanto que uma tal opção do legislador se enquadre no entendimento de uma reserva consti-

---

[49] De homologação tácita se fala no caso de autoliquidação – cf. o nosso *Direito Fiscal*, ob. cit., p. 326 e s. Uma qualificação por certo bem mais difícil no respeitante à retenção na fonte de impostos de terceiros, sobretudo quando essa retenção tem a natureza de pagamentos por conta.

Responsabilidade civil da Administração Fiscal   169

tucional relativa de competência dos tribunais administrativos face aos tribunais fiscais e destes face àqueles[50].

Quanto ao processo a seguir pelas acções de responsabilidade por danos decorrentes da actuação da Administração Fiscal, parece-nos que o mesmo deve seguir a forma ou formas previstas no actual direito processual tributário, mais especificamente no CPPT, nos termos que vamos referir. Por isso, não é necessário socorrermo-nos das formas de processo previstas no CPTA, ou seja, da acção administrativa comum prevista nesse Código, que se imporia não só pelo facto de o direito fiscal ser um ramo especial do direito administrativo, mas sobretudo em virtude do âmbito de aplicação do CPTA decorrente da convocação das "normas sobre organização e processo nos tribunais administrativos" contida na alínea c) do art. 2.º do CPPT[51].

Naturalmente que a via processual para a efectivação da responsabilidade por danos decorrentes de actuação da Administração Fiscal depende do tipo de actos desta. Aqui será de separar os casos de indemnização por danos decorrentes de actos que impliquem ou conduzam ao pagamento ilegal de impostos, cuja indemnização se concretizará, por via de regra, no pagamento dos correspondentes juros indemnizatórios ou moratórios, dos casos de indemnização por danos decorrentes de actos que não impliquem ou conduzam ao pagamento ilegal de impostos, cuja indemnização terá outros parâmetros para a sua concretização.

Assim, na medida em que os danos se reportem ao pagamento ilegal de impostos decorrente de actos tributários ilegais, isto é, de liquidações ilegais de impostos, a via processual a seguir é a que visa invalidar o acto tributário, a impugnação judicial (arts. 99.º e seguintes do CPPT), processo em que o interessado deve cumular o pedido de invalidade ou de anulação do acto tributário com o de condenação ao pagamento dos correspondentes juros indemnizatórios ou moratórios. Sendo certo que o pedido destes juros, mesmo que não tenha sido apresentado em cumulação

---

[50] Como acontece em sede da reserva de competência dos tribunais administrativos face aos tribunais judiciais e destes face àqueles. V. sobre esse entendimento, por todos, J. C. VIEIRA DE ANDRADE, A Justiça Administrativa, ob. cit., p. 99 e ss.

[51] Com concretizações específicas nos n.ºs 2 e 3 do art. 97.º e no n.º 2 do art. 146.º do CPPT – cf. o nosso artigo «Considerações sobre o Anteprojecto de Revisão da LGT e do CPPT dirigida à harmonização com a Reforma da Justiça Administrativa», em Por um Estado Fiscal Suportável – Estudos de Direito Fiscal, vol. II, Almedina, Coimbra, 2008, p. 159 e ss. (175 e s.).

170   *Estudos de Direito Fiscal*

com o pedido de invalidade ou de anulação do acto tributário no processo de impugnação, sempre pode ser feito em sede do correspondente processo de execução de julgados, como vem entendendo, e a nosso ver com inteiro acerto, o STA na jurisprudência mais recente[52].

Idêntica doutrina deve valer quando os danos decorrem da omissão ou recusa ilegal de acto administrativo relativo a questões fiscais que tenham como consequência a liquidação e cobrança, no todo ou em parte, de impostos, como ocorrerá no caso de omissão ou recusa relativa a uma isenção ou outro benefício fiscal que possa ter-se por legalmente devido. Também aqui o pedido de indemnização deve ser cumulado com o pedido de condenação da Administração Fiscal à concessão do benefício fiscal, ou seja, deve ser pedido no correspondente processo de intimação para um comportamento previsto no art. 147.º do CPPT[53]. Mais, igualmente nos parece que esse pedido possa ser feito em sede do correspondente processo de execução de julgados se e na medida em que os danos da referida omissão ou recusa se reportem à liquidação e cobrança ilegais de um imposto que essa omissão ou recusa permitiu e se concretizem nos correspondentes juros indemnizatórios ou moratórios. Com efeito, tendo em conta a similitude substancial desta situação com a referida anteriormente, por um lado, e a exigência constitucional de o sistema de justiça proporcionar uma tutela jurisdicional efectiva adequada aos contribuintes, por outro, não vemos razões para que assim não seja.

Já quanto à responsabilidade por danos decorrentes de actos que não impliquem ou conduzam ao pagamento ilegal de impostos, como acontecerá em geral com os actos dos procedimentos tributários especiais, a via processual a seguir há-de ser naturalmente a da acção para o reconhecimento de um direito ou interesse legalmente protegido, ou seja, a acção

---

[52] Depois de, numa fase anterior, exigir essa cumulação – v. sobre o problema com a referência a numerosa jurisprudência, JORGE DE SOUSA, *Código de Procedimento e de Processo Tributário Anotado e Comentado*, Vol. I, cit., anot. 7 ao art. 61.º.

[53] É certo que o art. 147.º do CPPT se refere apenas à omissão e não à recusa de acto. Todavia, numa leitura desse preceito à luz da garantia constitucional de uma tutela jurisdicional efectiva e do disposto no CPTA, que integra, nos termos dos arts. 46.º, n.º 2, al. *b*), e 66.º a 71.º, ambas as situações na acção administrativa especial de condenação à prática de acto devido, não se nos afigura descabido estender a referida via processual tributária à situação de recusa de acto. De resto, a não ser assim, parece que a via processual a seguir teria de ser a da acção administrativa especial de condenação à prática de acto devido regulada no CPTA.

prevista no art. 145.º do CPPT, a qual, segundo o disposto no n.º 4 desse preceito, segue os termos do processo de impugnação[54]. Uma forma de processo que, devemos sublinhar, conduz a uma importante diversidade entre as acções de responsabilidade contra a Administração Fiscal e as acções de responsabilidade contra a Administração Pública em geral, pois, enquanto aquelas seguem uma forma de processo que se aproxima da acção administrativa especial, estas seguem, nos termos da al. *f)* do n.º 2 do art. 37.º do CPTA, a forma de processo da acção administrativa comum.

---

[54] Cf. JORGE DE SOUSA, *Código de Procedimento e de Processo Tributário Anotado e Comentado*, Vol. I, cit., anot. 3 ao art. 61.º e anots. ao art. 145.º. Refira-se que este autor é de opinião, na mencionada anot. 3 ao art. 61.º, de que a essa acção se deve recorrer também no caso de actos de liquidação ilegais, em que o sujeito passivo pretenda uma indemnização superior à que resulta dos juros indemnizatórios, uma solução que não nos parece a mais acertada, pois não vemos que obstáculos se possam levantar à apreciação dessa indemnização no processo de impugnação ou de intimação à concessão de um benefício fiscal legalmente devido, conquanto que esse pedido tenha sido cumulado com o correspondente pedido de invalidade ou de condenação.

5. TRIBUTOS COM FINS AMBIENTAIS *

Sumário

I. A preocupação ambiental no direito tributário
1. Alusão à tutela do ambiente
2. As vias para atender a essa preocupação

II. Os limites da tutela ambiental pela via tributária
3. O direito económico tributário
4. Os tributos e benefícios fiscais ambientais

III. Os tributos ambientais
5. Os verdadeiros e os falsos tributos ambientais
6. A natureza dos tributos ambientais
   6.1. Impostos ou taxas?
   6.2. Tributação directa ou tributação indirecta?
7. O critério dos tributos ambientais
8. Os tributos ambientais no quadro do estado fiscal

I. A PREOCUPAÇÃO AMBIENTAL NO DIREITO TRIBUTÁRIO

Como facilmente se compreenderá, antes de tratar especificamente dos tributos com fins de protecção do meio ambiente, impõe-se fazer algumas considerações de ordem mais geral seja no respeitante à própria preocupação com a preservação do meio ambiente, seja à enorme panóplia de

---

* Este texto, elaborado para o livro comemorativo do L Aniversário do ILADT com o título *El Tributo y su Aplicación. Perspectivas para el Siglo XXI*, publicado pela Marcial Pons, Buenos Aires, 2008, Tomo II, p. 2043-2069, foi entretanto publicado também entre nós na *Revista de Finanças Públicas e Direito Fiscal*, n.º 4 (12/2008), p. 107-144.

meios ou instrumentos que essa preservação vem mobilizando. Pois dessa panóplia de meios ou instrumentos fazem parte justamente os tributos ambientais. Daí as alusões que se seguem à tutela do ambiente, por um lado, e ao universo de meios a mobilizar, por outro.

1. Alusão à tutela do ambiente

A primeira consideração a fazer acerca dos tributos com fins ambientais, frequentemente designados por tributos ambientais (sem mais), tem a ver com a introdução no direito tributário da preocupação ambiental, ou seja, da preocupação com a protecção ou tutela do meio ambiente. Uma preocupação que, como é natural, não surpreende.

Com efeito, desde que se tomou consciência de que o homem não podia continuar a destruir com a sua actuação o ambiente, cujas consequências terríveis como o efeito estufa, as chuvas ácidas e os buracos na camada do ozono bem o demonstram, tornou-se patente que o direito, todo o direito, não podia deixar de dar o seu contributo para a causa da protecção do meio ambiente. É certo que esse empenhamento do direito com a causa ambiental levou, um pouco por toda a parte, a falar de um novo ramo do direito – o direito do ambiente ou direito ambiental.

Todavia, mesmo que de um verdadeiro novo ramo de direito se trate, é de assinalar que o mesmo se construiu diversamente do que ocorria no passado, quando surgiam novos ramos do direito, que se justapunham, por via e regra sem dificuldades de maior. Na verdade, este jovem sector do direito, para além de suscitar problemas relativamente novos, acaba por intersectar, à maneira de uma mediana, todo o amplo e diversificado campo do direito, mobilizando todos os seus os ramos, embora em termos substancialmente diversos, para a tutela do ambiente[1].

---

[1] É justamente para sublinhar esta sua natureza, que, em geral, se chama a atenção para duas características do direito do ambiente, salientando que este se apresenta dominado, de um lado, pela ideia da *interdisciplinaridade*, a exigir o recurso a diversos saberes extrajurídicos, a saberes próprios de outras ciências sociais e das ciências naturais, da engenharia e da técnica, e, de outro lado, pela ideia da *horizontalidade* ou *transversalidade*, a convocar os diversos ramos do direito, mobilizando-os para a protecção ambiental. Daí que, entre os instrumentos de intervenção ambiental, encontremos o direito constitucional, o direito internacional, o direito comunitário, o direito privado, o direito penal, o direito administrativo, o direito tributário, etc.

Tributos com fins ambientais 175

Uma mobilização que, naturalmente, também chegou ao direito dos tributos, na qual se inscrevem os tributos com fins ambientais de que vamos tratar. Antes, porém, vamos fazer algumas considerações, muito gerais, como bem se compreende, procurando delinear o quadro da tutela do ambiente, que o mesmo é dizer, tentar recortar o quadro do próprio direito do ambiente e, bem assim, dos principais meios ou instrumentos de que dispõe para levar a cabo essa missão.

Pois bem, a este respeito, é de sublinhar que para tratar desta questão é relativamente indiferente a compreensão ou, como agora se prefere dizer, a pré-compreensão, que se tenha no respeitante ao direito do ambiente, bem como ao papel que a protecção do meio ambiente assume nas constituições contemporâneas. Com efeito, para o que nos preocupa pouco interesse tem se o direito do ambiente tem por base uma construção assente numa (pré-)compreensão antropocêntrica, em que a defesa do ambiente está centrada na defesa da vida humana, seja em si mesma, seja uma tal defesa polarizada na necessidade de preservar os recursos escassos imprescindíveis à manutenção da actividade produtiva suporte dessa vida humana[2], seja uma (pré-)compreensão ecocêntrica, em que o ambiente se apresenta tutelado em si mesmo, configurando-se a sua preservação, defesa e promoção como um valor próprio, um valor autónomo[3].

Como, por outro lado, igualmente tem escasso alcance o papel que o ambiente desempenha nas constituições políticas actuais, isto é, apresente-se nelas apenas como uma tarefa ou um conjunto de tarefas fundamentais

---

[2] Uma (pré)compreensão que alguns autores autonomizam sob a designação de concepção economicocêntrica, muito embora, como resulta do texto, a seu modo, ela não passe de uma particular (pré)compreensão antropocêntrica.

[3] V., por todos, PAOLO MADDALENA, *Dano Pubblico Ambientale*, Rimini, 1990, p. 83 e ss.; A. AMATUCCI, «L'inerenza dell'interesse pubblico alla produzioine: strumenti finanziari e tutela ambientale», e ALEJANDRO C. ALTAMIRANO, «El derecho tributario ante la constitucionalización del deecho a un médio ambiente sano», em HELENO TORRES (Org.), *Direito Tributário Ambiental*, Malheiros Editores, São Paulo, 2005, respectivamente, p. 55 e ss., e p 445 e ss.; GOMES CANOTILHO (Coord.), *Introdução ao Direito do Ambiente*, Universidade Aberta, 1998, p. 41. Sobre o direito do ambiente, v. também GOMES CANOTILHO, *Direito Público do Ambiente (Direito Constitucional e Administrativo)*, I Curso de Pós--Graduação em Direito do Ordenamento, do Urbanismo e do Ambiente, Coimbra, 1995/96, e JOSÉ E. FIGUEIREDO DIAS, *Direito Constitucional e Administrativo do Ambiente*, 2.ª ed., Almedina, Coimbra, 2007.

176   *Estudos de Direito Fiscal*

do Estado e demais entes públicos territoriais, ou configure-se o mesmo também como um (verdadeiro) direito fundamental dos cidadãos[4], como ocorre em diversas constituições, sobretudo nas mais recentes. Uma ideia cuja concretização plena pode ser ilustrada, a título de exemplo, como o que, a tal respeito, prescrevem as Constituições Portuguesa (de 1976), a Constituição Espanhola (de 1978) e a Constituição Brasileira (de 1988), nas quais a defesa do meio ambiente, para além de constituir o suporte de um diversificado conjunto de tarefas estaduais[5], se assume como um indiscutível direito fundamental.

Pois a Constituição Portuguesa prescreve no art. 66.°, n.° 1:"[t]odos têm direito a um ambiente de vida humano, sadio e ecologicamente equilibrado e o dever de o defender". Por seu lado, a Constituição Espanhola dispõe no art. 45.°, n.° 1, "[t]odos tienen el derecho a disfrutar de un medio ambiente adequado para el desarrollo de la persona, asi como el deber de conservarlo". Por último a Constituição Brasileira estabelece no *caput* do seu art. 225.°: "[t]odos têm direito ao meio ambiente ecologicamente equilibrado, bem de uso comum do povo e essencial à sadia qualidade de vida, impondo-se ao Poder Público e à colectividade o dever de defendê-lo e preservá-lo para as presentes e futuras gerações"[6]

Muito embora, seja de sublinhar a este respeito, que, hoje em dia, a própria doutrina que se tem mostrado mais adepta da compreensão do ambiente como um direito subjectivo, chame a atenção para as dificuldades que um tal entendimento enfrenta. É que, muito embora o tema do ambiente como direito subjectivo continue a ter importante relevância jurídica e dogmática, a sua compreensão não pode reduzir-se aos problemas ecológicos da primeira geração reportados aos elementos constitu-

---

[4] Que é em rigor um direito-dever fundamental como se pode ver pelas disposições constitucionais referidas a seguir.

[5] Como consta das diversas alíneas do n.° 2 do art. 66.° da Constituição Portuguesa, dos n.os 2 e 3 do art. 45.° da Constituição Espanhola, e dos diversos incisos do § 1.° do art. 225.° da Constituição Brasileira.

[6] Sendo de acrescentar que a Constituição Brasileira, com o aditamento, em 2002, do § 4.° ao seu art. 177.°, deixou claro os desígnios constitucionais em sede da protecção ambiental, dispondo que a lei federal que estabelecer contribuição de intervenção no domínio económico relativamente às actividades de importação ou comercialização de petróleo e seus derivados, gás natural e seus derivados e álcool combustível deverá atender a certos requisitos, entre o quais destinar parte dos recursos arrecadados ao financiamento de projectos ambientais relacionados com a indústria do petróleo e do gás.

Tributos com fins ambientais 177

tivos do ambiente (poluição das águas, do ar e do solo), antes implica os problemas ecológicos da segunda geração que extravasam em muito aqueles elementos constitutivos (camada do ozono, efeito estufa e mudanças climáticas)[7].

2. As vias para atender a essa preocupação

Mobilizando todos os ramos de direito, a tutela do ambiente serve-se de diversos meios ou instrumentos em relação aos quais se impõe dar notícia, ainda que sumária, a fim de podermos ajuizar do lugar desempenhado pelos instrumentos tributários, mais especificamente pelos tributos com fins de protecção do meio ambiente, no quadro dessa tutela. Pois, hoje em dia, é mais ou menos consensual a aceitação do importante papel que o direito tributário pode ter em sede da tutela do ambiente como meio ou instrumento dessa tutela.

Como é sabido, várias têm sido as vias propostas e experimentadas para fazer face às externalidades negativas ou desutilidades que as condutas e actividades económicas projectam sobre terceiros. Segundo uma parte importante da doutrina, os meios de que a tutela do ambiente se pode servir tendem a ser distribuídos por três grandes sectores, a saber: meios directos de conformação de comportamentos, meios de direcção de comportamentos através do planeamento e meios indirectos de conformação de comportamentos[8].

O primeiro grupo de meios corresponde em geral às vias clássicas de actuação estadual em sede da protecção ambiental, dentro dos quais se conta a via mais drástica de actuação, a via sancionatória penal, a qual, em virtude da natureza subsidiária do direito penal, só terá legitimidade para actuar quando as referidas externalidades, designadamente as emissões

---

[7] Sobre o problema, v., por todos, GOMES CANOTILHO, «O direito ao ambiente como direito subjectivo», em *Estudos sobre Direitos Fundamentais*, Coimbra Editora, Coimbra, 2004, p. 176 e ss.; e TÚLIO ROSEMBUJ, *Los Tributos y la Protección del Médio Ambiente*, Marcial Pons, Madrid, 1995, p. 24 e ss.

[8] Cf., por todos, BENDER/SPARWASSER/ENGEL, *Umweltrecht. Grundzüge des öffentlichen Umweltshutzrechts*, 3.ª ed., C. F. Müller, 1995, esp. p. 35 e ss.; e LUIS ORTEGA ÁLVAREZ (Dir.), *Lecciones de Derecho del Medio Ambiente*, 3.ª ed., Lex Nova, Valladolid, 2002, esp. p. 121 e ss.

178   *Estudos de Direito Fiscal*

poluentes, atinjam patamares que sejam, de todo, intoleráveis ou inaceitáveis. Por isso a via mais comum de actuação dentro desse grupo de meios de tutela ambiental será naturalmente a via administrativa traduzida numa diversidade de actuações.

Dentro dessas actuações temos quer actos de controlo ou fiscalização preventivo, como são as autorizações em sentido amplo, em que se incluem as autorizações propriamente ditas e as licenças, bem como algumas concessões, quer declarações da presença e afirmação de um particular interesse público a desencadear a aplicação de um específico regime jurídico como o decorrente dos actos de classificações de áreas protegidas ou de bens integrantes do património cultural[9], quer ainda actos proibitivos a implicar, por via de regra, a aplicação de sanções de natureza administrativa e as correspondentes sanções acessórias concretizadas na interdição do exercício de profissões ou actividades ou na cessação (revogação ou anulação) de autorizações e licenças.

No quadro destes instrumentos de direito administrativo para condutas ou actividades ecologicamente danosas que, num dado quadro de equilíbrio entre a defesa do meio ambiente e outros valores ou bens jurídicos, entre os quais sobressai a garantia de um desenvolvimento sustentável, não possam ser objecto de proibição em termos absolutos, sendo assim condutas ou actividades toleradas, merecem particular destaque os chamados instrumentos específicos de tutela ambiental, os quais, em relação aos Estados membros da União Europeia, constituem mesmo exigências do próprio direito comunitário, como são a Avaliação de Impacte Ambiental[10] e a licença ambiental[11].

Por seu turno, entre os segundos instrumentos podemos referir a planificação territorial, ou seja, aqueles meios de ordenamento do território que, não se apresentando com o objectivo principal ou predominante de ordenar estritamente a cidade, a urbe, visam sobretudo ordenar o território no seu conjunto ou nas suas específicas implicações para o equilíbrio ambiental. Pelo que se trata de instrumentos de ordenamento do território,

---

[9] V. sobre o património cultural, J. CASALTA NABAIS, *Introdução ao Direito do Património Cultural*, Almedina, Coimbra, 2004.

[10] Imposta pela Directiva n.º 85/337/CEE, do Conselho, de 17 de Junho de 1985, posteriormente modificada pela Directiva n.º 97/11/CEE, do Conselho, de 3 de Março de 1997.

[11] Exigida pela Directiva n.º 96/61/CEE, do Conselho, de 24 de Setembro.

Tributos com fins ambientais

os quais, embora integrando um dos três conhecidos segmentos em que se desdobra o diversificado direito do urbanismo[12], se apresentam como meios primordialmente dirigidos à tutela do ambiente[13].

Finalmente, temos os meios indirectos de tutela do ambiente em que sobressaem os instrumentos mobilizados de outros ramos de direito diferentes do direito administrativo, direito em que, em rigor, se localizam os instrumentos de protecção ambiental até agora referenciados. Entre esses meios indirectos de tutela, podemos mencionar os designados por instrumentos económicos em que temos tanto o clássico instituto da responsabilidade civil que naturalmente se alargou aos danos ambientais, como os mais modernos instrumentos económicos como são os subsídios e as subvenções do direito financeiro, os tributos ambientais e os benefícios fiscais ambientais do direito tributário, etc. Aos quais se juntaram, mais recentemente, os instrumentos disponibilizados pelo próprio mercado (o mercado de emissões)[14].

Pelo que cá temos os instrumentos tributários como meios ao serviço da protecção do meio ambiente ou, por outras palavras, cá temos o chamado direito tributário ambiental[15]. Assim tanto os tributos ambientais, impostos ou taxas ecológicas, como os benefícios fiscais ambientais se localizam nos referidos instrumentos económicos. O que se inscreve num quadro mais amplo. Com efeito, quando nos situamos em patamares de afectação do meio ambiente que se entende que não devem ser sancionados penalmente, há, em rigor, duas possibilidades de determinar, condicionando ou orientando os comportamentos ecológicos dos agentes económicos: ou os agentes poluidores pagam para poluir, obtendo do estado ou comprando no mercado autorizações ou licenças de polui-

---

[12] Sobre o direito do urbanismo, v. por todos, F. ALVES CORREIA, *Manual de Direito do Urbanismo*, vol. I, 3.ª ed., Almedina, Coimbra, 2006, esp. p. 58 e ss.

[13] Para o papel do planeamento territorial como instrumento de tutela do ambiente, v., por todos, FRANCO BASSI/LEOPOLDO MAZZAROLLI, *Pianificazione Territoriali e Tutela dell'Ambiente*, Giappichelli, Torino, 2000.

[14] V. quanto a esse mercado e suas implicações, por todos, TIAGO ANTUNES, *O Comércio de Emissões Poluentes à luz da Constituição da República Portuguesa*, aafdl, Lisboa, 2006. Para uma visão global da diversidade de instrumentos de tutela ambiental, v. P. HERRERA MOLINA/D. CARVAJO VASCO, «Marco conceptual, constitucional y comunitário de la fiscalidad ecológica», em HELENO TORRES (Org.), *Direito Tributário Ambiental*, ob. cit., p. 157 e ss.

[15] V., por todos, HELENO TORRES (Org.), *Direito Tributário Ambiental*, citado.

ção[16] ou pagando tributos ambientais; ou os contribuintes em geral lhes pagam para não poluírem subsidiando directamente certas actividades ou a utilização de determinadas tecnologias amigas do ambiente ou beneficiando-as em sede dos tributos sobretudo no respeitante a impostos.

O que significa, como se está a ver, que o direito tributário pode ser chamado a actuar, o que de resto vem acontecendo em geral, através de cada uma dessas duas vias de acção ecológica: de um lado, através dos tributos ambientais; de outro lado, mediante benefícios fiscais. Ora, como é fácil de ver, os tributos ambientais concretizam justamente aquela ideia de fazer pagar os danos ambientais aos que os provocam, aos próprios poluidores, pondo-os a pagar tributos que assim os oneram. Todavia, devemos assinalar que quaisquer desses instrumentos de tutela ambiental presentemente mobilizados têm os seus limites. O que, naturalmente, também ocorre com os instrumentos disponibilizados pelo direito dos tributos.

II. OS LIMITES DA TUTELA AMBIENTAL PELA VIA TRIBUTÁRIA

A respeito dos os limites da tutela ambiental por via tributária devemos dizer que os mesmos decorrem, de um lado e em geral, da própria função do direito tributário e, de outro lado e em especial, da existência de específicos limites ou constrangimentos à utilização ambiental quer dos tributos, quer dos benefícios fiscais. Pois bem, quanto aos limites que os instrumentos tributários têm em sede da tutela do ambiente, é de começar por aludir às dificuldades que, por via de princípio, se colocam à utilização do direito tributário, e sobretudo do direito dos impostos, como instrumento ao serviço de outros senhores que não o da obtenção de receitas para a cobertura das despesas públicas. Ou, por outras palavras, os limites conaturais que se levantam à utilização do direito tributário, isto é, dos tri-

---

[16] Como é fácil de ver, no que às licenças ambientais como meio de combate a poluição diz respeito, assistimos hoje em dia à crescente substituição dos clássicos meios ou instrumentos administrativos (licenças ou autorizações) pelos meios ou instrumentos de mercado (comércio de emissões poluentes). V. sobre o problema, e por todos, TIAGO ANTUNES, *O Comércio de Emissões Poluentes à luz da Constituição da República Portuguesa*, ob. cit.

butos e dos benefícios fiscais, para a prossecução de objectivos de natureza extrafiscal como é a tutela do ambiente[17].

Mas, tratando-se de utilizar o instrumento tributário com a finalidade de obter resultados em sede da protecção do meio ambiente, ou seja, *performances* ambientais, então estamos caídos no domínio da *extrafiscalidade*. Daí que se imponham algumas considerações, que não podem deixar de ser muito gerais, sobre as importantes implicações que a utilização extrafiscal do direito tributário desencadeia, uma vez que, a nosso ver, a utilização para a prossecução de objectivos extrafiscais do direito dos tributos, sobretudo do direito dos impostos, cria neste um particular sector do direito, que vimos designando por "direito económico tributário"[18], o qual não é, em rigor, verdadeiro direito tributário, já que o seu parâmetro constitucional de validade não pode reconduzir-se exclusivamente à chamada "constituição tributaria". Senão vejamos através do pequeno desenvolvimento que se segue.

3. O direito económico tributário

E a primeira ideia a reter nesta sede é a de que, ao contrário do que a doutrina em geral faz, distinguimos entre o direito tributário *tout court* ou direito tributário clássico e o direito económico tributário[19]. Pois bem, podemos definir o direito económico tributário como o conjunto de normas jurídicas que regula a utilização dos instrumentos tributários, isto é, dos tributos e dos benefícios fiscais, com o principal objectivo de obter

---

[17] Cf. a este respeito, C. J. Borrero Moro, *La Tributación Ambiental en España*, Tecnos, Madrid, 1999, p. 92 e ss.

[18] Em abono da verdade, devemos esclarecer que nós o designamos por "direito económico fiscal", uma vez que em Portugal, por razões que se prendem inclusivamente com a própria Constituição, tanto em termos científicos como em termos didácticos, cuidamos do direito fiscal, isto é, dos tributos unilaterais ou impostos – v. J. Casalta Nabais, *Direito Fiscal*, 5.ª ed., Almedina, Coimbra, 2009, p. 5 e ss.

[19] V. o nosso *Direito Fiscal*, ob. cit., p. 429 e ss. Pela autonomização do direito económico fiscal (*steuergesetzlichen Wirtschaftsrecht*) se pronunciou K. Tipke no seu *Steuerrecht. Ein systematischen Grundriss*, a partir da 3.ª edição, de 1975, posição entretanto abandonada a partir da 12.ª edição, de 1989, edição que começou a co-autoria com J. Lang, passando o correspondente capítulo a tratar dos benefícios fiscais. Cf. K. Tipke/ /J. Lang, *Steuerrecht*, 19.ª ed., Köln, 2008, p. 871 e ss.

resultados extrafiscais, mormente em sede de política económica e social. Ou por outras palavras, o direito económico tributário integra a disciplina jurídica da extrafiscalidade, um conjunto de normas que apenas formalmente integram o direito fiscal, já que têm por finalidade principal ou dominante a consecução de determinados resultados económicos ou sociais e não a obtenção de receitas para fazer face às despesas públicas[20].

E, ao dizermos isto, estamos a aludir aos já referidos dois grandes domínios ou sectores do direito económico tributário: o domínio ou sector dos tributos extrafiscais ou de agravamentos extrafiscais de tributos e o domínio ou sector dos benefícios fiscais. Antes, porém, de darmos uma ideia sobre este último sector da extrafiscalidade, não podemos nem queremos deixar passar esta oportunidade sem fazer menção a alguns outros aspectos que se prendem directamente com esta problemática[21].

Estamos a referirmo-nos seja à falsa extrafiscalidade, em que temos tanto a extrafiscalidade imanente como a que poderemos designar por extrafiscalidade concorrente, seja ao carácter excepcional da utilização extrafiscal dos instrumentos tributários, seja à armadura jurídico-constitucional própria da extrafiscalidade, seja, enfim, à bem maior adequação dos benefícios fiscais face aos tributos extrafiscais para prosseguir, por via fiscal, objectivos de natureza económica e social.

Assim e em primeiro lugar, é de referir que toda a fiscalidade tem inerente uma certa dose de extrafiscalidade. Isto mesmo quando a extrafiscalidade esteve de todo ausente dos propósitos do legislador fiscal ao moldar a disciplina dos tributos. Com efeito e ao contrário do que se chegou a pensar no século XIX, os impostos, quaisquer que eles sejam, não são neutros do ponto de vista económico e social. Pois, mesmo que o legislador se tenha preocupado exclusivamente com a obtenção de receitas tributárias, com a obtenção de meios para fazer face às despesas públicas, ainda assim os tributos com destaque para os impostos não são assépticos face à realidade económica e social que tributam e, por conseguinte, moldam.

---

[20] V. também C. J. BORRERO MORO, *La Tributación Ambiental en España*, ob. cit., p. 43 e ss.

[21] No mesmo sentido vai a generalidade da doutrina – v. C. PALAO TABOADA, «El principio "quien contamina paga" y el princípio de capacidad económica»; P. SELICATO, «Capacità Contributiva e tassazione ambientale», ambos em HELENO TORRES (Org.), *Direito Tributário Ambiental*, ob. cit., p. 79 e ss., e p. 257 e ss.

Há, assim, uma "extrafiscalidade em sentido impróprio", uma extra-fiscalidade imanente, que acompanha as normas de direito tributário, sejam estas normas de tributação ou normas de não tributação, que se revela quer na presença de efeitos económicos e sociais na generalidade de tais normas, quer no relevo que o legislador tributário frequentemente atribui às finalidades extrafiscais secundárias ou acessórias. Ora, é neste domínio das normas tributárias, em que o legislador tributário tem presente, embora em medida desigual, simultaneamente objectivos fiscais e objectivos extrafiscais, que temos um sector, que presentemente começa a ter visível destaque[22].

Trata-se do que nos propomos designar por *fiscalidade* ou *extrafiscalidade concorrente*, em que justamente se assiste a um certo equilíbrio entre os objectivos fiscais e extrafiscais, cujo exemplo mais paradigmático nos é dado pelo direito tributário ambiental, isto é, pelo direito relativo aos ecotributos, em que a obtenção de receitas se conjuga, tendencialmente por igual medida, com a modelação dos comportamentos ecológicos dos indivíduos e das empresas, seja penalizando os comportamentos anti-ecológicos, seja favorecendo os comportamentos filo-ambientais.

Em segundo lugar, a extrafiscalidade há-de ter um carácter excepcional, devendo ser vista como uma excepção à regra da natureza fiscal dos tributos e das normas jurídicas que os disciplinam. O que, como é fácil de ver, vale tanto para o domínio dos tributos extrafiscais como para o domínio dos benefícios fiscais. Um carácter excepcional que se revela, aliás, num duplo plano. De um lado, enquanto essas medidas extrafiscais integram medidas intervencionistas num estado fiscal, em que, pela sua própria natureza, a intervenção económica e social do Estado constituirá sempre uma excepção face ao âmbito de não intervenção ou à autonomia económica e social dos indivíduos e da sociedade[23].

---

[22] O que, no dizer de Túlio Rosembuj, *Los Tributos y la Protección del Médio Ambiente*, ob. cit., p. 261 e s., em sede da protecção do meio ambiente por via tributária, postula uma ambientalização do direito tributário e não uma qualquer colonização deste pelo direito do ambiente.

[23] Sobre a natureza fiscal do estado contemporâneo, v. J. Casalta Nabais, *O Dever Fundamental de Pagar Impostos. Contributo para a compreensão constitucional do estado fiscal contemporâneo*, Almedina, Coimbra, 1998, p. 191 e ss., e «O princípio do estado fiscal», *Estudos Jurídicos e Económicos em Homenagem ao Professor João Lumbrales*, Edição da Faculdade de Direito da Universidade de Lisboa, Coimbra Editora, 2000, p. 363 e ss. Sobre o tema do Estado fiscal, v., por todos: na literatura brasileira Ricardo Lobo Torres,

184   *Estudos de Direito Fiscal*

De outro lado, enquanto medidas que, até por força de imperativos constitucionais, que não podem deixar de assinalar ao sistema tributário a finalidade principal de satisfação das necessidades financeiras do Estado[24], não podem deixar de se configurar como excepção face (à regra) da tributação. Uma característica que está bem patente, de resto, na própria ideia de benefícios fiscais, a qual não deixa de integrar a o regime legal dos benefícios fiscais mormente o seu conceito quando este é objecto de definição legal[25]. O que, naturalmente, não transforma a utilização extrafiscal dos tributos ou das normas jurídicas tributárias num fenómeno anómalo ou anormal como se entendeu durante a vigência do estado liberal. É que, do facto de a extrafiscalidade ser um fenómeno normal, não resulta, nem pode resultar, o afastamento do seu carácter excepcional[26].

Em terceiro lugar, é de acentuar que a extrafiscalidade, justamente porque se integra no *direito económico* e não no *direito tributário* e, por conseguinte, se apresenta dominado por ideias tais como as de flexibilidade e selecção, não é, nem pode ser, objecto dos exigentes limites cons-

---

A Idéia de Liberdade no Estado Patrimonial e no Estado Fiscal, Renovar, Rio de Janeiro, 1991; e na literatura alemã, à qual se deve o seu mais desenvolvido tratamento, entre outros, Chr. GRAMM, «Vom Steuerstaat zum gebührenfinanzierte Dienstleistungsstaat?», *Der Staat*, 1997, p. 267 e ss.; B. HANSJÜRGENS, «Vom Steuerstaat zum Gebührenstaat?», *Zeitschrift für Gesetzgebung*, 14, 1999, p. 186 e ss.; R. HENDLER, «Gebührenstaat statt Steuerstaat?», *Die öffentliche Verwaltung*, 1999, p. 746 e ss., e Von ERIK GAWEL, «Das Steuerstaatgebot des Grundgesetzes», *Der Staat*, 39, 2000, p. 209 e ss.

[24] Uma ideia que as constituições não precisam sequer de afirmar expressamente, já que a mesma decorre do facto de as mesmas consagrarem estados fiscais, ou seja, estados cujo suporte financeiro é constituído por tributos unilaterais ou impostos. Muito embora a actual Constituição Portuguesa (de 1976), por razões que se prendem com a sua história, assinale expressamente, no n.° 1 do seu art. 103.°, que "o sistema fiscal visa a satisfação das necessidades financeiras do Estado e outras entidades públicas e uma repartição justa dos rendimentos e da riqueza". Cf. J. CASALTA NABAIS, *O Dever Fundamental de Pagar Impostos*, ob. cit., p. 226 e ss.

[25] O que pode ser ilustrado com o conceito legal de benefícios fiscais que conhece a ordem jurídica portuguesa, pois, nos termos do n.° 1 do art. 2.° do o Estatuto dos Benefícios Fiscais, "consideram-se benefícios fiscais medidas de carácter excepcional instituídas para tutela de interesses públicos extrafiscais relevantes que sejam superiores aos da própria tributação que impedem". O que tem como consequência a sua extinção repor automaticamente a tributação regra como prescreve o n.° 1 do art. 12.° do referido Estatuto.

[26] V. sobre esse aspecto J. CASALTA NABAIS, *O Dever Fundamental de Pagar Impostos*, ob. cit., p. 641 e ss.

Tributos com fins ambientais

titucionais próprios do direito tributário. Compreende-se, assim, que a sua disciplina não se paute tanto pela constituição tributária, mas mais pela constituição económica. O que conduz, de um lado, a que a mesma escape, em larga medida, à reserva parlamentar decorrente do princípio da legalidade própria dos impostos, sendo com frequência deixada mesmo à ampla margem de liberdade da administração típica do direito económico e, de outro, a que as medidas de intervenção económico-social, em que a extrafiscalidade se concretiza, tenham por limites materiais os princípios da proibição do excesso, na medida em que restrinjam posições jusfundamentais dos particulares (sejam estes contribuintes, beneficiários ou terceiros, mormente concorrentes) ou afectem outros valores constitucionais, e da proibição do arbítrio, e não o princípio da igualdade fiscal a aferir com base na capacidade contributiva próprio do direito tributário[27].

Finalmente, há que assinalar que o segmento mais operacional da extrafiscalidade é, sem sombra para dúvidas, o dos benefícios fiscais. O que não só resulta da simples verificação da realidade contemporânea, como se apresenta em maior consonância com o próprio entendimento actual do direito, o qual, no dizer de *Norberto Bobbio*, tem hoje uma importante função promocional[28].

4. Tributos e benefícios fiscais ambientais

Mas os limites da tutela ambiental por via tributária não se ficam pelo aspecto acabado de focar, traduzido no facto de o direito tributário ambiental convocar o fenómeno da extrafiscalidade ou, por outras palavras, o extenso campo do direito económico tributário. Na verdade, tais limites revelam-se também em sede dos específicos instrumentos tributários de tutela do ambiente. O que ocorre na instrumentalização ambiental tanto no respeitante à utilização de tributos como no concernente à concessão de benefícios fiscais[29].

---

[27] Para maiores desenvolvimentos, v. J. CASALTA NABAIS, *O Dever Fundamental de Pagar Impostos*, ob. cit., p. 654 e ss.

[28] Muito embora seja de acrescentar que também a prossecução de objectivos ambientais através dos tributos acabe por concretizar essa função promocional do direito.

[29] Quanto aos benefícios fiscais em geral, v., por todos, N. SÁ GOMES, *Teoria Geral dos Benefícios Fiscais*, Cadernos de Ciência e Técnica Fiscal, Lisboa, 1991, e «Os

Estudos de Direito Fiscal

Limites esses que, acrescente-se, como decorre do que dissemos relativamente à extrafiscalidade, não se traduzem em obstáculos jurídicos de princípio à utilização dos instrumentos tributários com objectivos de tutela ambiental. Bem pelo contrário, atento o valor constitucional e comunitário reconhecido à tutela do ambiente, esta há-de poder ser prosseguida por todos os instrumentos de actuação estadual, nos quais cabem naturalmente os instrumentos tributários. Uma ideia que não deixa de ter concretização, inclusive ao nível constitucional[30].

Por isso mesmo os limites são de outra ordem, decorrendo os mesmos sobretudo das condições materiais em que pode operar a tributação que tenha por base uma preocupação de natureza ambiental ou da maneira como é olhada hoje em dia a utilização dos benefícios fiscais ou a realização de despesa fiscal em proveito do ambiente. Daí que o espaço de manobra tanto para tributos ambientais como para os benefícios fiscais ambientalmente comprometidos seja relativamente pequeno.

Assim e quanto aos tributos ambientais, os seus s limites resultarão sobretudo do universo que venham a integrar e dos tipos que venham a assumir, bem assim da sua base material ou critério de medida, questões de vamos trata mais adiante. Por isso aqui limitamo-nos a referir que tais limites resultam do facto de uma parte muito significativa de tributos por vezes considerados ambientais se revelam falsos tributos ambientais e da circunstância de a figura mais propícia e adequada a operar no sector da protecção do ambiente ser o tributo unilateral ou imposto e não o tributo bilateral ou taxa.

O que revela as dificuldades de operacionalidade em sede do direito tributário do mais célebre dos princípios do direito ambiental, isto é, o *princípio do poluidor-pagador*[31]. Com efeito, está longe de ser minima-

---

benefícios fiscais na Lei Geral Tributária e na legislação complementar», em LEITE DE CAMPOS e OUTROS, *Problemas Fundamentais do Direito Tributário*, Vislis, Lisboa, 1999, p. 89 e ss.

[30] Como é o caso da Constituição Portuguesa, cujo art. 66, subordinado á epígrafe "ambiente e qualidade de vida", prescreve, no seu n.º 2 que "[p]ara assegurar o direito ao ambiente, no quadro de um desenvolvimento sustentável, incumbe ao Estado, por meio de organismos próprios e com o envolvimento e participação dos cidadãos: assegurar que a política fiscal compatibilize desenvolvimento económico com protecção do ambiente e qualidade de vida".

[31] Que, como é sabido, consta do n.º 2 do art. 174.º do Tratado que instituiu da Comunidade Europeia, Tratado que dedica ao ambiente os extensos arts. 174.º a 176.º.

Tributos com fins ambientais 187

mente viável endereçar o pagamento de parte significativa de tributos a quem polui e na medida em que polui. Designadamente está de todo arredada a hipótese de promover *reformas fiscais* ambientais que tenham a pretensão de substituir a generalidade dos actuais impostos por impostos ecológicos, conduzindo assim a sistemas fiscais pautados pelo princípio de quem polui paga, em vez do conhecido princípio da capacidade contributiva[32].

Mais, a nosso ver, nessa linha de pensamento, nem sequer uma pretensão bem mais modesta pode ser realisticamente atingida, como seja a de a tributação ambiental se constituir no terceiro pilar da tributação ao lado da tributação do rendimento e da tributação do consumo[33], de modo a substituir o tradicional pilar constituído pelo tributação do património que a sua manifesta perda de importância converteu num sector verdadeiramente marginal e sem real significado. É que, como veremos, ao contrário do que por vezes se pretende fazer crer, o princípio da capacidade contributiva, pelo qual se pautam os tributos mais importantes, os impostos, apenas muito remotamente se relaciona com o princípio de quem polui paga[34].

Por seu turno, no que aos benefícios fiscais respeita, também os limites da sua actuação são visíveis. Pois, para além do limite decorrente do facto de constituir o segmento mais importante da extrafiscalidade, sujeitando-se, por conseguinte, às cautelas com que a mesma é vista, não nos podemos esquecer de que os mesmos constituem despesa ou gasto fiscal

---

[32] Refira-se que, no quadro da discussão da reforma da tributação do consumo travada em França no início dos anos cinquenta do século passado, Eugène Schueller, fundador da l'Oréal, fez uma proposta baseada num imposto geral sobre o consumo de energia, imposto que não tinha na altura por base qualquer preocupação de natureza ambiental, tendo, todavia, sido adoptada a proposta do conhecido Imposto sobre o Valor Acrescentado (IVA) de Maurice Lauré. Cf. M. LAURÉ, *Science Fiscale*, Puf, 1993, p. 248 e ss.; e TÚLIO ROSEMBUJ, *Los Tributos y la Protección del Médio Ambiente*, ob. cit., p. 109 e s. V. também assim P. SELICATO, «Capacità Contributiva e tassazione ambientale», em HELENO TORRES (Org.), *Direito Tributário Ambiental*, ob. cit., p. 280 e ss.

[33] V., nesse sentido, P. SELICATO, «Capacità Contributiva e tassazione ambientale», em HELENO TORRES (Org.), *Direito Tributário Ambiental*, ob. cit., p. 280 e ss.; e GLORIA ALARCÓN GARCÍA, *Manual del Sistema Fiscal Español*, Thompson, Madrid, 2005, p. 408 e ss.

[34] V. o que dizemos *infra*, no número III. 7., ao tratarmos do critério dos tributos ambientais.

que é preciso conter dentro de certos limites. É que, desde logo, a existência de um sistema generalizado de benefícios fiscais torna o sistema fiscal complexo e de difícil aplicação, mesmo quando o não torna igualmente injusto ou iníquo, o que tem conduzido um pouco por toda a aparte à preocupação presente nos governos e suportada por amplo consenso doutrinal no sentido de eliminar muitos dos benefícios fiscais, reduzindo assim a despesa fiscal, e de simplificar a aplicação dos que, apesar de tudo, se justifique a sua manutenção[35]. Sendo certo que entre aqueles cuja manutenção ou mesmo desenvolvimento de uma maneira geral se aceita ou defende se contam justamente os benefícios com objectivos de protecção do meio ambiente[36]. O que tem tido expressão mais recente na tributação dos biocombustíveis sujeitos a uma tributação mais baixa do que aquela a que estão sujeitos os combustíveis fósseis ou sendo mesmo objecto de isenção do imposto sobre o consumo desses produtos[37].

Mas os limites à utilização dos benefícios fiscais, mesmo com objectivos de protecção do meio ambiente, arrancam do seu próprio conceito e da distinção que é usual fazer entre eles que, não raro, desencadeia regimes jurídicos diferenciados. Pois bem, quanto ao seu conceito, devemos referir que os benefícios fiscais se enquadram numa noção mais ampla – a noção de desagravamentos fiscais – que integra: de um lado, as não sujeições tributárias (ou desagravamentos fiscais *stricto sensu*), cuja modalidade mais significativa é constituída pelas chamadas exclusões tributárias (que estão para as não sujeições tributárias como as isenções estão para os benefícios fiscais[38]); de outro, os benefícios fiscais.

---

[35] Num tal quadro, podemos referir, a título de exemplo, o que se passa em Portugal, em que foi recentemente elaborado um relatório que avaliou o conjunto dos benefícios fiscais atribuídos, tendo proposto diversas alterações no sentido de diminuir o peso dos mesmos e de simplificar a concessão ou reconhecimento dos que se mantenham – v. MINISTÉRIO DAS FINANÇAS, CENTRO DE ESTUDOS FISCAIS, *Reavaliação dos Benefícios Fiscais*, Relatório do Grupo de Trabalho, Cadernos de Ciência e Técnica Fiscal, 2005.

[36] V. sobres estes, P. HERRERA MOLINA/D. CARVAJO VASCO, «Marco conceptual, constitucional y comunitário de la fiscalidad ecológica», em HELENO TORRES (Org.), *Direito Tributário Ambiental*, ob. cit., p. 211 e ss.

[37] Assim acontece, por exemplo, em Portugal, em que os biocombustíveis estão isentos do Imposto sobre Produtos Petrolíferos e Energéticos.

[38] Distinção que reside no facto de, enquanto nas exclusões tributárias há uma situação que a lei afasta da tributação, nas isenções há uma situação que a lei, num primeiro momento, integra na incidência dum imposto e, num segundo momento, excepciona dessa mesma incidência.

O que tem grande importância, pois, enquanto as não sujeições tributárias são medidas fiscais de natureza estrutural que estabelecem delimitações negativas expressas da incidência, inscrevendo-se portanto na política fiscal ou política de obtenção de receitas fiscais, os benefícios fiscais são medidas de carácter excepcional instituídas para tutela de interesses públicos extrafiscais relevantes que se revelem superiores aos da própria tributação que impedem, integrando-se assim na política extrafiscal ou política de prossecução de objectivos económicos e sociais por via fiscal.

Daqui resulta que, enquanto os desagravamentos fiscais em sentido estrito constituem medidas dotadas de estabilidade, medidas de natureza duradoura, os benefícios fiscais apresentam-se como medidas conjunturais, como medidas temporárias. Um aspecto que, atenta a tendência para a perpetuidade da generalidade dos benefícios fiscais, o legislador parece não levar muito em conta, não obstante a afirmação legislativa expressa em sentido contrário.

Depois, há que ter em conta uma importante distinção que há a fazer em sede dos benefícios fiscais, separando os benefícios fiscais estáticos ou benefícios fiscais *stricto sensu*, dos benefícios fiscais dinâmicos, incentivos ou estímulos fiscais. Os primeiros dirigem-se, em termos estáticos, a situações que, ou porque já se verificaram (encontrando-se portanto esgotadas), ou porque, ainda que não se tenham verificado ou verificado totalmente, não visam, ao menos directamente, incentivar ou estimular, mas tão-só beneficiar por superiores razões de política geral de defesa, externa, económica, social, cultural, religiosa, etc. Já os segundos visam incentivar ou estimular determinadas actividades, estabelecendo, para o efeito, uma relação entre as vantagens atribuídas e as actividades estimuladas em termos de causa-efeito. Enquanto naqueles a causa do benefício é a situação ou actividade em si mesma, nestes a causa é a adopção (futura) do comportamento beneficiado ou o exercício (futuro) da actividade fomentada.

Compreende-se assim que os incentivos fiscais, que não raro assumem carácter selectivo ou mesmo altamente selectivo, tenham carácter temporário, bem como a liberdade do legislador, mormente para conceder uma margem de livre decisão à administração tributária, tenha necessariamente de ser maior do que aquela de que dispõe em sede dos benefícios fiscais estáticos[39]. Daí que estes últimos constituam benefícios fiscais de-

---

[39] V., sobre os aspectos focados, J. CASALTA NABAIS, *O Dever Fundamental de Pagar Impostos*, ob. cit., p. 645 e ss. e 648 e s.

190   *Estudos de Direito Fiscal*

pendentes de um acto de reconhecimento, seja este um acto de reconhecimento unilateral, um acto administrativo, como é tradicional, seja mesmo um contrato, caso em que temos benefícios fiscais dependentes de reconhecimento bilateral ou contratual, isto é, benefícios fiscais contratuais[40].

Enfim, um outro limite importante no que respeita aos Estados membros da União Europeia tem a ver com o facto de os benefícios fiscais, quando atribuídos às empresas, serem considerados auxílios de Estado, encontrando-se, em princípio, interditos em tributo à política da concorrência, orientada para a criação e funcionamento do mercado interno comunitário, nos termos dos arts. 87.° a 89.° do Tratado da Comunidade Europeia. Muito embora no quadro da coordenação ou harmonização da política da concorrência com a política ambiental, dominada pela defesa do equilíbrio ecológico e do desenvolvimento sustentável, os benefícios fiscais, sobretudo quando associados a impostos ambientais, tenham vindo a ganhar, de algum modo, a simpatia do direito comunitário[41].

Por quanto vimos de dizer, compreende-se que os benefícios fiscais, porque constituem despesas ou gastos fiscais que se caracterizam por terem um carácter passivo, assumindo assim um especial melindre em sede do seu controlo orçamental, venham, em consequência disso, bem como da necessidade imperiosa de introduzir maior equidade na tributação e de simplificar os actuais sistemas fiscais, a ser objecto de crescente preocupação no sentido de reduzir a sua percentagem face ao PIB e às receitas fiscais[42]. Todavia, não obstante essa preocupação dos Estados, devemos dizer que têm sido os benefícios fiscais a via tributária de tutela do ambiente a que se tem revelado mais activa, concretizando-se sobretudo em isenções fiscais.

---

[40] O que não surpreende nos tempos que correm em que a administração por contrato (*government by contract*), se tornou corrente no direito público em geral – cf. J. CASALTA NABAIS, *Contratos Fiscais. Reflexões acerca da sua admissibilidade*, Coimbra Editora, Coimbra, 1994.

[41] V. sobre os auxílios de Estado na forma de benefícios fiscais, a excelente obra de A. CARLOS SANTOS, *Auxílios de Estado e Fiscalidade*, Almedina, Coimbra, 2003, esp. p. 309 e ss., e CLÁUDIA SOARES, *Direito Fiscal do Ambiente. O Enquadramento Comunitário dos Auxílios de Estado a Favor do Ambiente*, Almedina, Coimbra, 2003.

[42] Relativamente às despesas ou gastos fiscais no domínio ambiental, v. P. HERRERA MOLINA/D. CARVAJO VASCO, «Marco conceptual, constitucional y comunitário de la fiscalidad ecológica», em HELENO TORRES (Org.), *Direito Tributário Ambiental*, ob. cit., p. 211 e ss.

A título de exemplo, em Portugal estão previstas a isenção do imposto sobre produtos petrolíferos dos biocombustíveis, a isenção no imposto sobre as sociedades das entidades gestoras de sistemas de embalagens e resíduos de embalagens, a isenção desse mesmo imposto dos fundos de investimento imobiliário em recursos florestais e a redução da taxa ou alíquota a 10% dos rendimentos das correspondentes unidades de participação, a aceitação de provisões para a recuperação paisagística de terrenos, a dedução à colecta de encargos com equipamentos novos de energias renováveis, etc.[43]

III. OS TRIBUTOS AMBIENTAIS

Vejamos agora mais especificamente os tributos ambientais, interrogando-nos sobre os tipos de tributos que podem operar em sede da protecção do meio ambiente. O que implica, de um lado, separar os verdadeiros dos falsos tributos ambientais e, de outro lado, apurar, dentro dos verdadeiros tributos ambientais, qual a figura tributária que tenderá a operar, isto é, se a figura o tributo unilateral ou imposto ou se, pelo contrário, o tributo bilateral ou a taxa.

5. Os verdadeiros e os falsos tributos ambientais

E, no respeitante ao primeiro dos aspectos aludidos, isto é, no que concerne às finalidades dos tributos ambientais, ou melhor dos impostos ambientais, pois são estes os visados, podemos dizer que é hoje em dia relativamente consensual a ideia de dividir estes em duas espécies, pelo que ou são impostos ambientais em sentido estrito, técnico ou próprio, que prosseguem uma finalidade extrafiscal incentivante (*reine Len-*

---

[43] Sendo que o sistema fiscal português também conhece impostos cuja incidência tem em conta as emissões, como são os impostos automóveis (o Imposto sobre Veículos e o Imposto Único de Circulação) que têm por base em parte significativa as emissões de CO_2, ou o aquecimento como a (assim designada) taxa sobre lâmpadas de baixa eficiência energética. V., sobre este, o nosso estudo «Reflexões sobre quem paga a conta do estado social», agora nestes *Estudos*, p. 140.

192   *Estudos de Direito Fiscal*

kungssteuern), como são, por via de regra, os impostos que agravam as unidades emitidas de poluição[44], os assim designados *impostos sobre emissões*[45], ou são impostos ambientais em sentido amplo, atécnico ou impróprio, que visam primordialmente, todavia, uma finalidade reditícia (*reine Umwelfinanzierungabgaben*), como são, em geral, os impostos sobre a produção ou o consumo de certos bens nocivos ao meio ambiente, em geral designados por *impostos sobre produtos*[46].

Sendo certo que apenas os primeiros, porque materializam de maneira directa ou imediata a política ecológica, que visam primordialmente, são de considerar verdadeiros tributos ambientais, não passando os segundos, cujo objectivo é, como o dos tributos fiscais em geral, o de captar ou arrecadar receitas, ainda que estas estejam consignadas à realização da política ecológica, de falsos tributos ambientais. Com efeito, o que caracteriza a natureza ambiental dos tributos é o objectivo ou finalidade extrafiscal ecológica primordial, traduzida na preservação e melhoria do meio ambiente, assumida pelo legislador ao criá-los e discipliná-los e não o destino ecológico das receitas proporcionadas pelos mesmos, pois este destino situa-se a jusante das correspondentes relações tributárias, inserindo-se, em rigor, na política de realização de despesas e não na política de obtenção de receitas fiscais[47].

---

[44] O que induz as empresas a diminuírem as emissões até aquele nível em que o custo marginal dessa redução iguala a taxa ou alíquota do imposto a pagar.

[45] Sobre esse tipo de impostos, adoptados pela generalidade das comunidades autónomas espanholas, v. P. HERRERA MOLINA/P. CHICO DE LA CÁMARA, «La fiscalidad de las emissiones atmosféricas en España», em HELENO TORRES (Org.), *Direito Tributário Ambiental*, ob. cit., p. 820 e ss. E quanto aos impostos sobre resíduos, v. igualmente para Espanha, F. SERRANO ANTÓN, «El impuesto sobre depósito de residuos: fundamento, régimen jurídico y alternativas», em HELENO TORRES (Org.), *Direito Tributário Ambiental*, ob. cit., p. 804 e ss.

[46] Cf. J. CASALTA NABAIS, *O Dever Fundamental de Pagar Impostos*, ob. cit., p. 266 e s., e CLÁUDIA SOARES, *O Imposto Ecológico – Contributo para o Estudo dos Instrumentos Económicos de Defesa do Ambiente*, Coimbra Editora, Coimbra, 2001, esp. p. 285 e ss., e *Imposto Ecológico* versus *Subsídio Ambiental?*, tese de doutoramento apresentada na Universidade de Santiago de Compostela, 2002, p. 45 e ss. (51 e ss.). V. também VICTOR UCKMAR, «La nuova dimensione del "tributo ambientale" e la sua compatililità con l'ordinamento italiano», em HELENO TORRES (Org.), *Direito Tributário Ambiental*, ob. cit., p. 355 e ss.; e GLORIA ALARCÓN GARCÍA, *Manual del Sistema Fiscal Español*, ob. cit., p. 410 e ss.

[47] CLÁUDIA SOARES, *Imposto Ecológico* versus *Subsídio Ambiental?*, ob. cit., p. 53. Refira-se que, por vezes, a distinção em causa assume, de algum modo, um sentido diverso

Tributos com fins ambientais 193

O que se prende com o outro limite, o relativo à base material ou critério de medida do tributo, uma vez que, enquanto os verdadeiros tributos ambientais terão por base ou critério de medida o princípio do poluidor-pagador, os falsos tributos ambientais terão, como todos os tributos fiscais, por base ou critério de medida o princípio da capacidade contributiva. Uma vez que, como vamos ver de seguida, aquele princípio só muito remotamente tem a ver com o princípio da capacidade contributiva.

6. A natureza dos tributos ambientais

Por seu lado, no referente à natureza dos tributos ambientais, pretende-se saber se os mesmos se configuram como tributos unilaterais ou impostos ou como tributos bilaterais ou taxas e, caso se assumam como impostos, que será a regra como vamos ver, se tais impostos integram a tributação directa ou a tributação indirecta. Vejamos então.

6.1. *Impostos ou taxas?*

E quanto á primeiras das questões, devemos dizer que, embora em abstracto nada impeça que tais tributos se apresentem quer como impostos quer como taxas, do que não há dúvidas é de que, em concreto, sobretudo por exigências de ordem prática ou imperativos de praticabilidade jurídica, os tributos ecológicos estão, por via de regra, condenados a materializar-se em impostos[48]. Vários argumentos apontam nesse sentido.

---

do referido no texto: assim P. SELICATO, «Capacità Contributiva e tassazione ambientale», em HELENO TORRES (Org.), *Direito Tributário Ambiental*, ob. cit., p. 258 e s., distingue entre "tributos ambientais em sentido estrito", que assumem os comportamentos poluentes como verdadeiros pressupostos de facto dos impostos, e os "tributos com função ambiental", em que a tutela do ambiente se apresenta como uma finalidade extrafiscal secundária que acresce assim à função fiscal principal.

[48] Uma ideia que estamos em crer tem um alcance geral, estando por conseguinte presente em toda a extrafiscalidade, já que prosseguir objectivos extrafiscais através dos instrumentos tributários, concretizem-se estes em tributação (tributos ou impostos extrafiscais) ou em distribuição (benefícios tributários ou fiscais), não se coaduna com a ideia de proporcionalidade subjacente à figura tributária das taxas, em que o estado e demais entes públicos exigiriam ou dariam na medida ou proporção que os contribuintes fossem destinatários de uma contraprestação específica daqueles ou os beneficiários realizassem àque-

Em primeiro lugar, os tributos ambientais em sentido próprio, justamente porque constituem tributos extrafiscais, em que está ausente uma predominante função colectora ou arrecadadora, não visando, por isso, em primeira linha obter receitas, proporcionam uma receita que, em princípio, diminui na razão inversa da eficácia desses instrumentos de política ambiental[49]. Daí que, em relação a tais tributos, não seja invocável a curva de *Arthur Laffer*, que veio demonstrar que o aumento das taxas dos tributos, ou melhor dos impostos, conduz, verificadas que sejam certas circunstâncias ou a partir de determinado nível, não ao aumento das receitas totais, como constitui decorrência normal daquele aumento, mas sim à sua diminuição. Ou seja, vistas as coisas de um outro prisma, à diminuição da taxa de um imposto pode, verificadas que sejam certas condições, corresponder um aumento da receita proporcionada por esse imposto[50].

É que a diminuição das receitas totais, fazendo operar em relação ao correspondente pressuposto de facto ou facto gerador o efeito substituição ou o efeito rendimento ou ambos os efeitos conjugados[51], constitui o objectivo ou finalidade dos tributos extrafiscais e, naturalmente, dos tributos ambientais[52]. Pelo que, sendo as coisas assim, torna-se difícil conceber que os tributos extrafiscais possam assumir a configuração de verdadeiros tributos bilaterais ou taxas, em que, por via de regra, não só se pretende, em primeira linha, a receita que proporcionam, como também e sobretudo se reclama uma receita proporcional à correspondente contraprestação específica realizada pelo Estado ou outras entidades públicas com base no princípio da equivalência (*Äquivalenzprinzip*) entre prestação e contraprestação. Traduza-se esta equivalência num específico benefício

---

les uma prestação equivalente ao benefício recebido. Sobre os problemas jurídicos da extrafiscalidade, v. J. CASALTA NABAIS, *Contratos Fiscais*, ob. cit., p. 148 e ss., e *O Dever Fundamental de Pagar Impostos*, ob. cit., p. 627 e ss.

[49] Pois que, em rigor, a receita proporcionada por tais tributos é a exacta medida da ineficácia da medida extrafiscal integrada nesses mesmos tributos – cf. J. CASALTA NABAIS, *O Dever Fundamental de Pagar Impostos*, ob. cit., p. 578 e s.

[50] V. sobre essa curva, J. ALBANO SANTOS, *Teoria Fiscal*, Instituto Superior de Ciências Sociais e Políticas, UTL, Lisboa, 2003, p. 467 e ss.

[51] V. esses efeitos, no que à remoção do imposto diz respeito, J. J. TEIXEIRA RIBEIRO, *Lições de Finanças Públicas*, 5.ª ed., Coimbra Editora, Coimbra, 1995, p. 380 e s.

[52] Cf. CLÁUDIA SOARES, *Direito Fiscal do Ambiente. O Imposto Ambiental*, Almedina, Coimbra, 2002, p. 15 e s., e *Imposto Ecológico* versus *Subsídio Ambiental?*, ob. cit., p. 55 e s.

Tributos com fins ambientais 195

para o contribuinte a aferir pelo princípio da compensação pelo benefício (*Vorteilsausgleich*), ou na provocação de um específico custo deste à correspondente comunidade, a aferir pelo princípio da cobertura dos custos (*Kostendeckungsprinzip*)[53].

Depois, no que especificamente aos tributos ambientais diz respeito, devemos começar por dizer que, *prima facie*, os tributos bilaterais ou taxas se apresentam mais propícios à internalização dos custos externos, como prescreve o princípio do poluidor-pagador, do que os tributos unilaterais ou impostos[54]. Pois a tal internalização é inerente uma ideia de causa que só a figura das taxas está em condições de exprimir através da sua aptidão para imputar, de modo directo e rigoroso, um gravame à responsabilidade pela produção de custos externos susceptíveis de ser individualizados[55].

Todavia, embora teoricamente sejam os tributos bilaterais ou taxas os tributos mais adequados à aplicação do princípio do poluidor-pagador, na prática há importantes obstáculos que impedem, e impedem de uma maneira eficaz, que assim seja. É que a divisibilidade do benefício proporcionado pelo Estado e demais entes públicos, que permitiria apurar a grandeza do pagamento a realizar pelo poluidor que dele beneficia, tendo em conta justamente a proporção em que esse benefício por ele é auferido, nem sempre se verifica quando estamos no domínio da protecção ou tutela do ambiente.

---

[53] Na terminologia alemã mais recente, que colhemos em K. TIPKE/J. LANG, *Steuerrecht*, ob. cit., p. 52 e s., já que tradicionalmente a doutrina alemã, à qual se deve de resto esta construção dogmática, por via de regra, contrapõe o *Äquivalenzprinzip*, reportado à equivalência entre a taxa e o benefício proporcionado ao contribuinte, ao *Kostendeckungsprinzip*, reportado à equivalência entre a taxa e os custos provocados à comunidade – v., neste sentido, H.-W. ARNDT, *Grundzüge des Allgemeinen Steuerrechts*, V. Vahlem, München, 1988, p. 11. Quanto a estes princípios, que suportam a medida ou o metro da proporcionalidade dos tributos bilaterais ou taxas, v. J. CASALTA NABAIS, *O Dever Fundamental de Pagar Impostos*, ob. cit., p. 264 e s., 345 e s., e 477.

[54] Isto naturalmente se e na medida em que a protecção ou tutela do ambiente corra por esse princípio, pois, não podemos ignorar, que nem sempre esse princípio está em condições de moldar a solução própria de uma política consequente do ambiente. V. sobre esse princípio, entre outros, MARIA ALEXANDRA SOUSA ARAGÃO, *O Princípio do Poluidor Pagador. Pedra Angular da Política Comunitária do Ambiente*, Coimbra Editora, Coimbra, 1997; CLÁUDIA SOARES, *O Imposto Eecológico – Contributo para o Estudo dos Instrumentos Económicos de Defesa do Ambiente*, ob. cit., p. 367 e ss., e *Imposto Ecológico* versus *Subsídio Ambiental?*, ob. cit., p. 36 e ss.

[55] V. CLÁUDIA SOARES, *Imposto Ecológico* versus *Subsídio Ambiental?*, ob. cit., p. 57.

Por um lado, aponta-se a dificuldade comummente verificada em encontrar ou identificar o responsável pela poluição, o poluidor, uma vez que, pela própria natureza de muitos dos danos ambientais, a sua fonte apresenta-se particularmente difusa, sendo a mesma fruto da interacção causal de um elevado número de agentes. O que impossibilita, na prática, a divisibilidade desses custos ambientais pelos seus causadores, através de tributos bilaterais ou taxas, não restando, por conseguinte, outra alternativa para tais custos senão a de os distribuir pelos membros da comunidade, através de tributos unilaterais ou impostos a suportar por todos os contribuintes. E isto, naturalmente, quando os danos já foram causados, o que evidentemente não ocorre quando se trata de prevenir os mencionados danos, caso em que estamos perante típicos custos de prevenção.

De outro lado, no que constitui uma dificuldade ainda maior, não há, na grande maioria dos casos de custos ambientais, qualquer possibilidade prática de medir, com um mínimo de rigor ou, mais exactamente, com o rigor exigido pela proporcionalidade taxa/contraprestação específica, os custos ambientais de molde a constituírem a exacta medida dos correspondentes tributos. Ou seja, a quantificação dos custos ambientais torna-se impraticável. Pelo que, dada a impossibilidade de medir ou mensurar a contraprestação específica que corresponda aos tributos bilaterais ou taxas ambientais, não admira que os tributos ambientas sejam medidos com base em manifestações e índices reveladores da capacidade contributiva dos que provocam, ou se presume, em maior ou menor medida, que provocam os danos ambientais. Daí que, um pouco por toda a parte, os tributos ambientais assumam preferentemente a configuração de tributos unilaterais ou impostos e não a de tributos bilaterais ou taxas[56].

Enfim, por quanto vimos de dizer, compreende-se que seja justamente o direito tributário ambiental um dos mais recentes domínios em

---

[56] Ideia que facilmente se confirma se tivermos em conta que a generaliade dos tributos ambientais se apresentam como impostos. V. a tal respeito, por exemplo, o que se passa em Espanha, uma realidade bem espelhada nos estudos de P. HERRERA MOLINA/ /D. CARVAJO VASCO, «Marco conceptual, constitucional y comunitário de la fiscalidad ecológica», L. M. ALONSO GONZALEZ, «Los impuestos ambientales en España: doctrina del Tribunal Constitucional», SERRANO ANTÓN, «El impuesto sobre depósito de residuos: fundamento, régimen jurídico y alternativas», e P. HERRERA MOLINA/P. CHICO DE LA CÁMARA, «La fiscalidad de las emisiones atmosféricas en España», em HELENO TORRES (Org.), *Direito Tributário Ambiental*, ob. cit.

Tributos com fins ambientais 197

que a pretendida divisão dicotómica dos tributos[57], que reconduziria estes a tributos unilaterais ou impostos ou a tributos bilaterais ou taxas, enfrenta as mais visíveis dificuldades[58]. Ou seja, por outras palavras, em que os tributos ou contribuições especiais, que se não reconduzem aos impostos ou às taxas, parecem ter agora o seu autónomo campo de acção[59].

6.2. *Tributação directa ou tributação indirecta?*

Constituindo assim os tributos ambientais, por via de regra, impostos, é de perguntar, atendendo à célebre distinção entre impostos directos e impostos indirectos, como os impostos ambientais se enquadram nesta classificação[60].

Pois bem, a tal propósito, diremos que os verdadeiros impostos ambientais integram a *tributação directa*, apresentando-se como impostos directos. Isto é, como impostos que, tendo por objecto efectivos bens de natureza ambiental, isto é, a preservação e a melhoria do meio ambiente, constituem uma figura tributária independente, assumindo-se como impostos colocadas portanto ao lado dos impostos sobre o rendimento e dos impostos sobre o património[61]. Por conseguinte, não admira que tenham

---

[57] Que, por exemplo, foi unanimemente aceite em Portugal durante muito tempo tanto pela doutrina como jurisprudência tributária e constitucional – v. J. CASALTA NABAIS, *O Dever Fundamental de Pagar Impostos*, ob. cit., p. 251 e ss. Todavia, após a Revisão Constitucional de 1997, em que a Constituição passou a referir, para além dos impostos e das taxas, "as demais contribuições a favor de entidades públicas", a doutrina começou a interrogar-se sobre esse *tertium genus* de tributos que, tudo leva a crer, terá o seu domínio de actuação em sede dos tributos ambientais e dos tributos destinados a financiar as autoridades e agências de regulação e supervisão.

[58] Porventura ao lado do direito de regulação e supervisão, em que o financiamento das autoridades ou agências independentes, que levam a cabo essa função, também não quadra inteiramente com essa visão dicotómica dos tributos.

[59] V. P. HERRERA MOLINA/D. CARVAJO VASCO, «Marco conceptual, constitucional y comunitário de la fiscalidad ecológica», em HELENO TORRES (Org.), *Direito Tributário Ambiental*, ob. cit., p. 167 e ss., e GLORIA ALARCÓN GARCÍA, *Manual del Sistema Fiscal Español*, ob. cit., p. 408 e ss.

[60] Embora a distinção entre impostos directos e impostos indirectos seja polissémica e objecto de ampla discussão, consideramos aqui impostos directos os impostos sobre o rendimento e sobre o património e impostos indirectos os impostos sobre o consumo.

[61] Uma vez que os impostos sobre o consumo são, em rigor, impostos sobre o rendimento ou sobre o património utilizado na aquisição de bens ou serviços, já que a desig-

198   *Estudos de Direito Fiscal*

uma estrutura estritamente recortada em função do nível de prejuízos ou danos que determinados comportamentos humanos podem causar ao meio ambiente. Daí que olhando para os diversos elementos integrantes do facto tributário ou facto gerador desses impostos verificamos claramente essa ligação estreita ao objectivo extrafiscal ambiental que os domina.

Assim e quanto ao *facto tributário*, pressuposto de facto ou facto gerador do imposto, é de referir que o mesmo pode apresentar diversa configuração como: concretos actos de exploração de recursos naturais que há que proteger, o processo tecnológico poluidor utilizado no fabrico de bens, o fabrico de produtos que incorporam produtos integrantes de reservas protegidas, a venda de matérias primas ou produtos intermédios objecto de protecção ambiental, o fabrico de produtos que incorporam matérias primas ou produtos intermédios perecíveis ou susceptíveis de uma única utilização, a produção e troca de bens cuja produção provoque danos ambientais, produtos cuja destruição pós o seu uso provoque poluição.

O que significa que o legislador, no momento de configurar o facto tributário dos impostos ambientais, não procede como acontece por via de regra, atendo-se exclusivamente ao princípio da capacidade contributiva, limitando-se assim a eleger factos que sejam manifestações ou expressões dessa capacidade, antes actua em função do princípio do poluidor-pagador, que é o critério de justiça informador desses impostos que visam primordialmente a tutela do meio ambiente[62]. Um princípio que, como bem se compreende, modela todos os elementos que compõem o facto tributário, verificando, assim, no respeitante aos sujeitos passivos ou contribuintes, à matéria tributável e à taxa ou alíquota dos impostos ambientais.

Deste modo e pelo que respeita aos *sujeitos passivos* ou *contribuintes*[63], estes serão as pessoas que desenvolvam actividades poluidoras. Pelo que a determinação do elemento subjectivo desses impostos parte da configuração do aspecto material do facto tributário no qual se manifestam os princípios que informam tais tributos, como o princípio do poluidor-paga-

---

nação de impostos sobre consumo não se reporta ao objecto do imposto. Sobre a distinção, v. J. CASALTA NABAIS, *Direito Fiscal*, ob. cit., p. 63 e ss.

[62] Cf. C. J. BORRERO MORO, *La Tributación Ambiental en España*, ob. cit., p. 105 e ss.; e GLORIA ALARCÓN GARCÍA, *Manual del Sistema Fiscal Español*, ob. cit., p. 414 e s. Sobre o critério base dos impostor ambientais, v. o que dizemos no número que se segue.

[63] Figuras subjectivas passivas que, como é sabido, muitas vezes, não coincidem, como ocorre sempre que se verifique uma situação de substituição tributária.

dor. Daí que nos tributos que oneram actividades industriais sejam seus sujeitos passivos os titulares da actividade realizada, enquanto nos tributos em que o aspecto material do facto tributário seja o consumo de um produto contaminante sejam seus sujeitos passivos os consumidores do mesmo. Por seu turno, naqueles tributos em que o aspecto material do facto tributário se configura como uma prestação de um serviço público ou a realização de uma actividade administrativa relacionada com o meio ambiente, serão seus sujeitos passivos as pessoas que em cada situação resultem afectadas ou beneficiem com a realização das mencionadas actividades da Administração[64].

Igualmente quanto à *matéria tributável* dos tributos ambientais é o aspecto material do facto tributário que se revela decisivo, designadamente para apurar o método mais adequado à determinação da mesma. Isto é, para saber se a matéria tributável dos tributos ambientais se pode determinar pelo método de avaliação directa, que assegura uma medição real da mesma, ou tem de bastar-se com um método de avaliação indirecta ou de avaliação objectiva, que tem por base indicadores indirectos, como índices e presunções, que proporcionam apenas uma medição aproximada da matéria tributável. Pois bem, a este respeito, não será difícil concluir que o método mais adequado para o tipo de impostos de que estamos a tratar é o consubstanciado na avaliação indirecta ou objectiva. Com efeito, dadas as naturais dificuldades em medir em termos rigorosos a quantificação do elemento material do facto tributário, ou seja, as quantidades de efluentes, resíduos ou emissões poluentes, não vemos como possa, como um mínimo de praticabilidade, operar com o método da avaliação directa nos tributos ambientais[65].

Enfim também quanto à *taxa* ou *alíquota* a aplicar na tributação ambiental directa o aspecto material do facto tributário se revela indiscutível, muito embora o legislador disponha de uma razoável dose de liberdade neste domínio, podendo optar por três tipos de taxa ou alíquota em função do problema ambiental que pretende enfrentar ou do modo como deseja fazê-lo. Na verdade, o legislador pode, no que a essa tributação respeita,

---

[64] V. GLORIA ALARCÓN GARCÍA, *Manual del Sistema Fiscal Español*, ob. cit., p. 415; e, mais desenvolvidamente, C. J. BORRERO MORO, *La Tributación Ambiental en España*, ob. cit., p. 126 e ss.

[65] Cf. GLORIA ALARCÓN GARCÍA, *Manual del Sistema Fiscal Español*, ob. cit., p. 415 e s.

optar entre uma taxa ou alíquota fixa, uma taxa ou alíquota variável em função da localização dos poluidores e uma taxa ou alíquota variável em função da do nível de emissões.

Assim, no concernente à taxa ou alíquota fixa, esta será adequada para tributos orientados para a resolução de problemas ambientais que, por não dependerem da localização dos poluidores, se apresentam uniformes. Trata-se de tributos que assim asseguram uma apropriada distribuição entre os agentes poluidores da responsabilidade de despoluir, ao mesmo tempo que facilitam a sua aplicação e administração ou gestão.

Já os tributos de taxa ou alíquota variável em função da localização dos poluidores serão apropriados para problemas ambientais não uniformes, em que os danos causados pela poluição variam consoante a localização dos agentes poluidores. Situação em que bem se compreende que a taxa ou alíquota seja maior para os poluidores que provoquem maiores efeitos negativos ao meio ambiente e menor para os que se revelem mais respeitadores deste.

Por último, os tributos ambientais com uma taxa ou alíquota variável em função da do nível de emissões, tem a ver sobretudo com a preocupação em potenciar a aceitação social da tributação ambiental directa, seja onerando mais, tanto em termos absolutos como em termos relativos, os agentes que mais contribuem para a deterioração do meio ambiente, seja tendo em conta a necessidade de assegurar uma protecção qualificada de sectores económicos que se configurem como sectores chave. Nesta conformidade, temos dois tipos de taxa ou alíquota variável em função do nível de emissões. Uma taxa ou alíquota crescente em função do nível de emissões poluentes, que onera mais os agentes que mais poluem, constituindo assim um importante factor de incentivo à redução continuada da deterioração do meio ambiente.

E uma taxa ou alíquota decrescente em função do nível de emissões poluentes que ocorrerá quando na ponderação (*trade off*) entre os objectivos de tutela do meio ambiente e outros objectivos económicos aqueles acabem por ser considerados objectivos secundários em relação a estes. Caso em que, embora no concernente aos próprios tributos, porque visam primordialmente a protecção do meio ambiente, continuem a apresentar-se como verdadeiros tributos ambientais, no respeitante à sua taxa o alíquota se aproximem dos falsos tributos ambientais[66].

---

[66] Cf. Gloria Alarcón García, *Manual del Sistema Fiscal Español*, ob. cit., p. 416.

Já na *tributação ambiental indirecta* se inserem o que designamos por falsos tributos ambientais. Efectivamente, agora os tributos, ou melhor os impostos, não visam primordialmente atingir objectivos ambientais, mas sim, como todos os impostos, obter receitas. Todavia, têm uma função ambiental, uma vez que integram componentes cuja finalidade é modelar os comportamentos dos agentes económicos e, por conseguinte, dos contribuintes no sentido de preservar ou melhorar o meio ambiente.

Não se trata agora de criar tributos independentes cuja finalidade primordial seja a protecção do meio ambiente, mas antes aproveitar os impostos existentes para introduzir neles medidas tendentes a melhorar o meio ambiente, cumulando com o objectivo principal de obter receitas alguns objectivos de natureza ambiental. Ou seja, na tributação ambiental indirecta o legislador aproveita-se da existência de certos tributos, que podemos considerar clássicos, cuja finalidade nada tem a ver com a protecção do ambiente, para introduzir neles elementos, por via de regra respeitantes à quantificação dos mesmos, que possam, de algum modo, interferir nos comportamentos dos agentes económicos seus destinatários no sentido de proteger ou melhorar o meio ambiente. O que, não revelando mais do que um empenhamento do legislador na selecção e recorte normativo de factos tributários decorrente do mandato constitucional de protecção do meio ambiente, se concretiza, em geral, através da introdução nesses impostos de isenções, de taxas ou alíquotas reduzidas, de deduções à matéria tributável ou à colecta, etc.

Uma "ambientalização" dos impostos clássicos que não põe em causa a sua natureza de impostos fiscais, convertendo-os, por essa via, em impostos de natureza extrafiscal ao serviço da protecção do meio ambiente[67]. O que acontece é que, ao modelar tais impostos o legislador tem em conta os objectivos ambientais. No que, a seu modo, mais não faz do que harmonizar os objectivos da política fiscal, de obtenção de receitas, com os objectivos das outras políticas que ao Estado cabe prosseguir, entre os

---

[67] O que tem subjacente um entendimento das relações entre o direito e o ambiente (ou a ecologia) que rejeita qualquer perda de centralidade do direito. No que constitui um importante limite à chamada "modernização ecológica do direito". V. sobre esta, a dissertação de doutoramento de MARIA ALEXANDRA DE SOUSA ARAGÃO, *O Princípio do Nível Elevado de Protecção e a Renovação Ecológica do Direito do Ambiente e dos Resíduos*, Almedina, Coimbra, 2006.

202 Estudos de Direito Fiscal

quais presentemente se conta, pela sua importância e verdadeiro carácter estrutural, a política de defesa do meio ambiente. Uma harmonização que, entre nós, decorre mesmo de uma incumbência estadual constante do art. 66.°, n.° 2, al. *h*), da Constituição, preceito em que, como já referimos, se prescreve que para garantir o direito ao ambiente, no quadro de um desenvolvimento sustentável, incumbe ao Estado, designadamente, "[a]ssegurar que a política fiscal compatibilize desenvolvimento com protecção do ambiente e qualidade devida".

Daí que o critério ou parâmetro da tributação ambiental indirecta, não seja um princípio do direito do ambiente, o princípio do poluidor-pagador, que de resto se reconduz à ideia de equivalência, mas um princípio do direito tributário, o princípio da capacidade contributiva[68].

Um princípio cuja aplicação não é, de todo, posta em causa pelo facto de o legislador introduzir nos impostos existentes isenções, taxas ou alíquotas reduzidas, deduções à matéria tributável ou à colecta, de modo a intervir nos comportamentos dos agentes económicos a fim de proteger ou melhorar o meio ambiente. Pois essas medidas ainda podem ser explicadas pelo princípio da capacidade contributiva numa *compreensão unitária do fenómeno financeiro* em que assenta essa capacidade. Com efeito, tais medidas de favor fiscal com objectivos ambientais, se e na medida em que, de algum modo, sejam para compensar os encargos em que esses mesmos contribuintes incorrem ao adoptarem comportamentos amigos do meio ambiente, encargos que, de outro modo, teriam de ser suportados pelo conjunto dos contribuintes, acabam por consubstanciar uma outra forma de contribuir para os encargos públicos, especificamente para aos encargos com a prossecução da política do ambiente[69].

---

[68] Cf. P. HERRERA MOLINA/D. CARVAJO VASCO, «Marco conceptual, constitucional y comunitário de la fiscalidad ecológica», em HELENO TORRES (Org.), *Direito Tributário Ambiental*, ob. cit., p. 180 e ss.

[69] Entendimento unitário do fenómeno financeiro que vem sendo convocado para compreender os regimes fiscais de favor quer das fundações e demais instituições sem fins lucrativos, quer das micro, pequenas e médias empresas, cuja contribuição para os orçamentos públicos está longe de se cingir aos impostos em que figuram como contribuintes. – v. J. CASALTA NABAIS, «O regime fiscal das fundações», e «Alguns aspectos da tributação das empresas», em *Por um Estado Fiscal Suportável – Estudos de Direito Fiscal*, Almedina, Coimbra, 2005, respectivamente, p. 250 e ss. e 391 e ss.

7. O critério dos tributos ambientais

Vejamos agora qual a base que legitima ou justifica os tributos ambientais, bem como o critério ou medida que suporta os mesmos. Pois bem, a este respeito, tem-se discutido, e muito, se o advento dos tributos ambientais não implicou uma alteração profunda, uma verdadeira revolução, no critério tradicional de suporte e medida dos impostos, ao ponto de se abandonar o princípio da capacidade contributiva e, em sua substituição, ser adoptado o princípio base do direito do ambiente, o princípio do poluidor-pagador.

Todavia, como resulta de quanto fomos dizendo antes, este princípio está longe, muito longe mesmo, de poder disputar o lugar que vem sendo desempenhado pelo princípio da capacidade contributiva, seja relativamente à generalidade dos impostos que integram os actuais sistemas fiscais, seja mesmo, mais modestamente, em relação aos impostos de cariz ambiental. Como já referimos, afigura-se-nos que não é minimamente viável desencadear reformas fiscais ambientais totais, isto é, reformas que pretendam substituir o conjunto de impostos ancorado na capacidade contributiva por outro conjunto de impostos suportado no princípio do poluidor-pagador. Pois, para além de tudo o mais, temos por seguro que, se uma tal hipótese fosse viável, isso conduziria a um sistema fiscal com um número bem mais limitado de impostos do que aquele que conhecem os actuais sistemas fiscais. O que teria como consequência inevitável uma redução muito significativa do nível de fiscalidade ou da carga fiscal, que os estados contemporâneos não têm as menores condições para oferecer.

Mas, mesmo que essa reforma tivesse um alcance limitado, reportando-se a um sector bem mais modesto, qual seja o dos impostos ambientais, ainda assim não vemos como poderia ter lugar uma qualquer integração dos princípios em causa, reconduzindo o princípio do poluidor-pagador ao princípio da capacidade contributiva como alguns autores pretendem, seja porque a capacidade de poluir fosse considerada um índice da capacidade contributiva, seja porque se considerasse radicar o substrato económico da capacidade contributiva na actividade poluidora.

Assim e quanto à primeira visão das coisas, é de referir que ela tem subjacente a ideia de que o único pressuposto e critério de medida, designadamente em sede constitucional, dos impostos é o princípio da capacidade contributiva. Por isso, ao recusar outros pressupostos ou critérios

204 Estudos de Direito Fiscal

de medida dos impostos, mormente os de natureza extrafiscal, como acontece justamente nos tributos ambientais, acabam inevitavelmente por reconduzir o princípio do poluidor-pagador, base e medida desses impostos, ao princípio da capacidade contributiva, considerando que a capacidade de afectar negativamente o meio ambiente é revelador de riqueza real ou potencial[70] ou, noutros termos, constitui uma autónoma manifestação de riqueza tributável[71]. Um entendimento das coisas que não nos parece aceitável, a menos que alinhemos com um conceito de capacidade contributiva tão abrangente e formal que acabe por não ter qualquer préstimo operacional.

Desde logo, é importante dizer que aos impostos sempre se reconheceu a possibilidade de prosseguir outros objectivos para além do objectivo fiscal, sobretudo a partir do momento que se abandonou a ideia das *finanças públicas neutras* ou praticamente neutras. E, todavia, jamais se pretendeu suportar essa extrafiscalidade no princípio da capacidade contributiva[72]. Daí que a extrafiscalidade ambiental não seja, em rigor, um problema novo, muito embora se trate de um domínio em que a extrafiscalidade assumiu maior visibilidade e ganhou um razoável grau de estabilidade. O que, por certo, não impõe nem justifica subverter por completo o entendimento desse princípio estrutural básico da tributação.

Depois, não vemos como se possa continuar a falar em capacidade contributiva, entendida esta como pressuposto e critério de medida dos impostos, reportando-a à riqueza ou rendimento potencial, uma vez que a capacidade contributiva, tirando eventuais situações excepcionais decorrentes de inultrapassáveis exigências do princípio da praticabilidade das soluções legais[73], não podem deixar de se referir a manifestações reais ou

---

[70] Nas palavras da Sentença 37/1987 do Tribunal Constitucional Espanhol – cf. PALAO TABOADA, «El principio "quien contamina paga" y el princípio de capacidad económica», em HELENO TORRES (Org.), *Direito Tributário Ambiental*, ob. cit., p. 85 e ss.

[71] Na expressão de P. SELICATO, «Capacità Contributiva e tassazione ambientale», em HELENO TORRES (Org.), *Direito Tributário Ambiental*, ob. cit., p. 280 e ss.

[72] V. sobre os problemas da política fiscal como uma das variáveis instrumentais mais importantes da política económica, M. H. FREITAS PEREIRA, *Fiscalidade*, 2.ª ed., Almedina, Coimbra, 2007, p. 355 e ss. Sobre alguns aspectos da política fiscal, v. também J. CASALTA NABAIS, «Política fiscal, desenvolvimento sustentável e luta contra a pobreza», *Ciência e Técnica Fiscal*, 419, Janeiro-Junho de 2007, p. 89 e ss.

[73] Quanto ao princípio da praticabilidade das soluções, v. J. CASALTA NABAIS, *O Dever Fundamental de Pagar Impostos*, ob. cit., p. 335 e ss., 373 e ss. e 619 e ss.; e REGINA

Tributos com fins ambientais 205

efectivas da riqueza ou do rendimento. Por isso mesmo, em vez de tentar diluir a capacidade contributiva, expandindo-a de modo a constituí-la em pressuposto e critério de medida dos tributos ambientais, através da integração nela da capacidade de afectar negativamente o meio ambiente, há que, com toda a clareza e sem equívocos, assegurar que tais impostos não precisam do princípio da capacidade contributiva para nada, o qual é a base da generalidade dos impostos se e na medida em que estes sejam (verdadeiros) impostos fiscais[74].

Efectivamente, a legitimidade constitucional dos impostos ambientais, quer quanto aos fins prosseguidos, quer no respeitante ao seu pressuposto e ao critério da sua medida, assenta na tarefa constitucional imposta ao Estado, sobretudo ao legislador, no domínio da tutela do meio ambiente e, bem assim, no princípio do poluidor-pagador. E, porque se trata de utilizar o instrumento fiscal para prosseguir objectivos extrafiscais, o mais normal é que aquela princípio base dos impostos fiscais colida ou conflitue com este outro princípio base dos impostos extrafiscais. Uma colisão ou conflito para cuja solução é convocado naturalmente o princípio da proporcionalidade em sentido lato. Daí que os impostos ambientais em causa, para passarem com êxito o teste da sua legitimidade constitucional, terão de se revelar necessários, adequados e proporcionais em sentido estrito face ao objectivo ambiental que se visa prosseguir[75].

Por seu turno, no respeitante aos falsos impostos fiscais, em relação aos quais alguns autores defendem a tese segundo a qual a capacidade contributiva radica no substrato económica da actividade poluidora[76], o princípio da capacidade contributiva não sofre, a nosso ver, qualquer atenuação pela circunstância de, na selecção do correspondente facto tributário,

---

HELENA COSTA, *Praticabilidade e Justiça Tributária. Exeqübilidade de Lei Tributária e Direitos do Contribuinte*, Malheiros, São Paulo, 2007.

[74] V. também PERFECTO YEBRA MARTUL-ORTEGA, *Constitución Financiera Española. Veinticinco Años*, Instituto de Estudios Fiscales, Madrid, 2004, p. 159 e ss.

[75] Cf. PALAO TABOADA, «El principio "quien contamina paga" y el princípio de capacidad económica», em HELENO TORRES (Org.), *Direito Tributário Ambiental*, ob. cit., p. 85 e ss. e 93 e s.

[76] Assim C. J. BORRERO MORO, *La Tributación Ambiental en España*, ob. cit., p. 129 e ss.; e P. SELICATO, «Capacità Contributiva e tassazione ambientale», em HELENO TORRES (Org.), *Direito Tributário Ambiental*, ob. cit., p. 291 e ss.

206   *Estudos de Direito Fiscal*

o legislador se ter guiado também por uma preocupação de natureza ambiental. O que decorre do facto de estarmos agora perante impostos fiscais, perante impostos que visam primordialmente a obtenção de receitas públicas.

Por isso, qualquer preocupação de natureza extrafiscal, ambiental ou qualquer outra, assumida num quadro de finanças públicas intervencionistas, não afecta em nada o princípio da capacidade contributiva enquanto suporte do pressuposto e do critério de medida desses impostos. É que, se alguma atenuação sofre esse princípio na sua operacionalidade, ela não se prende com a função ambiental desses impostos, mas antes com o facto de esse princípio não ser aplicável com igual intensidade a todos os impostos, sendo visível essa menor intensidade em relação à tributação indirecta[77].

Justamente por quanto vimos de dizer, não relevam aqui, a nosso ver, argumentos que, de algum modo, podem contribuir para atenuar essa operacionalidade, tais como a crise que atinge a tributação pessoal e progressiva do rendimento, a evolução da estrutura da riqueza, a afirmação de novos valores económicos e as alterações nas relações sociais[78], realidades a que, é de sublinhar, o actual fenómeno da globalização económica não é alheio[79]. É que atenuar a operacionalidade do princípio não significa deformar ou distorcer a capacidade contributiva, reduzindo-a a uma fórmula vazia de conteúdo, como será o que ocorre se e na medida em que esse princípio passe a ter por base a capacidade de afectar o meio ambiente.

8. Os tributos ambientais no quadro do estado fiscal

Depois de quanto fomos dizendo, podemos afirmar, à guisa de reflexões finais, que os tributos ambientais se enquadram ainda no estado

---

[77] O que é reconhecido pela doutrina, v., por todos, J. Casalta Nabais, *O Dever Fundamental de Pagar Impostos*, ob. cit., p. 480 e ss.

[78] V. nesse sentido P. Selicato, «Capacità Contributiva e tassazione ambientale», em Heleno Torres (Org.), *Direito Tributário Ambiental*, ob. cit., p. 291 e ss. e 297 e ss.

[79] Fenómeno que justamente vem pondo à prova o princípio da capacidade contributiva como vem sendo reconhecido pela doutrina – v., por todos, João Ricardo Catarino, «Globalização e capacidade fiscal contributiva», *Cultura – Revista de História e Teoria das Ideias*, vol. 16/17, 2003, p. 473 e ss.; e Götz Blankenburg, *Globalisierung und Besteuerung. Krise des Leistungsfähigkeisprinzip?*, Hamburg, 2004.

Tributos com fins ambientais

fiscal. Ou seja, tais tributos, quer sejam de natureza extrafiscal, quer de natureza fiscal, apresentam-se como tributos unilaterais ou impostos e não como tributos bilaterais ou taxas. O que rejeita claramente a ideia de que a prossecução das tarefas ambientais pela via tributária se afastaria da solução financeira consubstanciada no estado fiscal, deslocando o suporte financeiro de tais tarefas para a solução proporcionada pelo "estado taxador"[80].

O que, para além do mais, tem a vantagem de tais tributos serem objecto de contabilização e de comparação internacionais, a título do nível de fiscalidade ou da carga fiscal, em sede das organizações económicas internacionais, com destaque para a OCDE. O que é extremamente importante para os contribuintes. Pois não podemos esquecer que o crescente apelo à figura dos tributos bilaterais ou das taxas, para suportar financeiramente alguns dos actuais domínios da actuação estadual, em que sobressai não só a protecção do meio ambiente como a actividade de regulação e supervisão económicas, mais do que deslocar soluções financeiras e a correspondente carga do estado fiscal para o "estado taxador"[81], como se pretende fazer crer, está a contribuir para uma verdadeira "duplicação do estado fiscal"[82].

Por isso mesmo, se o estado fiscal, em alguma medida, for forçado a enveredar por esse caminho de duplicação, então que o faça de maneira clara e transparente de modo a que os seus destinatários, isto é, os contribuintes, o possam questionar e combater, mormente exigindo sem concessões o respeito da velha máxima suporte do autoconsentimento dos impostos: *no taxation without representation.*

---

[80] Na expressão recentemente utilizada por SÉRGIO VASQUES, *O Princípio da Equivalência como Critério de Igualdade Tributária*, Almedina, Coimbra, 2008.

[81] Que não levanta problemas de maior se a deslocação da carga tributária do estado fiscal para o "estado taxador" corresponder a um resultado final, por assim dizer, de soma zero.

[82] Cf. J. CASALTA NABAIS, «Reforma tributária num estado fiscal suportável», em *Por um Estado Fiscal Suportável – Estudos de Direito Fiscal*, Vol. II, Almedina, Coimbra, 2008.

208   *Estudos de Direito Fiscal*

Referências bibliográficas

ALARCÓN GARCÍA, Gloria, *Manual del Sistema Fiscal Español*, Thompson, Madrid, 2005.

ALBANO SANTOS, J., *Teoria Fiscal*, Instituto Superior de Ciências Sociais e Políticas, UTL, 2003.

ALEJANDRO C. ALTAMIRANO, «El derecho tributario ante la constitucionalización del deecho a un médio ambiente sano», em HELENO TORRES (Org.), *Direito Tributário Ambiental*, Malheiros Editores, São Paulo, 2005.

ALONSO GONZALEZ, L. M., «Los impuestos ambientales en España: doctrina del Tribunal Constitucional», em HELENO TORRES (Org.), *Direito Tributário Ambiental*, Malheiros Editores, São Paulo, 2005.

ALVES CORREIA, F., *Manual de Direito do Urbanismo*, vol. I, 3.ª ed., Almedina, Coimbra, 2006.

AMATUCCI, A., «L'inerenza dell'interesse pubblico alla produzioine: strumenti finanziari e tutela ambientale», em HELENO TORRES (Org.), *Direito Tributário Ambiental*, Malheiros Editores, São Paulo, 2005.

ARNDT, H.-W., *Grundzüge des Allgemeinen Steuerrechts*, V. Vahlem, München, 1988.

BASSI, Franco/MAZZAROLLI, Leopoldo, *Pianificazione Territoriali e Tutela dell'Ambiente*, Giappichelli, Torino, 2000.

BENDER/SPARWASSER/ENGEL, *Umweltrecht. Grundzüge des öffentlichen Umweltshutzrechts*, 3.ª ed., C. F. Müller, 1995.

BLANKENBURG, Götz, *Globalisierung und Besteuerung. Krise des Leistungsfähigkeisprinzip?*, Hamburg, 2004.

BORRERO MORO, C. J., *La Tributación Ambiental en España*, Tecnos, Madrid, 1999.

CARLOS SANTOS, *Auxílios de Estado e Fiscalidade*, Almedina, Coimbra, 2003.

CASALTA NABAIS, J., *Contratos Fiscais. (Reflexões acerca da sua Admissibilidade)*, Coimbra Editora, Coimbra, 1994.

CASALTA NABAIS, J., *O Dever Fundamental de Pagar Impostos. Contributo para a compreensão constitucional do estado fiscal contemporâneo*, Almedina, Coimbra, 1998.

CASALTA NABAIS, J., «O princípio do estado fiscal», em *Estudos Jurídicos e Económicos em Homenagem ao Professor João Lumbrales*, Edição da Faculdade de Direito da Universidade de Lisboa, Coimbra Editora, 2000.

CASALTA NABAIS, J., *Direito Fiscal*, 5.ª ed., Almedina, Coimbra, 2009.

CASALTA NABAIS, J., «O regime fiscal das fundações», em *Por um Estado Fiscal Suportável – Estudos de Direito Fiscal*, Almedina, Coimbra, 2005.

CASALTA NABAIS, J., «Alguns aspectos da tributação das empresas», em *Por um Estado Fiscal Suportável – Estudos de Direito Fiscal*, Almedina, Coimbra, 2005.

CASALTA NABAIS, J., *Introdução ao Direito do Património Cultural*, Almedina, Coimbra, 2004.

CASALTA NABAIS, J., «Reforma tributária num estado fiscal suportável», em *Por um Estado Fiscal Suportável – Estudos de Direito Fiscal*, II Vol., Almedina, Coimbra, 2008.

CASALTA NABAIS, J., «Política fiscal, desenvolvimento sustentável e luta contra a pobreza», *Ciência e Técnica Fiscal*, 419, Janeiro-Junho de 2007.

CLÁUDIA SOARES, *O Imposto Ecológico – Contributo para o Estudo dos Instrumentos Económicos de Defesa do Ambiente*, Coimbra Editora, Coimbra, 2001.

CLÁUDIA SOARES *Imposto Ecológico* versus *Subsídio Ambiental?*, tese de doutoramento apresentada na Universidade de Santiago de Compostela, 2002.

CLÁUDIA SOARES, *Direito Fiscal do Ambiente. O Imposto Ambiental*, Almedina, Coimbra, 2002.

CLÁUDIA SOARES, *Direito Fiscal do Ambiente. O Enquadramento Comunitário dos Auxílios de Estado a Favor do Ambiente*, Almedina, Coimbra, 2003.

FIGUEIREDO DIAS, José E., *Direito Constitucional e Administrativo do Ambiente*, 2.ª ed., Almedina, Coimbra, 2007.

FREITAS PEREIRA, M. H., *Fiscalidade*, 2.ª ed., Almedina, Coimbra, 2007.

GAWEL, von Erick, «Das Steuerstaatgebot des Grundgesetzes», *Der Staat*, 39, 2000.

GOMES CANOTILHO, *Direito Público do Ambiente (Direito Constitucional e Administrativo)*, Sumários das Lições ao I Curso de Pós-Graduação em Direito do Ordenamento, do Urbanismo e do Ambiente, Coimbra, 1995/96.

GOMES CANOTILHO (Coord.), *Introdução ao Direito do Ambiente*, Universidade Aberta, 1998.

GOMES CANOTILHO, «O direito ao ambiente como direito subjectivo», em *Estudos sobre Direitos Fundamentais*, Coimbra Editora, Coimbra, 2004.

GRAMM, Chr., «Vom Steuerstaat zum gebührenfinanzierte Dienstleistungsstaat?», *Der Staat*, 1997.

HANSJÜRGENS, B., «Vom Steuerstaat zum Gebührenstaat?», *Zeitschrift für Gesetzgebung*, 14, 1999.

HELENA COSTA, Regina, *Praticabilidade e Justiça Tributária. Exeqüibilidade de Lei Tributária e Direitos do Contribuinte*, Malheiros, São Paulo, 2007.

210   *Estudos de Direito Fiscal*

HELENO TORRES (Org.), *Direito Tributário Ambiental*, Malheiros Editores, São Paulo, 2005.

HENDLER, R., «Gebührenstaat statt Steuerstaat?», *Die öffentliche Verwaltung*, 1999.

HERRERA MOLINA, P./CARVAJO VASCO, D., «Marco conceptual, constitucional y comunitário de la fiscalidad ecológica», em HELENO TORRES (Org.), *Direito Tributário Ambiental*, Malheiros Editores, São Paulo, 2005.

HERRERA MOLINA, P./CHICO DE LA CÁMARA, P., «La fiscalidad de las emissiones atmosféricas en España», em HELENO TORRES (Org.), *Direito Tributário Ambiental*, Malheiros Editores, São Paulo, 2005.

LAURÉ, M., *Science Fiscale*, Puf, 1993.

LOBO TORRES, Ricardo, *A Idéia de Liberdade no Estado Patrimonial e no Estado Fiscal*, Renovar, Rio de Janeiro, 1991.

MADDALENA, Paolo, *Dano Pubblico Ambientale*, Rimini, 1990.

MARTUL-ORTEGA, Perfecto Yebra, *Constitución Financiera Española. Veinticinco Años*, Instituto de Estudios Fiscales, Madrid, 2004.

ORTEGA ÁLVAREZ, Luis (Dir.), *Lecciones de Derecho del Medio Ambiente*, 3.ª ed., Lex Nova, Valladolid, 2002.

PALAO TABOADA, C., «El principio "quien contamina paga" y el princípio de capacidad económica»; em HELENO TORRES (Org.), *Direito Tributário Ambiental*, Malheiros Editores, São Paulo, 2005.

RICARDO CATARINO, João, «Globalização e capacidade fiscal contributiva», *Cultura – Revista de História e Teoria das Ideias*, vol. 16/17, 2003.

SÁ GOMES, N., *Teoria Geral dos Benefícios Fiscais*, Cadernos de Ciêncie e Técnica Fiscal, Lisboa, 1991.

SÁ GOMES, N., «Os benefícios fiscais na Lei Geral Tributária e na legislação complementar», em LEITE DE CAMPOS e OUTROS, *Problemas Fundamentais do Direito Tributário*, Lisboa, Vislis, 1999.

SELICATO, P., «Capacità Contributiva e tassazione ambientale», ambos em HELENO TORRES (Org.), *Direito Tributário Ambiental*, Malheiros Editores, São Paulo, 2005.

SÉRGIO VASQUES, *O Princípio da Equivalência como Critério de Igualdade Tributária*, Almedina, Coimbra, 2008.

SERRANO ANTÓN, F., «El impuesto sobre depósito de resíduos: fundamento, régimen jurídico y alternativas», em HELENO TORRES (Org.), *Direito Tributário Ambiental*, Malheiros Editores, São Paulo, 2005.

Tributos com fins ambientais   211

Sousa Aragão, Maria Alexandra de, *O Princípio do Poluidor Pagador. Pedra Angular da Política Comunitária do Ambiente*, Coimbra Editora, Coimbra, 1997.

Sousa Aragão, Maria Alexandra de, *O Princípio do Nível Elevado de Protecção e a Renovação Ecológica do Direito do Ambiente e dos Resíduos*, Almedina, Coimbra, 2006.

Teixeira Ribeiro, J. J., *Lições de Finanças Públicas*, 5.ª ed., Coimbra Editora, Coimbra, 1995.

Tiago Antunes, *O Comércio de Emissões Poluentes à Luz da Constituição da República Portuguesa*, aafdl, Lisboa, 2006.

Tipke, K./Lang, J., *Steuerrecht*, 19.ª ed., Köln, 2008.

Túlio Rosembuj, *Los Tributos y la Protección del Médio Ambiente*, Marcial Pons, Madrid, 1995.

Uckmar, Victor, La nuova dimensione del "tributo ambientale" e la sua compatililità com l'ordinamento italiano», em Heleno Torres (Org.), *Direito Tributário Ambiental*, Malheiros Editores, São Paulo, 2005.

6. A REVISÃO DOS ACTOS TRIBUTÁRIOS *

Sumário

I. Alusão à revisão dos actos administrativos

II. A revisão dos actos tributários
1. Os tipos de revisão dos actos tributários
2. Os actos tributários objecto da revisão
3. Os tributos abrangidos pela revisão
4. A revisão oficiosa e por iniciativa dos interessados
5. A revisão a favor dos contribuintes
6. O fundamento da revisão dos actos tributários
7. Os órgãos competentes e os poderes de revisão
8. A impugnação da decisão de revisão

III. Considerações finais

Como facilmente se compreenderá, impõe-se que, antes de quaisquer considerações sobre o tema que titula este pequeno texto, a revisão dos actos tributários, comecemos por uma alusão ao enquadramento da figura da revisão dos actos administrativos (em geral), procurando saber que sentido e que préstimo terá uma tal figura jurídica no direito administrativo em que, como é sobejamente sabido, o direito fiscal se insere como seu ramo especial[1].

---

* Estudo publicado na *Revista de Legislação e de Jurisprudência*, ano 139 (2009/10).

[1] Ao menos o direito administrativo fiscal que continua, de algum modo, a ser o segmento mais visível de todo o direito fiscal, uma vez que, como vimos afirmando, este se espraia efectivamente por três segmentos correspondentes ao mesmo tempo a três níveis, a saber: 1) o nível constitucional com concretização numa relação entre o Estado e os contribuintes (o direito constitucional fiscal – *Steuerverfassungsrecht*); 2) o nível administra-

I. ALUSÃO À REVISÃO DOS ACTOS ADMINISTRATIVOS

Pois bem, a um tal respeito é de referir que no nosso direito administrativo geral uma tal figura não constitui um conceito operacional. Com efeito, a figura da revisão dos actos administrativos não se encontra recortada nem mencionada na legislação administrativa, mormente no Código de Procedimento Administrativo (CPA), nem tratada na doutrina, reportando-se uma e outra apenas às diversas espécies em que a mesma, ao fim e ao cabo, se desdobra. Todavia, adoptando uma perspectiva dinâmica e socorrendo-nos da melhor doutrina, podemos definir a revisão dos actos administrativos como "qualquer procedimento (secundário ou de 2.º grau), oficioso ou na sequência de uma impugnação administrativa, que implique a reapreciação negativa ou divergente de um acto administrativo anterior, podendo ter como resultado a declaração de nulidade, a anulação, a revogação, a modificação (alteração ou reforma), a substituição e, porventura ainda, por extensão, a mera rectificação do acto"[2].

Como resulta claramente desta definição, ficam de fora do conceito de revisão figuras que, embora próximas por se tratar como esta também de actos administrativos secundários ou actos administrativos de 2.º grau[3], não se apresentam como o resultado de procedimentos que impliquem a reapreciação negativa ou divergente de um acto administrativo anterior. É o caso do acto de ratificação, pois assuma este a feição de ratificação sanação, como é a regra, ou de ratificação confirmação, o que ocorre mais esporadicamente, o seu procedimento não tem a pretensão de reapreciar negativa ou divergentemente o acto objecto de ratificação mas antes e tão só de o sanar de vícios formais, mormente do vício de incompetência, ou

---

tivo com materialização na relação entre a Administração Fiscal e os contribuintes ou outros sujeitos passivos (o direito administrativo fiscal – *Steuerverwaltungsrecht*); 3) o nível obrigacional, em que temos uma relação entre o credor (Fazenda Pública) e os devedores ou sujeitos passivos (o direito obrigacional fiscal – *Steuerschuldrecht*) – cf. os nossos *Direito Fiscal*, 5.ª ed., Almedina, Coimbra, 2009, p. 67 e 241 e ss., e «Responsabilidade civil da Administração Fiscal», agora nestes *Estudos*, p. 154 e ss.

[2] J. C. VIEIRA DE ANDRADE, «A "revisão" dos actos administrativos no direito português», *Cadernos de Ciência de Legislação*, n.º 9/10, 1994, p. 185 e ss.

[3] Daí que, por via de regra, apareçam enumerados e tratados nas leis e nas codificações em conjunto – v. os arts. 137.º, 138.º a 141.º, 147.º e 148.º do CPA e o art. 79.º da LGT.

A *revisão dos actos tributários* 215

de o confirmar. Efectivamente, tanto num caso como no outro, sempre o acto de ratificação apresenta um sentido convergente com o do acto primário ou de 1.º grau, portanto com o sentido do acto ratificado[4].

Certamente por razões suportadas em considerações do tipo das que vimos de fazer, a codificação administrativa geral, o CPA, desconhece a figura da revisão do acto administrativo, tratando antes das suas espécies num quadro aliás mais amplo, no quadro dos actos secundários ou de 2.º grau, às quais se refere, nas secções relativas à invalidade do acto administrativo e à revogação do acto administrativo integrantes do capítulo dedicado ao acto administrativo[5]. Com efeito, aí se referem as seguintes figuras algumas delas espécies da revisão dos actos administrativos: a declaração administrativa de nulidade, a revogação do acto administrativo (em que de resto perfilha um conceito amplo, integrando nele tanto a revogação como a anulação), a reforma, a ratificação, a conversão, a alteração, a substituição e a rectificação.

Uma solução legal que, ao menos à primeira vista, não nos parece que mereça censura, uma vez que a figura da revisão do acto administrativo não se apresenta como um conceito, de um lado, suficientemente abrangente e, de outro, com carácter manifestamente unitário capaz de congregar uma disciplina jurídica relativamente diferenciada ou autónoma, seja face ao género em que um tal acto se inclui, constituído pelos actos administrativos secundários ou actos de 2.º grau, seja relativamente às suas espécies que, embora dominadas pela figura da revogação no sentido amplo (e em larga medida atécnico) recortado no CPA, se reporta verdadeiramente à anulação e à revogação em sentido próprio[6]. De resto, que

---

[4] M. ESTEVES DE OLIVEIRA, PEDRO C. GONÇALVES e J. PACHECO DE AMORIM, *Código do Procedimento Administrativo Comentado*, 2.ª ed., Almedina, Coimbra, 1997, anots. II e VII ao art. 137.º, V ao art. 46.º e XI ao art. 3.º; e J. M. SANTOS BOTELHO, A. PIRES ESTEVES e J. CÂNDIDO DE PINHO, *Código do Procedimento Administrativo Anotado e Comentado*, 5.ª ed., Almedina, Coimbra, 2002, anots. 2 a 11 ao art. 137.º e 2 ao art. 46.º.

[5] Ou seja as secções III (Da invalidade do acto administrativo) e IV (Da revogação do acto administrativo) do Capítulo II (Do acto administrativo) da Parte IV (Da actividade administrativa).

[6] Para a crítica dessa solução legal, com base na radical diferença em termos estruturais e em termos funcionais entre a revogação e anulação administrativa, v. J. C. VIEIRA DE ANDRADE, «A 'revisão' dos actos administrativos no direito português», *cit.*, p. 185 e ss., e «Revogação do acto administrativo», *Revista Direito e Justiça*, VI, 1992, p. 53 e ss. V.,

o conceito de revogação disciplinado no CPA se apresenta como figura central da revisão dos actos administrativos e tem um alcance geral e tendencialmente abrangente da maior parte das figuras que poderia ser veiculada pela figura da revisão dos actos administrativos, demonstra-o, a seu modo, o próprio CPA, ao mandar aplicar, no seu art. 147.°, na falta de disposição especial, à alteração e substituição dos actos administrativos as normas reguladoras da revogação[7].

Por conseguinte o direito fiscal não pode tirar proveito do conceito e regime da revisão dos actos administrativos pela singela razão de uma tal figura não ser operacional no direito administrativo, sendo, pois, praticamente desconhecida deste sector do ordenamento jurídico. Assim, o tratamento desse instituto no direito dos impostos tem de ser levado a cabo sem o precioso amparo que o direito administrativo constantemente constitui para o direito fiscal. O que significa, de algum modo, que vamos trabalhar sem essa rede. Por isso, vamos ancorar as nossas reflexões apenas na legislação fiscal, ou seja, mais especificamente, nas disposições constantes do art. 78.° da Lei Geral Tributária (LGT).

II. A REVISÃO DOS ACTOS TRIBUTÁRIOS

Diversamente do que tem ocorrido no direito administrativo, o direito fiscal vem conhecendo tradicionalmente a figura da revisão do acto tributário, a qual se encontrava prevista e disciplinada, sob a designação de «reclamação extraordinária» nos arts. 85.° a 88.° do Código de Processo

---

igualmente, M. ESTEVES DE OLIVEIRA, PEDRO C. GONÇALVES e J. PACHECO DE AMORIM, *Código do Procedimento Administrativo Comentado*, cit., p. 667 e ss.

[7] Sobre o papel central que a figura da revogação dos actos administrativos desempenha na nossa legislação e doutrina, v. J. C. VIEIRA DE ANDRADE, «A "revisão" dos actos administrativos no direito português», *ob. cit.*, p. 186 e s. Por seu lado, sobre a revogação dos actos administrativos v. MARCELLO CAETANO, *Manual de Direito Administrativo*, vol. I, 10.ª ed., Coimbra Editora, Coimbra, 1973, p. 531 e ss.; D. FREITAS DO AMARAL, *Curso de Direito Administrativo*, vol. II, Almedina, Coimbra, 2001, p. 426 e ss.; MARCELLO REBELO DE SOUSA e ANDRÉ SALGADO DE MATOS, *Direito Administrativo Geral*, Tomo III – *Actividade Administrativa*, Dom Quixote, Lisboa, 2007, p. 189 e ss.; e JOÃO CAUPERS, *Introdução ao Direito Administrativo*, 10.ª ed., Âncora, 2009, p. 265 e ss.

A *revisão dos actos tributários* 217

das Contribuições e Impostos (CPCI)[8], a qual passou, depois, a constar, sob a denominação de «revisão oficiosa», do art. 94.° do Código de Processo Tributário (CPT)[9], e que, presentemente, encontra o seu recorte e regime gerais, sob a expressão «revisão dos actos tributários», no já referido art. 78.° da LGT.

Pelo que, como facilmente se compreenderá, será a análise deste preceito legal o objecto das considerações que se seguem, já que as demais disposições legais que aludem à revisão dos actos tributários se limitam a remeter para esse preceito, como acontece com os dos arts. 93.°, n.° 1, do Código do IRS, 98.°, n.° 1, do Código do IVA, e 42.° do Código do IMT, a comportar soluções contempladas naquele preceito, como se verifica com o 62.° do Código do IRC[10], ou a contemplar específicas situações

---

[8] Código que esteve em vigor até Julho de 1991. Refira-se que, de entre os fundamentos dessa reclamação extraordinária, constantes do art. 85.° do CPCI, se destacavam justamente a duplicação da colecta e a ocorrência na tributação de injustiça grave ou notória. É de assinalar que a injustiça grave ou notória ocorrida na determinação do lucro tributável constituía o fundamento para os contribuintes pedirem a revisão (extraordinária) deste no prazo de um ano a contar da data da decisão, nos termos do art. 79.° do Código da Contribuição Industrial, um preceito que tem o seu equivalente no actual art. 62.° do Código do IRC.

[9] Que, dada a importância para a interpretação do art. 78.° da LGT, é de todo o interesse reproduzir. Pois bem, dispunha o referido art. 94.° sob a epígrafe «Fundamentos e prazos da revisão oficiosa»:

1. A revisão oficiosa dos actos tributários terá lugar: *a)* Se a revisão for a favor da administração fiscal, com base em novos elementos não considerados na liquidação e dentro do prazo da caducidade; *b)* Se a revisão for a favor do contribuinte, com base em erro imputável aos serviços ou duplicação da colecta, nos cinco anos posteriores ao termo do prazo de pagamento voluntário ou à data da notificação do acto a rever e, ainda, no decurso do processo de execução fiscal.

2. O regime da alínea *b)* do número anterior aplica-se em caso de autoliquidação sempre que a administração fiscal proceda oficiosamente à correcção dos elementos evidenciados pela declaração em que tenha sido efectuada.

Como se vê, a epígrafe que titula esse preceito, induz em erro, uma vez que, como resulta inequivocamente do disposto nesse preceito a revisão em causa tanto pode ser da iniciativa da administração tributária como dos contribuintes. Quanto a este artigo, v. ALFREDO J. DE SOUSA/J. SILVA PAIXÃO, *Código de Processo Tributário Comentado e Anotado*, 4.ª ed., Almedina, Coimbra, 1998, p. 197 e s.; e A. BARROS LIMA GUERREIRO e J. SILVÉRIO DIAS MATEUS, *Código de Processo Tributário Comentado*, Fisco, Lisboa, 1991, p. 124. Cf., também *infra*, ponto II. 4.

[10] Que se refere à revisão excepcional do lucro tributável determinado por métodos indirectos, quando posteriormente se tenha verificado injustiça grave ou notória.

218   *Estudos de Direito Fiscal*

de revisão oficiosa do acto tributário, como é o caso contemplado no art. 115.° do Código do IMI[11], as quais, embora acresçam às previstas nesse preceito da LGT, não põem em causa, todavia, a doutrina que o mesmo suporta. Por conseguinte, com as considerações que se seguem pretendemos percorrer os diversificados problemas que a interpretação e a aplicação do art. 78.° da LGT suscitam.

Significa isto que não vamos tratar aqui da revisão dos actos tributários levada a cabo pela administração tributária a seu favor no prazo da caducidade prevista e regulada nos arts. 45.° e 46.° da LGT. Pois, nos termos destes preceitos legais, a administração tributária tem um prazo para exercer o seu poder (*rectius* a sua competência) de liquidação dos tributos[12]. Um prazo que é, por via de regra, portanto sempre que outro não esteja especialmente previsto, de quatro anos, o qual se conta, nos termos do mencionado art. 45.°, nos impostos periódicos, a partir do termo do ano em que se verificou o facto tributário e, nos impostos de obrigação única, a partir da data em que o facto tributário ocorreu, com excepção do imposto sobre o valor acrescentado e do impostos sobre o rendimento quando a tributação seja efectuada por retenção na fonte a título definitivo, hipótese em que esse prazo se conta a partir do início do ano civil seguinte àquele em que se verificou, respectivamente, a exigibilidade do imposto ou o facto tributário.

De outro lado, também a revisão solicitada através da impugnação administrativa corrente, portanto através da reclamação (graciosa), nos termos em que esta se encontra prevista e regulada nos arts. 68.° a 77.° do Código de Procedimento e Processo Tributário (CPPT), não será objecto da nossa atenção nesta sede. Limitamo-nos a referir que essa reclamação, porque tem natureza facultativa, não suspende a eficácia do acto tributário, a menos que o reclamante constitua garantia idónea nos termos dos arts. 52.° da LGT e 169.° e 199.° do CPPT[13]. Assim como não vamos cui-

---

[11] Em que se prevê, sem prejuízo do disposto no art. 78.° da LGT, a revisão oficiosa da liquidação do IMI quando tenha havido atraso na actualização das matrizes, nova avaliação, erro de que resultou colecta de montante diferente do devido ou não tenha sido reconhecida ou concedida isenção a que havia lugar.

[12] A nossa lei fala a tal respeito em direito de liquidação, uma linguagem que, como vimos dizendo, não é correcta, uma vez que a administração tributária não dispõe de qualquer direito subjectivo, antes é titular do poder-dever de liquidar os tributos.

[13] A única excepção a esta exigência, que a lei prevê, reporta-se aos casos em que a liquidação tem por base a determinação da matéria colectável por métodos indirectos e o

A revisão dos actos tributários 219

dar do recurso hierárquico que, no nosso ordenamento actual, se configura como uma impugnação administrativa de 2.ª instância, a interpor contra decisão proferida em reclamação (graciosa)[14].

Por conseguinte, vamos cuidar da revisão dos actos tributários prevista e regulada no art. 78.° da LGT. O que impõe que comecemos por reproduzir esse preceito. Pois bem, dispõe o art. 78.° da LGT na sua actual redacção[15]:

> 1 – A revisão dos actos tributários pela entidade que os praticou pode ser efectuada por iniciativa do sujeito passivo, no prazo de reclamação administrativa e com fundamento em qualquer ilegalidade, ou, por iniciativa da administração tributária, no prazo de quatro anos após a liquidação ou a todo o tempo se o tributo ainda não tiver sido pago, com fundamento em erro imputável aos serviços.
>
> 2 – Sem prejuízo dos ónus legais de reclamação ou impugnação pelo contribuinte, considera-se imputável aos serviços, para efeitos do número anterior, o erro na autoliquidação.
>
> 3. – A revisão dos actos tributários nos termos do n.° 1, independentemente de se tratar de erro material ou de direito, implica o respectivo conhecimento fundamentado nos termos do artigo anterior.
>
> 4 – O dirigente máximo do serviço pode autorizar, excepcionalmente, nos três anos posteriores ao do acto tributário a revisão da matéria tributável apurada com fundamento em injustiça grave ou notória, desde que o erro não seja imputável a comportamento negligente do contribuinte.
>
> 5 – Para efeitos do número anterior, apenas se considera notória a injustiça ostensiva e inequívoca e grave a resultante de tributação manifestamente exagerada e desproporcionada com a realidade ou de que tenha resultado elevado prejuízo para a Fazenda Nacional[16].

---

relatório do perito independente coincide com o relatório do perito do contribuinte em sede do procedimento de revisão da matéria tributável, muito embora a liquidação venha a ter por base uma decisão da administração tributária contrária ao relatório dos peritos, nos termos do art. 92.°, n.° 8, da LGT. Uma hipótese que não se tem verificado, em virtude de, nos termos da Portaria n.° 78/2001, de 8 de Fevereiro, a remuneração dos peritos independentes ser da responsabilidade de quem requereu a sua intervenção, a qual, de resto, tem de ser depositada à ordem do procedimento simultaneamente com o pedido.

[14] V., sobre este entendimento do recurso hierárquico, o que dizemos *infra* no ponto III.

[15] Resultante da LOE/2005 (Lei n.° 55-B/2004, de 30 de Dezembro) que alterou o n.° 3, aditou o n.° 4 e renumerou os n.os 4, 5 e 6.

[16] Uma expressão que para além de incorrecta, pois não se trata da Fazenda Nacional, mas sim da Fazenda Pública, encontra-se desfasada da terminologia adoptada pelo

220 — Estudos de Direito Fiscal

6 – A revisão do acto tributário por motivo de duplicação de colecta pode efectuar-se, seja qual for o fundamento, no prazo de quatro anos.

7 – Interrompe o prazo da revisão oficiosa do acto tributário ou da matéria tributável o pedido do contribuinte dirigido ao órgão competente da administração tributária para a sua realização.

Como resulta da simples leitura deste artigo, estamos aqui perante diversos tipos de revisão dos actos tributários. O que impõe que comecemos justamente por os distinguir. Vejamos então.

1. Os tipos de revisão dos actos tributários

Pois bem, olhando para as hipóteses de revisão dos actos tributários contempladas nesse preceito legal, podemos dizer que temos aí três hipóteses diversas de revisão: uma de «revisão normal» ou de «revisão ordinária», com fundamento em erro imputável aos serviços (n.º 1), e duas de «revisão excepcional» ou de «revisão extraordinária» – a revisão da matéria tributável com base em injustiça grave ou notária (n.ºs 4 e 5) e a revisão por duplicação da colecta (n.º 6). Ora, justamente porque o regime de cada uma dessas hipóteses de revisão dos actos tributários é relativamente diverso, impõe-se que lhe dediquemos algum do nosso tempo.

Quanto à «revisão normal» ou «revisão ordinária», prevista no n.º 1 desse art. 78.º, designamo-la assim porque, embora essa possibilidade de revisão dos actos tributários acresça à revisão que os contribuintes e demais sujeitos passivos podem desencadear através da reclamação (graciosa)[17], circunstância que poderia levar aquela a assumir uma feição excepcional ou extraordinária, o certo é que a mesma apresenta um campo de aplicação fundamentalmente idêntico ao daquela via clássica de impugnação administrativa dos actos tributários, já que pode ser requerida sem quaisquer exigências acrescidas. Por conseguinte, estamos deste modo perante mais uma via de impugnação administrativa dos actos tributários

---

legislador já antes da LGT (v. o CPT), que passou a utilizar, e bem, a expressão Fazenda Pública. A que acresce a circunstância de, no art. 94.º do CPT, para hipótese idêntica à aí contemplada, esse Código falar de revisão do acto tributário «a favor da administração fiscal». Para uma adequada utilização das expressões «administração fiscal» e «fazenda pública», v. o que dizemos *supra*, nota 1 e bibliografia aí mencionada.

[17] Seguida ou não de recurso hierárquico.

A revisão dos actos tributários

que pode ser desencadeada oficiosamente ou a pedido dos contribuintes no prazo de quatro anos após a liquidação do tributo ou a todo o tempo se este ainda não tiver sido pago[18].

É certo que, enquanto a reclamação (graciosa) tem por fundamento qualquer ilegalidade do acto tributário[19], a revisão em análise tem por fundamento erro imputável aos serviços. Mas, atendendo ao entendimento amplo que o erro imputável aos serviços vem suportando, que, como expressamente se prescreve no n.º 2 do mencionado art. 78.º, tanto pode ser erro de facto como erro de direito, bem podemos concluir que, ao fim e ao cabo, a revisão em causa pode ter por base a generalidade das ilegalidades mais importantes que afectem os actos tributários[20]. O que acaba por a configurar, em larga medida, como uma via alternativa de impugnação administrativa dos actos tributários face à da reclamação (graciosa).

Por seu lado, quanto à «revisão excepcional» ou «revisão extraordinária» dos actos tributários, como já referimos, temos duas situações: a revisão baseada em a matéria tributável ter sido apurada com base em injustiça grave ou notória, a desencadear nos três anos posteriores ao do correspondente acto tributário, e a revisão por duplicação da colecta que pode ser intentada nos quatro anos posteriores à segunda liquidação ou à segunda cobrança quando não tenha tido lugar uma segunda liquidação. Comum a estes dois tipos de revisão dos actos tributários é o seu carácter excepcional ou extraordinário, pois a mesma apenas se verificará em caso de ocorrer injustiça grave ou notória na determinação da correspondente matéria tributável ou no caso de haver lugar a uma duplicação de colecta, sendo certo que, nos termos do n.º 5 do mencionado art. 78.º, a injustiça será grave quando resulte de tributação manifestamente exagerada e desproporcionada com a realidade ou de que tenha resultado elevado prejuízo para a Fazenda Pública, e notória quando se apresente ostensiva e inequívoca.

---

[18] Quanto a essa via de impugnação administrativa dos actos tributários poder ser desencadeada oficiosamente ou a pedido dos contribuintes, v. *infra*, ponto II. 4.

[19] Uma vez que os fundamentos enumerados no art. 99.º do CPPT para a impugnação judicial, que valem para a reclamação (graciosa) por força da remissão operada pelo art. 70.º do mesmo Código, têm mero carácter exemplificativo ou ilustrativo, como decorre do disposto naquele preceito ao estabelecer que «constitui fundamento da impugnação qualquer ilegalidade, designadamente (...)».

[20] Sobre o sentido da expressão «erro imputável aos serviços», v. o que dizemos *infra*, no ponto II. 6.

Acrescente-se, a este respeito, que a revisão por injustiça grave ou notória na determinação da matéria tributável se aplica tanto nos casos de determinação desta por métodos directos como por métodos indirectos, conquanto que, no caso de se verificar esta última, tenha sido previamente desencadeado o procedimento de revisão da matéria tributável regulado nos arts. 91.° e 92.° da LGT e, como facilmente se compreende, não tenha havido acordo entre o perito do contribuinte e o perito da administração tributária. Com efeito, numa tal hipótese, o disposto no n.° 5 do mencionado art. 92.° impede que se possa lançar mão da revisão dos actos tributários em análise[21].

Em conclusão, a revisão dos actos tributários pode ser uma revisão normal ou ordinária fundada em erro imputável aos serviços a intentar no prazo de quatro anos após a liquidação ou a todo o tempo se o tributo ainda não tiver sido pago, uma revisão excepcional ou extraordinária com base em injustiça grave ou notária na determinação da matéria tributável, a desencadear nos três anos posteriores ao do correspondente acto tributário, e uma revisão excepcional ou extraordinária fundada em duplicação da colecta a promover nos quatro anos posteriores ao acto tributário.

2. Os actos tributários objecto da revisão

Um outro problema a enfrentar é o relativo ao universo de actos que podem ser objecto da revisão contemplada no art. 78.° da LGT. O que implica que façamos aqui algumas considerações sobre os diversos tipos de actos que vêm sendo referidos no direito fiscal. E a um tal propósito, retomando as reflexões que fizemos a respeito da impugnação do acto tributário, podemos dizer que, tendo em conta, de um lado, a legislação anterior (o CPT) e, de outro lado, a actual legislação (a LGT e o CPPT), continuamos longe de chegar a certezas nesse domínio. O que, convenhamos, nem surpreende, dado situarmos aqui num sector do ordenamento jurídico em que a falta de cuidado e rigor na elaboração das leis é manifesta há muito. De facto, a pressão do tempo ao serviço de um voluntarismo político que não honra o Estado de Direito, já

---

[21] V. neste sentido, ANTÓNIO LIMA GUERREIRO, *Lei Geral Tributária Anotada*, Rei dos Livros, Lisboa, 2000, p. 347.

nos habituou a uma legislação fiscal de má qualidade e em instabilidade permanente[22].

Assim, na vigência do CPT, reconduziam-se a três os tipos principais de actos tributários (entendida esta expressão num sentido muito amplo), a saber: os "actos em matéria tributária", os "actos tributários" e os "actos administrativos respeitantes a questões fiscais". Porém, a legislação fiscal e, particularmente o CPT, não esclarecia o que devíamos entender por *actos em matéria tributária*. Mas, atendendo ao conjunto de actos que o CPT colocava sob essa designação, concluíamos ser de considerar como tais os actos preparatórios e prévios dos actos tributários (ou actos de liquidação), destacáveis ou autonomizáveis do respectivo procedimento tributário para efeitos da sua impugnação administrativa ou judicial autónoma. Com este sentido, os actos em matéria tributária integravam, nomeadamente, as decisões de determinação administrativa da matéria tributável e as correcções administrativas das declarações dos contribuintes em IRS e em IRC[23].

Por sua vez, quanto aos *actos tributários*, não havia, como continua a não haver, quaisquer dúvidas de que se tratava dos actos de liquidação administrativa dos impostos.

Finalmente, relativamente aos *actos administrativos respeitantes a questões fiscais*, estes integravam aqueles actos administrativos (incluídos portanto no conceito constante do art. 120.º do CPA[24]), praticados em sede de relações jurídicas tributárias através dos quais se concluíam procedimentos diversos e autónomos do procedimento que terminava no acto tributário ou acto de liquidação do imposto.

Na actual legislação fiscal geral – LGT e CPPT – fala-se, para além, naturalmente, de "actos tributários", em "actos em matéria tributária", "actos administrativos em matéria tributária" e "actos administrativos relativos a questões tributárias". Assim e quanto a actos em matéria tributária, a LGT refere-se a eles no art. 9.º, n.º 2, ao estabelecer que "todos os actos em matéria tributária que lesem direitos ou interesses legalmente protegi-

---

[22] V. o nosso *Direito Fiscal*, cit., p. XXX e s. e 380 e ss.

[23] Em que havia quem integrasse também os actos de fixação dos valores patrimoniais. Todavia, tendo em consideração que tais actos constituem actos administrativos (materialmente definitivos), embora pressupostos necessários de actos tributários (isto é, de liquidações de impostos incidentes sobre esses valores patrimoniais), parece-nos que não se enquadravam nessa categoria.

dos são impugnáveis ou recorríveis nos termos da lei" e no art. 17.º, n.º 1, ao prescrever que "os actos em matéria tributária que não sejam puramente pessoais podem ser praticados pelo gestor de negócios, produzindo efeitos em relação ao dono do negócio nos termos da lei civil".

A nosso ver, a LGT utiliza nestes preceitos a expressão actos em matéria tributária num sentido muito amplo, num sentido inequivocamente atécnico, abarcando nela todos e quaisquer actos que possam ser pratica-dos no domínio das relações tributárias, isto é, os actos tributários em sen-tido estrito ou actos de liquidação de tributos, os actos em matéria tributá-ria *stricto sensu* ou actos preparatórios dos actos tributários destacáveis e os actos administrativos respeitantes a questões fiscais ou tributárias ou actos editados em procedimentos diversos do procedimento de liquidação de tributos[25].

Por seu lado, o CPPT utiliza essa expressão no art. 12.º, n.º 2, ao dis-por que "no caso de actos tributários ou em matéria tributária praticados por outros serviços da administração tributária, julgará em 1..ª instância o tribunal da área do domicílio ou sede do contribuinte, da situação dos bens ou da transmissão". O que parece estar a referir-se aos actos administrati-vos em matéria tributária.

Já no respeitante às expressões actos administrativos em matéria tri-butária e actos administrativos relativos a questões fiscais (ou tributárias), parece-nos que elas são utilizadas como sinónimas e com o sentido que vinha sendo atribuído a esta última expressão, embora seja a primeira expressão a mais utilizada. Assim o sugere a LGT nas als. *e*) do n.º 1 do art. 54.º (que inclui tais actos na lista exemplificativa de actos em que desembocam os procedimentos tributários), *c*) do n.º 1 do art. 60.º (em que se garante o direito de audição antes da revogação de qualquer benefício ou acto administrativo em matéria tributária) e *h*) do n.º 2 do art. 95.º (que integra "outros actos administrativos em matéria tributária" na lista exem-plificativa de actos considerados lesivos dos direitos ou interesses legal-

---

24 O art. 120.º do CPA prescreve: "Para efeitos da presente lei, consideram-se actos administrativos as decisões dos órgãos da Administração que ao abrigo de normas de direito público visem produzir efeitos jurídicos numa situação individual e concreta".

25 Recordamos que, segundo o art. 2.º, n.º 2, da LGT, "para efeitos da presente lei, consideram-se relações jurídico-tributárias as estabelecidas entre a administração tributá-ria, agindo como tal, e as pessoas singulares e colectivas e outras entidades legalmente equiparadas a estas".

A revisão dos actos tributários 225

mente protegidos dos interessados para efeitos da sua impugnação ou recurso judicial[26]).

Também o CPPT parece ir no mesmo sentido, nos arts. 10.°, n.° 1, al. *d*), e 97.°, n.ᵒˢ 1, al. *d*) e 2, que se referem a "actos administrativos em matéria tributária", e no art. 97.°, n.° 1, al. *p*), que alude a "actos administrativos relativos a questões tributárias".

Atento o exposto, é de concluir que podemos falar de actos tributários em sentido amplo, em que temos, de um lado, os actos tributários em sentido estrito ou actos de liquidação de tributos e, de outro lado, os actos em matéria tributária em sentido amplo, isto é, os demais actos praticados em sede das relações jurídicas fiscais[27]. Nestes últimos temos, por sua vez: 1) os actos em matéria tributária em sentido estrito, isto é, os actos preparatórios de actos tributários que sejam destacáveis, os quais, dada a regra da impugnação unitária dos actos tributários[28], constitui excepção de que são exemplo a determinação da matéria tributável que não dê lugar à liquidação (art. 97.°, n.° 1, alínea *b*), do CPPT), e a determinação da matéria tributável pelo método indirecto materializada na utilização das chamadas manifestações de fortuna (art. 89.°-A, n.ᵒˢ 7 e 8, da LGT)[29], e 2) os actos administrativos em matéria tributária ou actos administrativos relativos a questões tributárias, cujo processo de impugnação segue, nos termos do art. 97.°, n.° 2, do CPPT, a acção administrativa especial regulada no Código de Processo nos Tribunais Administrativos (CPTA).

Posto quanto vimos de dizer, é o momento de responder à questão: a que tipo de actos tributários em sentido amplo se reporta a revisão do art. 78.° da LGT? Pois bem, ao contrário que chegámos a admitir numa

---

[26] Lista de actos lesivos que é, a nosso ver, manifestamente tributária duma concepção subjectivista da justiça administrativa. Uma concepção que tende a limitar a função da justiça administrativa à tutela dos interesses dos administrados.

[27] Isto quando essa expressão não é utilizada num sentido ainda mais amplo, como acontece por vezes, caso em que abarca todos e quaisquer actos tributários ou em matéria tributária.

[28] Consagrado no art. 54.° do CPPT, nestes termos: "salvo quando forem imediatamente lesivos dos direitos do contribuinte ou disposição expressa em sentido diferente, não são susceptíveis de impugnação contenciosa autónoma os actos interlocutórios do procedimento, sem prejuízo de poder ser invocada na impugnação da decisão final qualquer ilegalidade anteriormente cometida".

[29] V. os Acórdãos do STA de 24.09.2008 (Proc. n.° 0342/08) e de 09.09.2009 (Proc. n.° 0188/09 e Proc. n.° 0334/09).

formulação bastante ampla[30], o objecto da revisão em análise são os actos tributários em sentido estrito, ou seja, os actos de liquidação de tributos. Desde logo, não parece haver quaisquer dúvidas que isso é assim quanto à que designamos por «revisão normal» ou «revisão ordinária» dos actos tributários prevista no n.° 1 desse preceito, pois, constituindo essa revisão já em si uma generosa garantia extra dos contribuintes, que acresce às constituídas pela reclamação (graciosa), seguida ou não de recurso hierárquico, e pela impugnação judicial, através da qual se pode, ao fim e ao cabo, reabrir a via jurisdicional, não vemos como a mesma possa ser ainda objecto de ampliação por via interpretativa a outros actos, mormente aos actos administrativos relativos a questões tributárias.

Depois, relativamente à revisão por duplicação da colecta, parece óbvio que a revisão se reporta aos actos tributários (em sentido estrito). É que, tendo em conta que a duplicação da colecta se verifica, segundo o disposto no n.° 1 do art. 205.° do CPPT, "quando, estando pago por inteiro um tributo, se exigir da mesma ou de diferente pessoa um outro de igual natureza, referente ao mesmo facto tributário e ao mesmo período de tempo", acaba a mesma por consistir na cobrança ou pagamento de tributo já cobrado ou pago, seja porque foi objecto de dupla liquidação, seja, porque tendo suportado apenas uma liquidação foi objecto de dupla cobrança ou duplo pagamento. Por conseguinte a revisão traduzir-se-á sempre na anulação, total ou parcial, do segundo acto de liquidação ou na anulação da segunda execução do acto de liquidação do tributo.

Enfim, também não podemos esquecer que os actos administrativos relativos a questões tributárias seguem, por via de regra, o processo administrativo regulado no CPTA, por força da remissão constante do n.° 2 do art. 97.° do CPPT. Uma remissão que, a nosso ver, deve ser entendida em termos amplos, integrando assim também a solução, contemplada no n.° 4 do art. 58.° do CPTA de alargamento do prazo de impugnação judicial dos actos administrativos naquelas situações excepcionais ou extraordinárias em que o prazo de três meses, fixado na al. *b*) do n.° 2 desse mesmo preceito, se venha a revelar excessivamente curto. Uma solução que, muito embora, como veremos mais adiante, esteja longe da concretizada na revisão dos actos tributários em análise, ainda assim oferece uma resposta que

---

[30] V. o nosso *Direito Fiscal*, cit., p. 400, muito embora devamos assinalar que toda a argumentação aí utilizada teve em mente a situação de injustiça grave ou notória no apuramento da matéria tributável contemplada nos n.os 4 e 5 desse art. 78.°.

não podemos deixar de considerar aceitável para as referidas situações excepcionais ou extraordinárias.

Ainda nesta sede do tipo de actos a se reporta a revisão dos actos tributários, contemplada no art. 78.º da LGT, é de referir que tais actos, que são sempre actos tributários em sentido estrito, ou seja, actos de liquidação de tributos, tanto são os que suportam liquidações administrativas, como os que suportam as liquidações levadas a cabo pelos próprios contribuintes, isto é, no caso de haver lugar a autoliquidação. Uma ideia que não surpreende, pois a revisão dos actos tributários tem lugar também em impostos ou outros tributos cuja liquidação esteja a cargo dos próprios contribuintes, isto é, que sejam objecto de *autoliquidação*, como decorre do n.º 2 do art. 78.º da LGT em que se dispõe: "[s]em prejuízo dos ónus legais de reclamação ou impugnação pelo contribuinte, considera-se imputável aos serviços, para efeitos do número anterior, o erro na autoliquidação"[31].

O que naturalmente se compreende, uma vez que, sendo a autoliquidação ou a liquidação por terceiro uma inequívoca "delegação" ou transferência de tarefas públicas para os próprios contribuintes, particulares ou empresas, no quadro do fenómeno mais amplo que vimos designando por «"privatização" da administração ou gestão dos impostos», seria de todo inadmissível, ao nível dos princípios que suportam o nosso Estado de Direito, que, em virtude desse facto, claramente onerador dos próprios contribuintes, estes fossem objecto de limitação nas vias de impugnação ou contestação dos referidos actos tributários[32].

3. Os tributos abrangidos pela revisão

E a que tributos se reporta a revisão dos actos tributários? Apenas aos impostos ou a todos os tributos sejam estes impostos, taxas ou contribuições (especiais)?

---

[31] A respeito dos ónus legais de reclamação ou impugnação pelo contribuinte, é de referir que se reportam à reclamação prévia exigida para a impugnação judicial da autoliquidação, a qual é dispensada quando o seu fundamento for exclusivamente matéria de direito e a autoliquidação tiver sido efectuada de acordo com as orientações genéricas da administração tributária – art. 131.º do CPPT.

[32] Sobre o referido fenómeno da "privatização" da administração ou gestão dos impostos, cf. o nosso *Direito Fiscal*, cit., p. 359 e ss.

Pois bem, a este respeito devemos dizer que a revisão dos actos tributários reporta-se à *generalidade dos tributos*, sejam estes tributos unilaterais ou impostos, que têm uma estrutura unilateral e por base ou critério de medida a capacidade contributiva, tributos bilaterais ou taxas que têm uma estrutura bilateral individual e por base ou critério de medida a ideia de proporcionalidade (prestação/contraprestação)[33], ou outros tributos conhecidos na doutrina tradicional pela designação de "contribuições especiais" e que, na terminologia constitucional e legal mais recente, vêm identificados, no que a uma parte deles respeita, pela expressão, bem pouco rigorosa, "demais contribuições financeiras a favor de entidades públicas".

Sendo certo que nestes tributos aparentemente integrantes de um *tertium genus*, porque situados conceptualmente a meio caminho entre os tributos unilaterais ou impostos e os tributos bilaterais ou taxas, encontramos em rigor dois tipos, já que, muito embora todos disponham, ao fim e ao cabo, de uma *estrutura bilateral grupal*, acabam por ter por base ou critério de medida seja uma capacidade contributiva especial referida ao grupo beneficiário, como é o caso, por exemplo, das contribuições especiais tradicionais em que se tributa a capacidade contributiva especial gerada pelos investimentos públicos suporte das mais-valias imobiliárias, seja uma proporcionalidade também especial uma vez que é aferida pela prestação de que beneficiou o correspondente grupo, como é o caso das demais contribuições financeiras a favor de entidades públicas[34]. O que tem por consequência que, enquanto o primeiro tipo de tributos propenda para o regime constitucional dos impostos ou para um regime próximo, o segundo se incline para o regime constitucional das taxas ou para um regime próximo destas[35].

---

[33] Embora em relação às taxas das autarquias locais se deva lembrar que a sua liquidação não pode ser objecto de impugnação judicial senão depois de dedução de prévia reclamação, como prescreve o art. 16.° do Regime Geral das Taxas das Autarquias Locais (RGTAL), aprovado pela Lei n.° 53-E/2006, de 29 de Dezembro.

[34] Há, todavia, quem proceda a uma arrumação dos tributos em outros moldes. Assim, para uma divisão do referido segundo grupo de contribuições (das demais contribuições financeiras a favor de entidades públicas), tendo em conta sobretudo a doutrina e jurisprudência constitucional alemã, v. SUZANA TAVARES DA SILVA, *As Taxas e a Coerência do Sistema Tributário*, CEJUR, Braga, 2008, p. 44 e ss.

[35] V. o nosso *Direito Fiscal*, cit., p. 26. Quanto ao mencionado grupo de contribuições, v., também, J. M. CARDOSO DA COSTA, «Sobre o princípio da legalidade das "taxas" (e das "demais contribuições financeiras")», *Estudos em Homenagem ao Professor Doutor*

A revisão dos actos tributários

Entre os mencionados tributos são de incluir, devemos acrescentar, também as chamadas contribuições para a Segurança Social, em que temos, de um lado, as contribuições das entidades patronais e, de outro lado, as quotizações dos trabalhadores, que vêm sendo considerados impostos ou tributos sujeitos ao regime constitucional dos impostos pela maioria da doutrina e mesmo pela jurisprudência. Uma ideia que tem pleno cabimento no respeitante às *contribuições* das entidades patronais, em relação às quais se não vislumbra qualquer contraprestação efectiva ou real presente ou futura, uma vez que, no concernente às *quotizações* dos trabalhadores, sempre se pode dizer que estamos aí face a prémios de seguros públicos dado às quotizações corresponderem contraprestações eventuais futuras a realizar a favor dos próprios contribuintes[36].

À conclusão de que a revisão do art. 78.º da LGT se refere a todos os tributos, assumam eles a forma que assumirem, nos leva a própria natureza da LGT, pois esta, como se prescreve sobretudo nos seus arts. 1.º, 3.º e 4.º, pretendeu estabelecer uma disciplina geral comum a todos tributos, a qual, naturalmente, há-de reportar-se a características comuns de todos eles como são as que se consubstanciam em os tributos constituírem prestações pecuniárias coactivas públicas. Com efeito, podemos dizer que a LGT contém a *disciplina geral comum* a todos os tributos, na qual se integra, para além da disciplina geral dos impostos, a disciplina comum destes com a dos demais tributos, uma vez que esta disciplina não deve, a nosso ver, ser remetida para o "regime geral das taxas e demais contribuições financeiras a favor de entidades públicas", o qual, nos termos do art. 3.º, n.º 3, da LGT, deve ser objecto de uma lei especial[37]. Uma ideia

---

Marcello Caetano no Centenário do seu Nascimento, Coimbra Editora, 2006, p. 804 e ss., e SÉRGIO VASQUES, *O Princípio da Equivalência como Critério de Igualdade Tributária*, Almedina, Coimbra, 2008, p. 227 e ss.

[36] Sobre as contribuições para a Segurança Social, v. o nosso estudo «O financiamento da segurança social em Portugal», em *Por um Estado Fiscal Suportável – Estudos de Direito Fiscal*, II Volume, Almedina, Coimbra, 2008, p. 200 e ss. Para o problema da sustentabilidade financeira da Segurança Social, v. MATILDE LAVOURAS, *Financiamento da Segurança Social (Problemas e Perspectivas de Evolução)*, Dissertação de Mestrado na Faculdade de Direito de Coimbra, Coimbra, 2003; e para os aspectos orçamentais da Segurança Social, v. NAZARÉ COSTA CABRAL, *O Orçamento da Segurança Social. Enquadramento da Situação Financeira do Sistema de Segurança Social Português*, Almedina, Coimbra, 2005.

[37] O que, a seu modo, decorre da imposição de legislação constante do art. 165, n.º 1, alínea i), 2.ª parte, da Constituição, a qual apenas foi objecto de cumprimento relativamente

230 Estudos de Direito Fiscal

que, por outro lado, tem vindo a ser sufragada tanto pela doutrina, como pela própria jurisprudência como foi claramente assumido em recentes acórdãos do STA[38].

Por conseguinte e em conclusão a revisão dos actos tributários prevista e regulada no art. 78.º da LGT reporta-se a todos os tributos, ou seja, aos impostos, taxas, contribuições especiais, demais contribuições financeiras a favor de entidades públicas, contribuições para a Segurança Social, etc.

4. A revisão oficiosa e por iniciativa dos interessados

Um outro aspecto respeita a saber quem pode ter a iniciativa, ou seja quem tem legitimidade para desencadear a revisão dos actos tributários. Por outras palavras, trata-se de apurar se essa iniciativa cabe apenas à administração tributária, como de algum modo é sugerido pelo disposto no n.º 1 do art. 78.º da LGT, ou cabe somente aos particulares interessados, como insinua uma certa lógica do preceito inerente à ideia de que uma tal revisão constitui uma garantia suplementar dos contribuintes, ou se, como parece a posição mais acertada, essa iniciativa cabe tanto à administração tributária como aos contribuintes.

A favor da primeira posição poder-se-ia invocar, como referimos, o disposto no n.º 1 do art.78.º da LGT, em que separa a revisão dos actos tributários pela entidade que os praticou a efectuar por iniciativa do sujeito passivo, no prazo de reclamação administrativa e com fundamento em qualquer ilegalidade, da revisão dos actos tributários, por iniciativa da administração tributária, no prazo de quatro anos após a liquidação ou a todo o tempo se o tributo ainda não tiver sido pago, com fundamento em erro imputável aos serviços. O que parece inculcar a ideia de que, no caso

---

às taxas das autarquias locais – v. o já referido RGTAL. É de acrescentar que a falta de cumprimento dessa imposição de legislação no respeitante às taxas não autárquicas por parte do legislador não obsta, a nosso ver, à aplicação a tais taxas dos princípios constantes do RGTAL, na medida em que integrem o que podemos designar por *regime geral comum das taxas*, no qual se incluem seguramente princípios como os da proporcionalidade, da equivalência jurídica, da justificação económico-financeira do seu valor, etc.

[38] V., por exemplo, os acórdãos do STA de 14.11.2007 (Proc. no 0565/07), e de 21.01.2009 (Proc. n.º 0688/08 e Proc. n.º 0771/08).

A revisão dos actos tributários

da revisão que designamos por normal ou ordinária, temos duas situações: a revisão dos actos tributários por iniciativa dos sujeitos passivos com fundamento em qualquer ilegalidade quanto o pedido for feito no prazo da reclamação administrativa; e a revisão dos actos tributários para além desse prazo cuja iniciativa cabe à administração tributária no prazo de quatro anos após a liquidação ou a todo o tempo se o tributo ainda não tiver sido pago, com fundamento em erro imputável aos serviços. No mesmo sentido poder-se-ia invocar o disposto no n.º 7 desse art. 78.º que, ao prescrever que "[i]nterrompe o prazo da revisão oficiosa do acto tributário ou da matéria tributável o pedido do contribuinte dirigido ao órgão competente da administração tributária para a sua realização", parece, de algum modo, estar a referir-se apenas à revisão oficiosa.

Mas, como é fácil de ver, é o próprio preceito que, depois de falar em «revisão oficiosa», contradizendo-se estabelece que o pedido do contribuinte dirigido ao órgão competente da administração tributária para a realização da revisão interrompe o prazo da mesma[39]. Por conseguinte a revisão aí prevista também pode ser da iniciativa dos contribuintes.

Em abono da segunda posição, isto é, de que estamos aí perante uma revisão cuja iniciativa cabe somente aos particulares interessados, poder-se-ia argumentar com a ideia, subjacente a esse instituto da revisão dos actos tributários, de que a mesma mais não é do que uma garantia suplementar dos contribuintes. Por isso, tratar-se-ia de uma revisão dos actos tributários a favor dos contribuintes.

Todavia, embora esta argumentação faça todo o sentido, o certo é que excepcionalmente a revisão a que se reporta o art. 78.º da LGT pode ser a favor da administração tributária já que, no caso da revisão fundada em injustiça grave ou notória ocorrida na determinação da matéria tributável, segundo o disposto no n.º 5 desse artigo, a gravidade da injustiça pode consubstanciar-se justamente em "elevado prejuízo para a Fazenda Nacional». Depois é a própria lei a dispor que a revisão dos actos tributários, muito embora a favor do contribuinte, pode ser da iniciativa da adminis-

---

[39] Uma falta de rigor que, de algum modo, já encontrávamos no art. 94.º do CPT, a qual continua patente na alínea *b*) do n.º 1 do art. 10.º do CPPT, ao estabelecer que aos serviços da administração tributária cabe proceder à "revisão oficiosa dos actos tributários". Para uma crítica a essa falta de rigor, v. JORGE LOPES DE SOUSA, *Código de Procedimento e Processo Tributário Anotado e Comentado*, Áreas Editores, vol. I, 2006, p. 129.

232 *Estudos de Direito Fiscal*

tração tributária, referindo-se expressamente à revisão por iniciativa da administração tributária e à revisão oficiosa[40].

Pelo que e em conclusão, a revisão dos actos tributários prevista e regulada no art. 78.° da LGT pode ser desencadeada tanto pela administração tributária como pelos contribuintes ou outros sujeitos passivos das relações jurídicas tributárias. Na verdade e apesar da falta de cuidado e rigor revelada pelo legislador na redacção desse normativo, a interpretação e aplicação devidamente articulada dos diversos preceitos contidos nesse artigo não nos permitem outra conclusão.

Mas, quanto à revisão dos actos tributários da iniciativa dos contribuintes, devemos esclarecer ainda um ponto, o qual tem a ver com o procedimento a seguir em função do momento em que a revisão é requerida. Estamos naturalmente a referir-nos à revisão que designámos por normal ou ordinária contemplada no n.° 1 do art. 78.°, em que, recordemos, se separa a revisão dos actos tributários pela entidade que os praticou a efectuar por iniciativa do sujeito passivo, no prazo de reclamação administrativa e com fundamento em qualquer ilegalidade, da revisão dos actos tributários, por iniciativa da administração tributária, no prazo de quatro anos após a liquidação ou a todo o tempo se o tributo ainda não tiver sido pago, com fundamento em erro imputável aos serviços.

Pois bem, o ponto a esclarecer reporta-se à expressão "prazo da reclamação administrativa", já que se discute se esta reclamação é a reclamação (graciosa) do direito tributário, a desencadear no prazo de 120 dias a contar do termo do prazo para pagamento voluntário do tributo, nos termos dos arts. 73.° e 102.°, n.° 1, do CPPT, ou se, pelo contrário, é a reclamação administrativa correspondente ao conceito do CPA, sendo o seu prazo de 15 dias a contar da notificação do acto tributário, nos termos dos arts. 158.°, n.os 1 e 2, alínea *a*), e 162.° deste Código[41].

A nosso ver, porém, seja qual for o sentido a dar a essa expressão, atendendo ao facto de o pedido de revisão dos actos tributários por iniciativa do contribuinte ou sujeito passivo feito no prazo da reclamação admi-

---

[40] Sobre este aspecto v., porém, o que dizemos *infra*, no ponto II. 5.

[41] No primeiro sentido, v. António Lima Guerreiro, *Lei Geral Tributária Anotada*, cit., p. 343. Por seu lado no segundo sentido, v. Jorge Lopes de Sousa, *Código de Procedimento e Processo Tributário Anotado e Comentado*, cit., p. 543 e s., e Diogo Leite de Campos, Benjamim da Silva Rodrigues e Jorge Lopes de Sousa, *Lei Geral Tributária Comentada e Anotada*, 3.ª ed., Vislis, Lisboa, 2003, anot. 5 ao art. 78.°.

A *revisão dos actos tributários*

nistrativa dever seguir o procedimento da reclamação (graciosa) para efeitos, designadamente, de permitir a suspensão da correspondente execução fiscal, nos termos em que esta é admitida[42], não nos parece aceitável que o seu prazo seja o prazo de 15 dias e não o prazo de 120 dias a partir da notificação do respectivo acto tributário. É que o entendimento contrário acaba por conduzir a uma efectiva diminuição das garantias dos contribuintes que optem pela revisão dos actos tributários, em vez da sua reclamação, a qual, para além de dificilmente ser compatível com as exigências constitucionais relativas às garantias dos contribuintes, vai em sentido oposto ao carácter ampliador destas garantias que o n.º 1 do art. 78.º da LGT inequivocamente acaba por ter. Num certo sentido podemos dizer que, em rigor, não estamos nem perante a reclamação administrativa regulada no CPA, nem face à reclamação (graciosa) disciplinada na LGT e no CPPT, mas antes perante um verdadeiro *tertium genus*[43].

5. A revisão a favor dos contribuintes

Por fim, importa assinalar que o art. 78.º da LGT se reporta à revisão dos actos tributários levada a cabo, por iniciativa da administração tributária ou por iniciativa dos contribuintes, nos termos que vimos, a *favor dos contribuintes* e não a favor da administração tributária, pois a revisão a favor desta tem a sua disciplina contemplada nos arts. 45.º e 46.º da LGT. O que, a nosso ver, não admira pois que, de contrário, este preceito estaria a pôr em causa as disposições relativas ao prazo da caducidade do direito de liquidação, alargando esse prazo, o qual, como é sabido, é de quatro anos contados a partir da verificação do correspondente facto tributário ou facto gerador[44].

---

[42] Nos termos portanto dos arts. 169.º do CPPT e 52.º da LGT.

[43] Sobre o problema em geral, v. JORGE LOPES DE SOUSA, *Código de Procedimento e Processo Tributário Anotado e Comentado*, vol. I cit., p. 129, 543, 481, 741 e s., bem como a análise constante do Acórdão do STA de 15.04.2009 (Proc. n.º 65/09). Sublinhe-se que no sentido de aí estarmos perante uma reclamação graciosa vai a proposta do GRUPO PARA O ESTUDO DA POLÍTICA FISCAL, em cujo *Relatório*, apresentado em 3 de Outubro de 2009, se recomenda "clarificar que a reclamação administrativa", referida no n.º 1 do art. 78.º da LGT, "abrange exclusivamente a reclamação graciosa" (v. p. 51).

[44] Neste sentido v. ANTÓNIO LIMA GUERREIRO, *Lei Geral Tributária Anotada*, cit. p. 343.

234   *Estudos de Direito Fiscal*

Uma posição a favor da qual se pode argumentar também com o que dispunha o já referido art. 94.° do CPT, preceito que separava muito claramente a revisão a favor da administração fiscal, a efectuar "dentro do prazo da caducidade", e a revisão a favor do contribuinte a desencadear "nos cinco anos posteriores ao termo do prazo de pagamento voluntário ou à data da notificação do acto a rever e, ainda, no decurso do processo de execução fiscal".

Uma visão das coisas que, não obstante o que vimos de dizer, comporta uma excepção a que já nos referimos, a qual se verifica quando, nos termos da parte final do n.° 5 do art. 78.° da LGT, é permitida a revisão dos actos tributários na sequência de injustiça grave cometida na determinação da matéria tributável de que tenha resultado elevado prejuízo para a administração tributária. Uma solução que, a nosso ver se não justifica e nos parece excessiva, mas que a lei inequivocamente prevê.

Na verdade, a admissão dessa revisão pode significar um efectivo alargamento do prazo de caducidade do poder de liquidação dos tributos, uma vez que a administração tributária, que não tenha procedido à revisão do acto tributário durante o decurso do prazo da caducidade, ainda a pode vir a fazer até ao esgotamento do prazo de três anos posteriores ao do acto tributário. Uma revisão dos actos tributários a favor da administração tributária que não faz o menor sentido, já que, caso se entendesse ser de alargar o prazo de revisão dos actos tributários baseados em injustiça grave ocorrida na determinação da matéria tributável de que tenha resultado elevado prejuízo para a administração, então a solução mais adequada seria a de alargar o prazo da caducidade.

Mas descontada essa excepção, podemos dizer que o instituto da revisão dos actos tributários se apresenta como uma verdadeira garantia dos contribuintes, uma garantia que assim acresce às demais garantias. Justamente porque tem essa natureza, não admira que da decisão proferida sobre o pedido de revisão dos actos tributários caiba impugnação contenciosa ou recurso hierárquico, sendo que, no caso de interposição deste, caiba ainda recurso contencioso da decisão que nele vier a ser proferida. Uma solução que parece ter apoio, de um lado, no art. 76.°, n.° 2, do CPPT, em que se dispõe que "a decisão sobre o recurso hierárquico é passível de recurso contencioso salvo se de tal decisão já tiver sido deduzida impugnação judicial com o mesmo fundamento", e, de outro lado, no art. 59.°, n.° 4, do CPTA, em que se prescreve que "a utilização dos meios de impugnação administrativa suspende o prazo da impugnação contenciosa,

A *revisão dos actos tributários* 235

que só retoma o seu curso com a notificação da decisão proferida sobre a impugnação administrativa ou com o decurso do seu prazo legal"[45].

Significa tudo isto que, apesar de em regra a impugnação administrativa e a impugnação judicial de actos tributários dever ter lugar no prazo bem mais curto de 120 ou de 90 dias a contar do termo do prazo para pagamento voluntário do correspondente tributo (v. arts. 70.°, n.° 1 e 102.°, n.° 1, do CPPT), a lei permite, em termos relativamente amplos, verificados que sejam certos pressupostos, que os contribuintes ou sujeitos passivos lancem mão de um mecanismo que, na sua amplitude máxima, lhes permite contestar a validade dos actos tributários a todo o tempo, no caso de não ter havido ainda lugar ao pagamento do correspondente tributo, ou até ao limite de quatro anos, no caso de o tributo já ter sido pago.

Por conseguinte, situações que estariam consolidadas, por já ter decorrido o prazo normal ou geral de sua contestação administrativa e judicial, podem assim ser submetidas a julgamento, com assinalável alargamento das garantias dos contribuintes. O que, no quadro de um dado equilíbrio entre os direitos e garantias dos contribuintes e os poderes da administração tributária, não pode deixar de ser vista como uma solução excessiva a favor dos contribuintes e demais sujeitos passivos[46].

6. O fundamento da revisão dos actos tributários

A este respeito, o art. 78.° da LGT apresenta-nos quatro fundamentos para a revisão dos actos tributários: qualquer ilegalidade no caso da revisão pela entidade que praticou o acto tributário a pedido do sujeito passivo; erro imputável aos serviços na hipótese de revisão por iniciativa da administração tributária; injustiça grave ou notória praticada na determinação da matéria tributável; e duplicação da colecta. Uma palavra muito rápida sobre cada um desses fundamentos da revisão dos actos tributários.

Relativamente à primeira hipótese, isto é, ao fundamento constituído por qualquer ilegalidade no caso da revisão pela entidade que praticou o acto tributário a pedido do sujeito passivo no prazo da reclamação admi-

---

[45] V., por todos, JORGE LOPES DE SOUSA, *Código de Procedimento e Processo Tributário Anotado e Comentado*, vol. I, cit., p. 543 e s.

[46] Sobre esse aspecto v. as considerações finais que fazemos no ponto III.

nistrativa, não se levantam quaisquer dúvidas, pois trata-se de qualquer ilegalidade, tendo esta expressão o mesmo sentido que tem quando utilizada como fundamento da reclamação (graciosa) e da impugnação judicial nos arts. 70.°, n.° 1, e 99.° do CPPT. Uma solução óbvia tanto mais que, nessa hipótese, como já referimos, a revisão deve seguir o procedimento da reclamação.

Discutível já pode apresentar-se o fundamento da revisão dos actos tributários a pedido dos interessados nos quatro anos posteriores à liquidação, na hipótese contemplada na 2.ª parte do n.° 1 do mencionado art. 78.°, a qual, como vimos e ao contrário do que sugere o texto legal, também pode ser desencadeada por aqueles. Pois bem, o fundamento aí referido é, como bem sabemos, «erro imputável aos serviços», esclarecendo o n.° 3 desse mesmo preceito que o erro em causa é tanto o erro de facto como o erro de direito. Pelo que, como também já dissemos, o erro imputável aos serviços não andará longe de qualquer ilegalidade substancial, não coincidindo assim com qualquer ilegalidade, como, de resto, o vem assinalando a jurisprudência do STA.

Pois, segundo esta alta instância, a «expressão "erro imputável aos serviços" refere-se a "erro" e não a "vício", o que inculca que quer relevar os erros sobre os pressupostos de facto ou de direito que levaram a Administração a uma ilegal definição da relação jurídica tributária do contribuinte, não considerando os vícios formais ou procedimentais que, ferindo, embora, de ilegalidade o acto, não implicam, necessariamente, uma errónea definição daquela relação» Por isso, os vícios formais como os traduzidos na violação do direito de audição prévia, na falta de fundamentação, em incompetência, etc., não se encontram abrangidos pelo "erro imputável aos serviços"[47].

Por seu turno, relativamente ao fundamento da revisão dos actos tributários concretizado em injustiça grave ou notória praticada na determinação da correspondente matéria tributável, desde que o erro não seja imputável a comportamento negligente do contribuinte, é de sublinhar que a mesma, nos termos do n.° 5 do preceito em análise, é notória a injustiça ostensiva e inequívoca e grave a resultante de tributação manifestamente exagerada e desproporcionada face à realidade. A um tal respeito, devemos sublinhar que a lei não diz cumulativamente «injustiça grave e notó-

---

[47] V., entre outros, o Ac. do STA de 20/01/2007, Proc. n.° 080/07.

A *revisão dos actos tributários* 237

ria», mas disjuntivamente «injustiça grave ou notória», o que pode ter interesse para aquelas situações em que, embora estando perante uma injustiça grave, esta não se possa considerar notória. Uma ideia que já era acentuada na vigência do CPCI, em que, como vimos, a expressão injustiça grave ou notória tinha assento no art. 85.° desse Código, como fundamento da então «reclamação extraordinária»[48].

Finalmente, relativamente à duplicação da colecta, como resulta do que já dissemos, trata-se de uma situação cuja compreensão não levanta problemas de maior, encontrando-se o seu conceito relativamente consolidado na doutrina e na jurisprudência[49]. Todavia, sempre diremos que para haver duplicação da colecta se impõe que se verifique: a unicidade do facto tributário, tanto enquanto facto tributário em abstracto ou típico (*Tatbestand*), como enquanto facto concreto efectivamente verificado; a identidade de natureza entre o tributo já pago e o tributo que se exige, que é um corolário da exigência da unicidade; e a coincidência temporal do tributo pago e do tributo que é, de novo, exigido, um requisito que, naturalmente, só faz sentido relativamente a tributos periódicos ou duradouros, não fazendo qualquer sentido face a tributos de obrigação única ou instantâneos[50].

No concernente ao requisito de novo pagamento de tributo já pago, é de esclarecer que, para se verificar a duplicação de colecta, é necessário que o tributo se encontre pago por inteiro e não apenas parcialmente, ou seja, que tenha tido lugar um primeiro pagamento do tributo pela sua totalidade, muito embora uma tal exigência já não seja reclamada para o novo pagamento do tributo, uma vez que o segundo pagamento não tem que ser por inteiro, ocorrendo duplicação da colecta ainda que esta seja parcial.

---

[48] Cf. RÚBEN A. CARVALHO e F. RODRIGUES PARDAL, *Código de Processo das Contribuições e Impostos Anotado e Comentado*, vol. I, 2.ª ed., Almedina, Coimbra, 1969, p. 409.

[49] V., na doutrina e por todos, RÚBEN A. CARVALHO e F. RODRIGUES PARDAL, *Código de Processo das Contribuições e Impostos Anotado e Comentado*, cit., p. 409 e ss.; ALFREDO J. DE SOUSA e J. SILVA PAIXÃO, *Código de Processo das Contribuições e Impostos Comentado e Anotado*, 2.ª ed., Almedina, Coimbra, 1988, p. 272 e s., *Código de Processo Tributário Comentado e Anotado*, cit., p. 273, e na jurisprudência, entre outros, o Acórdão do STA de 16.04.2008, Proc. n.° 01085/07.

[50] Neste sentido, v., desenvolvidamente, RÚBEN A. CARVALHO e F. RODRIGUES PARDAL, *Código de Processo das Contribuições e Impostos Anotado e Comentado*, cit., p. 409 a 415.

238   *Estudos de Direito Fiscal*

Um conjunto de ideias que, a seu modo, encontramos presentemente no já transcrito n.° 1 do art. 205.° do CPPT[51].

Por seu turno, é de lembrar que a duplicação da colecta constitui também um dos fundamentos, e dos mais importantes, da oposição à execução fiscal, como consta dos arts. 204.°, n.° 1, alínea *g*), e 205.° do CPPT, sendo justamente a este propósito que, por via de regra, vem sendo objecto de tratamento na jurisprudência[52], muito embora em ambos esses sectores de impugnação da actuação da administração tributária, como em quaisquer outros em que a mesma seja convocada, mormente enquanto expressão de qualquer ilegalidade fundamento da reclamação (graciosa) e da impugnação judicial, se opere, a nosso ver, com um conceito unitário de duplicação da colecta[53].

7. Os órgãos competentes e os poderes de revisão

Impõe-se agora responder à questão de saber quais são os órgãos competentes para proceder à revisão dos actos tributários em referência, bem como apurar o tipo ou tipos de poder que os mesmos exercem quando se decidem pela revisão. Ora bem, relativamente ao primeiro dos aspectos, é referir que se verifica diversidade de órgãos competentes em sede da revisão em análise, consoante o tipo de revisão em causa.

Assim e quanto à primeira das hipóteses de revisão dos actos tributários, isto é, quando a revisão que tem por fundamento qualquer ilegalidade a requerer pelo sujeito passivo no prazo da reclamação administrativa, diz-nos o n.° 1 do art. 78.° da LGT que a revisão é da responsabilidade da entidade que praticou o acto tributário. O que, aliado à circunstância de num tal caso, como vimos mais acima, a revisão dever seguir o procedimento da reclamação (graciosa), nos leva a concluir que a competência para a referida revisão vem a coincidir com a prevista para decidir a men-

---

[51] JORGE LOPES DE SOUSA, *Código de Procedimento e Processo Tributário Anotado e Comentado*, vol. II, cit., p. 365 e s. e 394 e ss.

[52] V. a jurisprudência referida por JORGE LOPES DE SOUSA, *Código de Procedimento e Processo Tributário Anotado e Comentado*, vol. II, cit., p. 398 e s.

[53] Embora o n.° 1 do mencionado art. 205.° do CPPT expressamente declare servir o conceito de duplicação da colecta aí descrito apenas para o entendimento dessa figura enquanto fundamento da oposição à execução fiscal.

A *revisão dos actos tributários* 239

ciona reclamação. Mais, seguindo numa tal hipótese a revisão o procedimento da reclamação, deve ter aplicação nesse caso as normas relativas à reclamação sejam as normas respeitantes ao órgão a que deve ser dirigida, à entidade competente para a sua instauração e instrução e à entidade para a correspondente decisão.

Ou seja, por outras palavras, as normas constantes dos arts. 73.° e 75.° do CPPT, que estabelecem que a reclamação deve ser dirigida ao órgão periférico regional da administração tributária, cabendo, todavia, a instauração e instrução do processo ao órgão periférico local do domicílio ou sede do contribuinte, da situação dos bens ou da liquidação, órgão este que também é competente para decidir a reclamação caso o valor na mesma não exceda o quíntuplo da alçada do tribunal tributário[54], sendo competente para a decisão, quando ultrapasse esse montante, o dirigente do órgão periférico regional da administração tributária do domicílio ou sede do contribuinte, da situação dos bens ou da liquidação.

Já nos demais casos de revisão dos actos tributários que designámos de normal ou ordinária, isto é, quando a mesma é levada a cabo a solicitação dos contribuintes ou por iniciativa da administração tributária para além do prazo da reclamação (graciosa), parece-nos que tem competência para decidir o pedido de revisão a entidade que praticou os actos. Uma solução que nos parece ser a que deve valer também no caso de revisão dos actos tributários fundada em duplicação da colecta, uma vez que, não contendo o preceito que a ela se reporta, o n.° 6 do art. 78.°, qualquer indicação a esse respeito, como acontece, por exemplo, no caso de revisão com base em injustiça grave ou notória ocorrida na determinação da correspondente matéria tributável, seja aceitável que se aplique a solução contemplada no n.° 1 desse mesmo preceito por a mesma poder ser considerada geral a todas as situações nele previstas a menos que nele esteja consagrada solução específica diferente.

Enfim no caso de dos actos tributários fundada em injustiça grave ou notória ocorrida na determinação da correspondente matéria tributável, diz-nos o n.° 4 do art. 78.° que cabe ao dirigente máximo do serviço autorizar, excepcionalmente, nos três anos posteriores ao do acto tributário a revisão da matéria tributável apurada com fundamento em injustiça grave

---

[54] Ou seja, € 6.250 (= 5.000 : 4 × 5), pois a alçada dos tribunais tributários é igual a um quarto da estabelecida para os tribunais judiciais de 1.ª instância (art. 6.°, n.° 2, do ETAF), e esta é presentemente de € 5.000.

240   *Estudos de Direito Fiscal*

ou notória. Pelo que nesse caso será competente para decidir o pedido de revisão do acto tributário o dirigente máximo do serviço, o qual é, respectivamente, o Director-Geral dos Impostos (no caso da DGCI) e o Director--Geral das Alfândegas e dos Imposto Especiais sobre o Consumo (no caso da DGAIEC)[55].

Passando agora ao outro aspecto mencionado, relativo ao âmbito dos poderes exercidos pelos órgãos competentes na revisão dos actos tributários, é de assinalar que, a este respeito se fala, por via de regra, em dois tipos de poderes – os poderes de revisão e os poderes de reexame. Recordando o que constitui teoria geral a este respeito, é de referir que os órgãos administrativos competentes para decidir impugnações administrativas, ou têm poderes de *reexame*, ou seja, poderes de *administração activa* para confirmar, suspender, revogar, anular, substituir ou modificar o acto impugnado, como acontece nas reclamações e nos recursos hierárquicos relativos a actos praticados por órgãos subalternos com competência concorrente com a dos órgãos superiores, ou têm apenas meros poderes de *revisão*, ou seja, poderes de *controlo* para confirmar, revogar ou anular o acto impugnado, como é a regra nos recursos hierárquicos relativos a actos praticados por subalternos ao abrigo de competências exclusivas, nos recursos hierárquicos impróprios e nos recursos tutelares[56].

Pois bem, olhando para o recorte legal da revisão dos actos tributários prevista no art. 78.º da LGT, não se suscitam quaisquer dificuldades no sentido de que os órgãos competentes para a sua revisão dispõem de verdadeiros poderes de reexame, muito embora, por força do princípio da legalidade fiscal, estes não possam, em geral, concretizar-se senão em juízos de legalidade. Desde logo, os órgãos competentes para a revisão enquadram-se numa organização administrativa, a administração tributária, com estruturada hierárquica, em que temos da base para o topo (limitando--nos aqui apenas à estrutura da Direcção Geral dos Impostos – DGCI): os serviços periféricos locais, os serviços de finanças, dirigidos pelo chefe

---

[55] V. o art. 16.º, n.º 3, e o art. 17.º, n.º 3, do Decreto-Lei n.º 205/2006, de 27 de Outubro (lei orgânica do Ministério das Finanças e da Administração Pública), o art. 4.º do Decreto-Lei n.º 81/2007, de 29 de Março (lei orgânica da DGCI) e o art. 4.º do Decreto--Lei n.º 82/2007, de 29 de Março (lei orgânica da DGAIEC).

[56] Cf. PEDRO GONÇALVES, *Relações entre as Impugnações Administrativas Necessárias e o Recurso Contencioso de Anulação de Actos Administrativos*, Almedina, Coimbra, 1996, p. 17 e ss.

A *revisão dos actos tributários* 241

de finanças; os serviços periféricos regionais, as direcções de finanças, dirigidas pelo director de finanças; e os serviços centrais sob a responsabilidade do director-geral dos impostos.

Depois, não nos podemos esquecer que, ao contrário do que tradicionalmente se verificava no direito administrativo geral, em que a competência para editar actos administrativos (definitivos) cabia apenas aos órgãos do topo da hierarquia, em sede do direito fiscal sempre foi prática a atribuição de competência para a edição dos actos tributários aos diversos níveis hierárquicos, com destaque justamente para os agora chamados órgãos periféricos locais. Pois, no sistema fiscal anterior, resultante da reforma fiscal dos anos sessenta do século passado, a generalidade dos actos tributários não só eram da competência da administração tributária activa, como dentro da estrutura desta cabiam, por via de regra, na competência dos chefes das repartições de finanças. Justamente o oposto do que se verifica actualmente, em que, não só a prática da generalidade dos actos tributários cabe aos particulares, mais exactamente às empresas, como, por via de regra, é da competência dos órgãos centrais quando praticados pela administração tributária.

8. A impugnação da decisão de revisão

Enfim, falta-nos referir a possibilidade de impugnação da decisão proferida em pedido de revisão dos actos tributários. Pois bem, da decisão de revisão cabe tanto a impugnação judicial como a impugnação administrativa (isto é, o recurso hierárquico).

Assim e quanto à primeira situação, quanto à impugnabilidade judicial directa da decisão proferida em pedido de revisão, essa possibilidade resulta de normas legais expressas. De um lado, essa solução decorre da garantia constitucional, reconhecida no n.° 4 do art. 268.° da Constituição, de impugnação judicial de quaisquer actos administrativos que lesem os direitos ou interesses legalmente protegidos dos administrados, bem como da concretização dessa garantia no n.° 1 do art. 95.° da LGT ao conferir aos interessados em sede das relações jurídicas tributárias o direito de impugnação ou recurso contra todos os actos lesivos dos seus direitos ou interesses legalmente protegidos. De outro lado, na exemplificação dos actos que podem ser lesivos dos contribuintes e demais sujeitos passivos, veio a alínea *d*) do n.° 2 desse art. 95.° a incluir o "indeferimento, expresso

242 Estudos de Direito Fiscal

ou tácito e total ou parcial, de reclamações, recursos ou pedidos de revisão ou reforma da liquidação"[57].

Por sua vez, quanto à impugnação administrativa, quanto ao recurso hierárquico portanto, poder-se-ia defender que, por não se encontrar prevista idêntica possibilidade à contemplada no n.º 2 do art. 76.º do CPPT para a impugnação administrativa da decisão da reclamação (graciosa), não haveria lugar a recurso hierárquico contra decisão proferida em pedido de revisão. Para essa solução poder-se-ia invocar, de resto, tanto o carácter facultativo do recurso hierárquico decorrente do art. 67.º, n.º 1, do CPPT e do art. 167.º, n.º 1, do CPA, como a natureza excepcional da possibilidade contemplada no art. 76.º, n.º 2, do CPPT. Natureza esta que impediria a sua aplicação analógica como decorre do art. 11.º do Código Civil[58].

Contudo, a interpretação e aplicação devidamente harmonizada das diversas disposições legais pertinentes, conduz-nos a uma outra solução. Efectivamente, para responder à questão da admissibilidade ou não da impugnação administrativa da decisão proferida em pedido de revisão, impõe-se convocar e dar o devido relevo também ao disposto na alínea *d*) do n.º 1 do art. 97.º do CPPT, preceito que pretendeu assegurar a impugnabilidade judicial de todos os actos administrativos que comportem a apreciação da legalidade dos actos de liquidação de tributos, o que possibilita a impugnação judicial da decisão proferida em recurso hierárquico de decisão de pedido de revisão dos actos tributários.

De outro lado, com a entrada em vigor, em 2004, do CPTA, podemos dizer que a possibilidade de impugnação jurisdicional da decisão de recurso hierárquico interposta contra decisão de indeferimento de pedido

---

[57] Diversamente do que acontece no direito administrativo em que, segundo o disposto no n.º 4 do art. 51.º do. CPTA, em termos de resto excessivos, é imposta a via da acção de condenação à prática do acto devido, quando for deduzido pedido de anulação contra um acto de indeferimento, no direito fiscal, o indeferimento abre a via impugnatória, que seguirá o processo de impugnação judicial ou o processo da acção administrativa especial, consoante se pretenda ou não apreciar a legalidade de um acto de liquidação de tributos – v. Jorge Lopes de Sousa, *Código de Procedimento e Processo Tributário Anotado e Comentado*, vol. I, cit., p. 519 e s., e 771 e s. Para uma crítica da mencionada solução do CPTA, v. J. C. Vieira de Andrade, *A Justiça Administrativa*, 10.ª ed., Almedina, Coimbra, 2009, p. 216 e ss.

[58] Cf. Jorge Lopes de Sousa, *Código de Procedimento e Processo Tributário Anotado e Comentado*, vol. I, cit., p. 543.

A revisão dos actos tributários 243

de revisão de actos tributários saiu reforçada. Pois, segundo o disposto no n.º 4 do art. 59.º desse Código, a utilização dos meios de impugnação administrativa, sejam eles quais forem, suspendem o prazo da impugnação contenciosa dos actos administrativos, o qual só retoma o seu curso com a notificação da decisão proferida sobre a impugnação administrativa ou com o decurso do respectivo prazo legal. Por isso, qualquer impugnação administrativa, como o recurso hierárquico, não obsta à impugnação jurisdicional do acto primário objecto de impugnação.

Finalmente, dada a similitude das situações, não se vislumbra como, sem violação do princípio da igualdade, se admita a impugnação judicial da decisão de recurso hierárquico proferida em reclamação (graciosa) e se recuse idêntica possibilidade relativamente a decisão de recurso hierárquico proferida em pedido de revisão dos actos tributários. Na verdade, não só ambos os recursos hierárquicos têm objecto idêntico, como a sua decisão cabe à mesma entidade[59]. Por conseguinte, mesmo que se admita que, tanto num como no outro caso, estamos face a possibilidades manifestamente excessivas de garantia dos contribuintes e demais sujeitos passivos das relações tributárias, face a uma verdadeira manifestação de «garantismo» sem sentido, como de resto vamos referir já de seguida, o certo é que, das duas, uma: ou não se admite essa impugnação judicial em qualquer dessas situações, ou, aceitando-a numa delas, então não vemos como possa ser recusada na outra[60].

III. CONSIDERAÇÕES FINAIS

Posto quanto acabamos de dizer, impõem-se agora algumas considerações finais com as quais pretendemos fazer um juízo sobre o regime da revisão dos actos tributários prevista e regulada no art. 78.º da LGT. Pois bem, relativamente a um tal regime diremos que a revisão dos actos tributários como revisão excepcional ou extraordinária se justifica plena-

---

[59] Nos termos do art. 66.º, n.º 2, do CPPT, o mais elevado superior hierárquico do autor do acto competente para a decisão do recurso hierárquico.

[60] V. nesse sentido, as considerações, que de resto seguimos no texto, de JORGE LOPES DE SOUSA, *Código de Procedimento e Processo Tributário Anotado e Comentado*, vol. I, cit., p. 543 e s.

244   *Estudos de Direito Fiscal*

mente e faz todo o sentido num Estado de Direito em que aos contribuintes e demais sujeitos passivos das relações jurídicas tributárias não podem deixar de ser asseguradas as devidas garantias.

Por isso, a revisão dos actos tributários baseada em a matéria tributável ter sido apurada com base em injustiça grave ou notária e a revisão fundada em duplicação da colecta compreende-se inteiramente. Desde logo, não nos podemos esquecer que esses fundamentos da revisão constituíam justamente dois dos fundamentos da reclamação extraordinária prevista e regulada no art. 85.º do CPCI. O que revela uma certa tradição no alargamento do prazo de impugnação administrativa dos actos tributários em certas situações excepcionais ou extraordinárias.

Por outro lado, é de assinalar que se trata de algo que, a seu modo, não deixa presentemente de ter alguma expressão no próprio direito administrativo geral, mais especificamente no n.º 4 do art. 58.º do CPTA, em que se admite que os actos administrativos possam ser impugnados para além do prazo normal de três meses e desde que não tenha passado o prazo de um ano, quando, excepcionalmente, se demonstre que, no caso concreto, a tempestiva apresentação da petição de impugnação não era exigível a um cidadão normalmente diligente, por ter verificado uma das três situações: quando a conduta da administração tenha induzido o particular em erro, mesmo que não se prove o dolo; quando o atraso se deva a erro desculpável; em caso de justo impedimento que tenha obstado à apresentação da petição[61].

É certo que este alargamento do prazo da impugnação dos actos administrativos está longe, bastante longe, da abertura concretizada na referida revisão excepcional ou extraordinária dos actos tributários. O que não surpreende, dada a razão de ser da própria especialização e autonomização relativa do direito fiscal face ao direito administrativo, uma vez que a mesma se encontra associada à maior exigência do princípio da legalidade fiscal face ao correspondente princípio da legalidade administrativa, e ao daí decorrente reforço das garantias dos contribuintes e demais sujeitos passivos das relações tributárias em comparação com as garantias dos administrados em geral.

Mas o que vimos de dizer já não faz sentido em relação à que designamos por revisão normal ou revisão ordinária dos actos tributários, a revi-

---

[61] V., quanto à interpretação desse preceito, J. C. Vieira de Andrade, *A Justiça Administrativa*, cit., p. 227 e 315.

A *revisão dos actos tributários* 245

são prevista na 2.ª parte do n.º 1 do art. 78.º da LGT. Efectivamente, a admissão de impugnação jurisdicional da decisão proferida em pedido duma tal revisão, ou da decisão de recurso hierárquico deduzido contra decisão proferida nesse pedido, revelam-se manifestamente excessivas. E isto não obstante a admissibilidade da impugnação judicial nesse caso se encontrar, a seu modo, rodeada de algumas cautelas no sentido de a limitar, pois, de um lado, o pedido de revisão tem que ter por fundamento erro imputável aos serviços que, como já vimos, não coincide com qualquer ilegalidade que constitui o fundamento da reclamação (graciosa) e da impugnação judicial[62], e, de outro lado, a jurisprudência vem defendendo o afastamento de qualquer hipótese de suspensão de eficácia do acto tributário objecto do pedido de revisão[63].

É que, seja como for, uma tal possibilidade significa a reabertura da via contenciosa relativamente à generalidade de actos tributários consolidados, pondo em causa o prazo da impugnação judicial, o qual corre assim o risco de passar a ser, num número significativo de casos, o da revisão em causa. Neste domínio impressiona sobretudo que, depois de o contribuinte ou outros sujeitos passivos terem perdido em tribunal, tendo transitado em julgado, por exemplo, a decisão que julgou intempestiva uma reclamação (graciosa), formando-se, consequentemente, quanto ao acto tributário reclamado, caso decidido ou resolvido, o que implica a improcedência de qualquer acção contenciosa, venha a ser condenada a administração tributária na convolação dessa reclamação em procedimento de revisão, como vem decidindo o STA, muito embora reportando-se a casos que se subsumem em pedidos de revisão dos actos tributários baseada em a matéria tributável ter sido apurada com base em injustiça grave ou notária[64]. Uma situação em que, justamente porque a convolação tem por base a injustiça grave ou notória verificada na determinação da matéria tributável, não seria afectado o mencionado caso julgado, que diz respeito à impugnação contenciosa baseada na ilegalidade do acto tributário.

Daí que a revisão dos actos tributários a pedido e a favor dos contribuintes prevista na 2.ª parte do n.º 1 do art. 78.º da LGT não tenha, a nosso ver, a menor justificação, devendo, por isso mesmo, ser eliminada. Assim

---

[62] V. o que dissemos a esse respeito *supra* no ponto II. 6.

[63] V., nesse sentido, os Acórdãos do STA de 15.04.2009 (Proc. n.º 065/09), e de 27.07.2009 (Proc. n.º 0649/09).

[64] V. os Acórdãos de 07.10.2009 (Procs. n.º 0474/09, n.º 0475/09 e n.º 0476/09).

246　　　　　　　　Estudos de Direito Fiscal

como deve ser repensado o recurso hierárquico na sua actual configuração de impugnação administrativa de 2.ª instância, com base na qual apenas é permitida a sua interposição contra decisão de reclamação (graciosa), transformando-o numa impugnação administrativa de 1.ª instancia[65] e obviando, deste modo, ao manifesto excesso que representa a possibilidade de impugnação jurisdicional da decisão proferida nesse recurso nos termos do n.º 2 do art. 76.º do CPPT.

Efectivamente, tanto aquela revisão dos actos tributários, como a referida impugnação contenciosa da decisão do recurso hierárquico interposto contra decisão de reclamação, para além das dificuldades e problemas que suscitam, constituem expressão de um garantismo que não honra o Estado de Direito[66]. É que, como vimos dizendo, este reclama realismo e bom senso não só quanto ao número de meios ou instrumentos garantísticos a admitir, como no respeitante ao equilíbrio e harmonização que há que manter entre os meios garantísticos administrativos e os correspondentes meios jurisdicionais[67].

O que mais não é do que uma expressão da ideia do Estado de Direito. Pois esta não pode deixar de constituir suporte a um dado equilíbrio entre os poderes tributários do Estado e correlativas posições passivas dos contribuintes, de um lado, e os direitos, liberdades e garantias fundamentais dos contribuintes, de outro lado. Um equilíbrio que, não é demais sublinhar, deve revelar-se adequado a evitar tanto o «fiscalismo» a favor do Estado como qualquer ideia de «hipergarantismo» a favor dos contribuintes[68].

---

[65] A interpor em vez da reclamação (graciosa) em situações que, designadamente pelas dificuldades ou complexidades do acto tributário, houvesse interesse em essa decisão ser proferida pelo órgão do topo hierárquico.

[66] Sobre as dificuldades e problemas que suscitam as múltiplas vias de impugnação administrativa dos actos tributários actualmente previstas no nosso ordenamento, bem como as diversas recomendações no sentido de conferir coerência ao correspondente sistema, v. o citado Relatório do GRUPO PARA O ESTUDO DA POLÍTICA FISCAL, p. 51, 53, 589, 639, 645 e s., 669 e ss. e 707.

[67] V. o nosso estudo «A impugnação administrativa no direito fiscal», em Por um Estado Fiscal Suportável – Estudos de Direito Fiscal, Almedina, Coimbra, 2005, p. 535 e s.

[68] Cf. o nosso escrito «Juros de mora a favor do contribuinte», anotação a acórdãos do STA publicada na Revista de Legislação e de Jurisprudência, ano 138.º, 2008/9, esp. p. 68.

ÍNDICE

Nota prévia 5

1. O ESTATUTO CONSTITUCIONAL DOS CONSUMIDORES 7

I. **Considerações gerais** 9

II. **Os consumidores na «constituição da pessoa»** 13
    1. A protecção dos consumidores como direitos constitucionais 13
    2. O sentido e as implicações dos direitos dos consumidores como direitos fundamentais 14
    3. Os específicos direitos fundamentais dos consumidores e seu regime geral.... 17
    4. A força jurídica dos direitos dos consumidores 22
    5. As garantias institucionais e processuais dos direitos dos consumidores 25
    6. Significado e alcance da consagração constitucional dos direitos dos consumidores 27

III. **Os consumidores na «constituição fiscal»** 29
    1. A tributação do consumo na Constituição 31
    2. A actual tributação do consumo 35

IV. **Considerações finais** 40

2. CIDADANIA FISCAL E "MUNICIPALIZAÇÃO" DO IRS 43

I. **Acórdão n.º 711/2006** 43

II. **Anotação** 90
    1. A razão desta anotação 90
    2. A convocação da cidadania fiscal 90
    3. A não afectação da cidadania fiscal 93
    4. A ideia de cidadania fiscal e sua concretização 95
        4.1. O sentido da cidadania fiscal 95
        4.2. A margem de liberdade na sua concretização 97
        4.3. O carácter económico da cidadania fiscal 99
    5. A concretização da cidadania fiscal pelo IRS 100
        5.1. O "imposto sobre o rendimento pessoal" 101

250   *Estudos de Direito Fiscal*

5.2. O afastamento do IRS desse figurino.. 102
5.3. Considerações complementares 104
5.4. A bondade da solução 106
6. Conclusão... 108

3. REFLEXÕES SOBRE QUEM PAGA A CONTA DO ESTADO SOCIAL.... 111

I. Os custos do estado social 112
1. Todos os direitos têm custos públicos.. 112
2. Os impostos como suporte do estado: o estado fiscal............................ 115
   2.1. A exclusão de um estado patrimonial.. 115
   2.2. A exclusão de um estado empresarial... 117
   2.3. A falsa alternativa de um estado taxador.. 117
      2.3.1. Em sede do estado em geral.. 118
      2.3.2. Em sede da protecção ambiental... 119
      2.3.3. Em sede da actual regulação... 120

II. O sistema fiscal do século XX.. 122
1. O século XX político e jurídico.. 122
2. A construção do sistema fiscal do estado social 124
3. A evolução do sistema fiscal em Portugal 126
   3.1. A ilusão prematura da modernidade 126
   3.2. O realismo de Salazar.. 127
   3.3. O bom senso na reforma de Teixeira Ribeiro.................................. 127
   3.4. O programa de reforma fiscal da Constituição de 1976 128
   3.5. A reforma fiscal do estado social.. 129

III. O estado fiscal no século XXI 130
1. A sustentabilidade do estado social em concorrência fiscal 130
2. A (nova) estrutura dos sistemas fiscais 132
   2.1. Os impostos aduaneiros... 132
   2.2. A tributação do rendimento pessoal.. 133
   2.3. Os princípios clássicos da tributação 134
   2.4. A necessidade de simplificação 134
   2.5. A *flat tax revolution* 136
   2.6. Um estado fiscal em duplicado? 139

4. RESPONSABILIDADE CIVIL DA ADMINISTRAÇÃO FISCAL................. 145

I. Introdução.. 146
1. Uma interrogação algo provocatória 147
2. O actual contexto de gestão e responsabilização públicas.................... 148
3. Uma lei da responsabilidade civil pública, apesar de tudo, moderada 151

Índice 251

II. **Responsabilidade civil da Administração Fiscal**..................................... 153
   1. A diversidade de relações do direito dos impostos 154
      1.1. A relação constitucional 154
      1.2. A relação administrativa 156
      1.3. A relação obrigacional 157
      1.4. A localização da responsabilidade na relação administrativa.............. 160
   2. A responsabilidade civil da Administração Fiscal 162
      2.1. A configuração tradicional do problema... 163
      2.2. O problema no quadro do actual sistema fiscal.................................. 164
      2.3. As actuais especificidades da responsabilidade civil da Administração
           Fiscal 165
           2.3.1. No plano substantivo... 165
           2.3.2. No plano judiciário e processual... 168

5. TRIBUTOS COM FINS AMBIENTAIS 173

  I. **A preocupação ambiental no direito tributário**................................. 173
     1. Alusão à tutela do ambiente 174
     2. As vias para atender a essa preocupação... 177

II. **Os limites da tutela ambiental pela via tributária**............................... 180
     3. O direito económico tributário 181
     4. Os tributos e benefícios fiscais ambientais.. 185

III. **Os tributos ambientais**.. 191
     5. Os verdadeiros e os falsos tributos ambientais...................................... 191
     6. A natureza dos tributos ambientais... 193
        6.1. Impostos ou taxas? 193
        6.2. Tributação directa ou tributação indirecta?....................................... 197
     7. O critério dos tributos ambientais... 203
     8. Os tributos ambientais no quadro do estado fiscal................................. 206
     Referências bibliográficas.. 208

6. A REVISÃO DOS ACTOS TRIBUTÁRIOS 213

  I. **Alusão à revisão dos actos administrativos** 214

II. **A revisão dos actos tributários** 216
     1. Os tipos de revisão dos actos tributários 220
     2. Os actos tributários objecto da revisão... 222
     3. Os tributos abrangidos pela revisão.. 227
     4. A revisão oficiosa e por iniciativa dos interessados............................... 230

5. A revisão a favor dos contribuintes	233
6. O fundamento da revisão dos actos tributários	235
7. Os órgãos competentes e os poderes de revisão	238
8. A impugnação da decisão de revisão	241

III. Considerações finais 243

Índice 247